Claude M. Bristol

# Entdecke Deine mentalen Kräfte

## Wirksame Techniken, um Ziele zu erreichen

Verlag PETER ERD · München

THE MAGIC OF BELIEVING (New Revised Edition)
by Claude M. Bristol
Original English language edition published by
Prentice Hall, Inc., Englewood Cliffs, New Jersey 07632


Umschlaggestaltung: Franz Wöllzenmüller
Umschlagillustration: Bildagentur Mauritius, Graphik: ACE
Aus dem Amerikanischen übertragen
und bearbeitet von Dr. Volker H. M. Zotz
Neuausgabe des 1987 erschienenen Buches
„Die Macht des Glaubens“ (ISBN 3-8138-0067-9)

Gesamtherstellung: Presse-Druck Augsburg
Printed in West Germany
ISBN 3-8138-0161-6

# Inhalt

»Alle Dinge sind möglich dem, der da glaubt.«
Markus 9:23

Dieses Buch widme ich herzlich:

Dr. R. C. W.,
*der mir den ersten Fingerzeig gab;*

L. B. N.,
*der mich überzeugte, Ernst zu machen;*

E. L. B.,
*untrennbar mit den Gedanken dieses Buches verbunden;*

V. P. C. und W. C. B.,
*ohne deren stetes Nachhaken das Buch nicht geschrieben worden wäre;*

Merton S. Yewdale,
*dessen Begeisterung mir immer Inspiration bedeutete;*

sowie
*dem Gedenken der großen unabhängigen Geister aller Zeiten.*

# Vorwort von Nido R. Qubein

Mit diesem Buch halten Sie ein wahrhaft klassisches Werk in Händen. Millionen Menschen haben es mit großem Gewinn gelesen, und es gilt als echter Dauerbrenner auf dem amerikanischen Buchmarkt.

Im Jahre 1966 kam ich erstmals in die Vereinigten Staaten, um eine Hochschule zu besuchen. Zwar hatte ich damit meinen Fuß in das Land der unbegrenzten Möglichkeiten gesetzt, doch verfügte ich über keine Beziehungen, kein Geld und sprach nur wenige Worte Englisch. Die Umstände schienen gegen mich zu sein. Wovon sollte ich leben? Wie nur sollte ich mir die Ausbildung finanzieren? Diese ungelösten Probleme begannen, mich zu entmutigen.

Da fielen mir die Worte ein, die meine Mutter oft gesprochen hatte, als ich noch ein kleiner Junge war: »Wenn du etwas schaffen möchtest, mußt du mit denen gehen, die etwas geschafft haben.« Wenn man selbst glücklich werden möchte, muß man die Gesellschaft glücklicher Menschen suchen. Wer erfolgreich sein will, sollte sich an die Erfolgreichen halten. Und wenn man in sich bedeutende Möglichkeiten erwecken möchte, muß man den Kontakt mit jenen pflegen, die an hohe Ideale glauben und Bedeutendes verwirklicht haben. Dies kann auch über das Studium wichtiger Bücher geschehen.

Ich nahm den Rat meiner Mutter ernst. Um selbst erfolgreich zu werden, hielt ich mich an erfolgreiche Menschen, die mir zeigten, wie ich meine Erwartungen ans Leben erfüllen kann. Wiederholt wurde ich dabei von Leuten, die Beachtliches geleistet haben, auf das Buch hingewiesen, das Sie, lieber Leser, nun aufgeschlagen haben. Mich selbst führte dieses Werk auf eine unbeschreibliche Entdeckungsreise und zu ungeahntem persönlichem Wachstum.

Claude Bristols Buch vermittelte mir den Mut und Ansporn, den ich brauchte. Es zeigt in einer einfachen und doch überzeugenden Art, wie man Gesetze der Beeinflussung anwenden kann, um alles, was man tut, noch wirksamer werden zu lassen. Durch dieses Buch habe ich gelernt, an mich selbst zu glauben. In der Folge wurden großartige Mittel und Möglichkeiten in meinem Inneren freigesetzt, die meine Zuversicht und Fähigkeit steigerten, Erwünschtes zu erlangen.

Auf den ersten Blick könnte manche Idee Bristols den Leser verwundern. Etwa wenn er darauf hinweist, wie er sich angewöhnt hatte, beim Nachdenken das Dollar-Zeichen auf ein Blatt Papier zu kritzeln. Doch es steckt weitaus mehr als eine geistlose Tätigkeit dahinter. Hier hat Bristol seiner Zielvorstellung bildlich Ausdruck verliehen, um eine innere Kraft zu ihrer Erreichung zu aktivieren. Und glauben Sie mir, lieber Leser, es funktioniert!

Tausende Persönlichkeiten und Unternehmen haben sich bereits der Methoden Bristols bedient, um ihre Vorhaben sicher zu verwirklichen. Auch ich mache von ihnen Gebrauch und empfehle sie stets in meinen Reden und Seminaren. Aber dieses Buch ist weitaus mehr als eine Sammlung inspirierender Hinweise und brauchbarer Methoden. Die große Bedeutung der hier dargelegten Anregungen besteht darin, daß sie Selbstsicherheit, Selbstvertrauen und den Glauben an die eigenen Möglichkeiten stärken.

Auf jedem Gebiet des menschlichen Lebens gibt es Gewinner und Verlierer. Worin der Unterschied zwischen den beiden Gruppen besteht, kann mit einem Wort zusammengefaßt werden, im *Glauben*! Bristol hat erkannt, wie die Menschen sich entsprechend ihrer inneren Einstellung entwickeln. Er zeigt auf, wie das Entfalten innerer Bilder die Dynamik des Unterbewußtseins heilsam beeinflussen und somit eine Persönlichkeit im Sinne ihrer Wünsche verwandeln kann. Er beschreibt, wie Sie die Gestaltung Ihres Lebens selbst in die Hand nehmen können, indem Sie die Haltung des Erfolgreichen verwirklichen, den unerschütterlichen Glauben an die eigenen Möglichkeiten. Die größten Errungenschaften der Geschichte verdanken wir häufig nicht den Begabtesten, sondern vielmehr jenen Menschen, die bereit waren, sich dem Risiko und der Herausforderung zu stellen und vorauszuschauen. Dies jedoch ist nur durch Glauben möglich.

Machen Sie sich bereit, lieber Leser, gleich mir die ungeahnten Kräfte des eigenen Geistes zu erforschen. Lernen Sie durch Claude Bristols Darlegungen jene unerschöpflichen Energien kennen, die der Glaube freisetzt. Grundsätzlich kann jeder einen solchen Glauben entwickeln. Doch nur wenige wissen um den Weg dazu. Mit der Lektüre dieses Buches legen Sie den Grundstein dazu, endlich jener einzigartige Mensch zu werden, der Sie sein könnten. Sie brauchen dazu den Wunsch, Ihr Leben selbst in die Hand zu nehmen und sich nicht nach anderen zu richten. Sie müssen bereit sein, zu träumen... und an sich zu glauben. Je mehr Sie an sich glauben können, um so großartiger wird das sein, was Sie erreichen. Lesen Sie dieses Buch deshalb nicht nur, um theoretische Kenntnisse zu erwerben. Lesen Sie es, um Ihr privates und berufliches Leben in wunderbarer Weise zu verwandeln!

Sie werden sehen, daß dieses Buch von Claude Bristol ein ganz außerordentliches Werk ist. Es enthält den sicheren und erprobten Weg, wie man sich Ziele setzt und diese auch erreicht. Arbeiten Sie dieses Buch darum gründlich durch, bis seine Anregungen zu einem Bestandteil Ihres täglichen Lebens geworden sind. Dann können Sie größten Herausforderungen ins Auge sehen und alle Ihre Möglichkeiten Wirklichkeit werden lassen.

*(Der Verfasser dieses Vorwortes, Nido R. Qubein, ist in den Vereinigten Staaten von Amerika ein bekannter Redner, Schriftsteller und Berater bedeutender Unternehmen. Er ist Expräsident der »National Speakers Association« und Träger zahlreicher hochrangiger Auszeichnungen. Heute lebt er in High Point, North Carolina.)*

1. Kapitel

# Wie ich die Macht des Glaubens entdcckte

Vielleicht fragst du dich manchmal, ob es eine besondere Kraft, Macht, Kenntnis oder Weisheit gibt, die einige Menschen besitzen und zur Überwindung ihrer Schwierigkeiten und zum Erlangen außergewöhnlicher Erfolge einsetzen. Es spielt keine Rolle, wie du es genau bezeichnen möchtest, aber ich bin mir vollkommen sicher, daß etwas Derartiges existiert. In diesem Buch möchte ich dir die entsprechenden Zusammenhänge erklären, damit du jederzeit praktischen Gebrauch davon machen kannst.

Vor einiger Zeit besuchte der Wirtschaftsredakteur einer großen Tageszeitung in Los Angeles einen Vortrag, den ich vor Führungskräften aus Industrie und Handel in dieser Stadt hielt. Hierdurch angeregt, las er meine Schrift *TNT – Eine Kraft in Dir wie Dynamit**. Danach schrieb er mir:

»Mir ist, als hätten Sie den Schleier der Mystik des Zufalls ein wenig gehoben, um etwas von jenem Geheimwissen zu offenbaren, das dem Menschen wahres Glück schenkt.«

Es war mir zwar klar, daß ich auf eine praktische und wirksame Methode gestoßen bin, doch habe ich diese weder damals noch heute als eine Art von Geheimwissen betrachtet. »Geheim« kann sie nur in dem Sinne genannt werden, daß sie dem größten Teil der Menschheit bislang verborgen blieb. Einige Glückliche wußten zu allen Zeiten darüber Bescheid, doch die Mehrheit versteht bis heute kaum etwas davon.

Als ich vor Jahren begann, dieses Wissen durch mein erstes Buch und gelegentliche Vorträge weiterzugeben, war ich mir nicht ganz sicher, ob jeder Mensch diese Vorstellungen verstehen und aufnehmen

---

*ebenfalls erschienen im Verlag Peter Erd.

könnte. Doch seit damals konnte ich beobachten, wie mancher durch meine Methoden sein Einkommen verdoppelte und verdreifachte, das Haus seiner Träume erwarb oder sich andere großartige Wünsche erfüllte. Heute bin ich fest davon überzeugt, daß jeder verständige Mensch, der wirklich aufrichtig vor sich selbst sein möchte, jedes Ziel erreichen kann, das er sich steckt.

Ursprünglich hatte ich nicht vor, ein zweites Buch zu schreiben, obwohl man mich schon oft dazu drängte. Doch vor einigen Monaten las mir eine Buchhändlerin, die zahlreiche Exemplare meines ersten Buches verkauft hatte, die Leviten, indem sie sagte:

»Sie haben die Pflicht, den Frauen und Männern, die ihren Platz in der Welt suchen, in leicht verständlicher Form jene neuen Erkenntnisse zu vermitteln, die Sie bisher nur in Vorträgen erwähnten. Viele Menschen wollen vorwärts kommen, und Sie haben gezeigt, daß Sie Hilfreiches weitergeben können. Machen Sie weiter!»

Es dauerte eine Weile, bis ich mich zu dieser neuen Idee hergeben wollte. Doch ich erinnerte mich an die Zeit nach dem Krieg. Ich selbst war damals als Soldat in Europa eingesetzt, zumeist in Frankreich und Deutschland. Wieder zurück in Amerika, arbeitete ich dann aktiv in der Organisation ehemaliger Wehrpflichtiger und in der staatlichen Kommission für die Wiedereingliederung der Soldaten in die Gesellschaft. Aus jenen Tagen weiß ich, wie schwer es Menschen fallen kann, ihre wahren Ziele zu verfolgen, wenn sie zuvor lange Zeit gezwungen wurden, einer ungewollten Pflicht zu gehorchen.

So entschloß ich mich zum Schreiben dieses Buches, denn *dir geht es nicht anders als jenen ehemaligen Soldaten*. Und ich möchte auch dir aufrichtig helfen, wenn du wirklich vorwärtskommen willst. Vielleicht wirst du dich nun fragen, was deine Situation mit jener eines Kriegsheimkehrers zu tun haben soll. Aber das ist leicht zu sagen: Auch du hast dein Leben bis jetzt mit der Erfüllung ungewollter Pflichten zugebracht, die dich von der Verwirklichung deiner wahren Träume abhielten. Doch eines unterscheidet dich in tragischer Weise vom ehemaligen Soldaten: Du kannst dich in den meisten Fällen nicht damit herausreden, der Notwendigkeit eines unausweichlichen Befehles folgen zu müssen. Du hältst dich durch ungezählte selbstgewählte

Pflichten von der Verwirklichung deiner echten Ziele ab. Du schickst dich täglich selbst in einen Krieg, aus dem du nicht zu deinen eigentlichen Idealen zurückfindest.

Frage dich ganz ehrlich: Was hast du dir einmal vom Leben erträumt? Wovon träumst du heute noch, vielleicht nur heimlich? Was sind deine verborgensten Wünsche und Ziele? Worum kreisen deine Phantasien? Und nun vergleiche: Wie sieht dein Leben in Wahrheit aus? Worin besteht dein Alltag? Was macht dir wirklich Spaß, und was empfindest du als traurige Pflicht? *Bitte lies hier nicht einfach weiter! Denke wirklich über dein Leben und deine heimlichsten Wünsche nach! Gestehe dir offen ein, wo dein Dasein nicht mit deinen tiefsten Hoffnungen übereinstimmt! Die Lektüre dieses Buches soll dich nicht von den wunden Punkten deines Lebens ablenken. Sie soll dich ganz im Gegenteil darauf aufmerksam machen. Nur die Wahrheit taugt als Ausgangspunkt für eine Verbesserung!*

Wenn es dir gelingt, ganz ehrlich die Kluft zwischen Traum und Wirklichkeit in deinem Leben zu erkennen, dann steht dir damit deutlich der Unterschied zwischen dem, was sein könnte, und dem, was ist, vor Augen. Ich möchte es dir mit allem Nachdruck sagen: *Deine Träume, Wünsche, Hoffnungen und Phantasien sind für dich Signale erreichbarer Ziele*! Du kannst die Kluft zwischen deinen Träumen und deinem Alltag überbrücken, denn es gibt keinen zwingenden Gegensatz zwischen Wunsch und Wirklichkeit. Der französische Dichter André Breton hat einmal geschrieben: »Ich glaube an die künftige Auflösung dieser scheinbar so gegensätzlichen Zustände von Traum und Wirklichkeit in einer Art absoluten Realität.« Wenn *du* deinem Leben die Qualität jener höheren Realität verleihen möchtest, ist die wichtigste Voraussetzung dazu der *Glaube* an deine Träume und deine nahezu unbegrenzten Möglichkeiten. Mit anderen Worten: Du darfst dir vom zermürbenden Kleinkrieg eines grauen Alltags nicht den Glauben an die Verwirklichung deiner Hoffnungen und Träume nehmen lassen, denn dieser Glaube gibt dir die Macht, deine Ziele zu erreichen.

Träume? Glaube? – Vielleicht setzt jetzt bei dir der sogenannte »gesunde Menschenverstand« ein: Tagträume und Wunschvorstellungen, so sagt man, sind bloß eine Flucht vor der harten Realität. Und der Glaube, sagt man gar, habe nichts mit der Wirklichkeit des Lebens zu tun. Er sei etwas für resignierte alte Frauen und entspringe einem Geschwätz, das nicht satt macht. Ja, so sagt man und bindet sich dadurch freiwillig an ein unbefriedigtes Dasein, das sich in einem Teufelskreis von Schmerz, Kummer und Verzweiflung dreht.

Ich werde dir möglicherweise nach diesen ersten Zeilen als ein weltfremder Spinner oder romantischer Schwärmer erscheinen, wenn ich von der Bedeutung des Träumens und der Macht des Glaubens spreche. Doch du mußt mich richtig verstehen: Ich will dich weder überreden, nur in Wunschbildern zu schwelgen, noch möchte ich dich zu einem bestimmten Bekenntnis oder irgendwelchen Dogmen bekehren. Doch ich weiß, daß du ein unabhängiger und kritischer Denker werden kannst, der sich den Möglichkeiten des Wunderbaren geöffnet hat und trotzdem mit beiden Beinen fest auf dem Boden der Tatsachen steht. Ich selbst habe mich Zeit meines Lebens um eine solche Haltung bemüht, und sie hat sich sogar auf dem Gebiet des harten Geschäftslebens immer bewährt.

### *Der Glaube setzt ungeahnte Kräfte frei*

Meine Laufbahn begann ich als Journalist. Zuerst arbeitete ich als Kriminal- und Polizeiberichterstatter. In diesem Bereich lernt man schon in der Ausbildung, äußerst kritisch zu sein und nichts als sicher anzusehen. So entwickelte ich mich in jungen Jahren zu einem skeptischen Beobachter.

Als ich dann zwei Jahre lang als Fachjournalist für Kirchen- und Religionsangelegenheiten bei einer großen amerikanischen Tageszeitung eingesetzt war, ging ich an diese Aufgabe mit der kritischen Haltung des Kriminalberichterstatters heran. Wie auch heute noch, erregten damals insbesondere spektakuläre Praktiken kleiner Glaubensgemeinschaften, exotische Sekten und schillernde religiöse Führerpersönlichkeiten das Interesse der Öffentlichkeit. Für große Artikelserien untersuchte ich derartige Gruppen und sprach mit ihren Führern und Anhängern.

Dabei kam ich mit allen nur denkbaren Richtungen in Kontakt und lernte die unterschiedlichsten Menschentypen kennen: Ich sah Prediger, die ihre Zuhörer zu hysterischen Ausbrüchen und Weinkrämpfen bewegten. Ich sprach mit ernst zu nehmenden Persönlichkeiten, die voller Vertrauen in spiritistischen Sitzungen Kontakt mit verstorbenen Angehörigen aufnehmen wollten. Ich traf todkranke Menschen, denen ihr Glaube der Weg zur Heilung schwerer körperlicher Krankheiten wurde. Ich sah ungezählte Menschen zu Füßen selbsternannter Propheten, Priester neuer Kulte und asiatischer Heilslehrer sitzen und beobachtete, wie die unterschiedlichsten und gegensätzlichsten Botschaften von verschiedenen Menschen als Wahrheit für das eigene Leben gläubig aufgenommen wurden. In Frankreich studierte ich die wunderbaren Vorkommnisse an der Pilgerstätte von Lourdes. Schließlich untersuchte ich für eine umfangreiche Reportage die Praktiken von Hellsehern und Wahrsagern aller Art, angefangen von handlesenden Zigeunerinnen bis hin zu Medien, die behaupteten, in telepathischem Kontakt zu geheimnisvollen indischen Meistern zu stehen.

Natürlich wies das von mir Beobachtete unterschiedlichste Qualitäten auf: Neben ernsthaften Vermittlern alter Weisheitslehren gab es reichlich selbstgefällige Scharlatane, die bewußt oder unbewußt ihre Mitmenschen zum Narren hielten. Neben echter Lebenshilfe stand mancher schlechte und eigennützige Rat. Auf keinen Fall möchte ich dir darum einreden, daß es völlig gleichgültig ist, wem und woran man glaubt. Im Gegenteil! Nur du allein kennst aus den Tiefen deines Wesens *deinen dir gemäßen Glauben*. Und diesen würdest du sicher aufgeben, wenn du sklavisch und kritiklos einem anderen folgst.

Doch etwas haben mir meine Untersuchungen sicher gezeigt: die ungeheure Kraft, die im Glauben an sich liegt. Wer wirklich glaubt, woran auch immer, setzt dadurch ungeheure Energien frei, die das scheinbar Unmögliche ermöglichen. Der wahrhaft Glaubende hat die Macht, alles zu erwerben oder sich von allem zu trennen. Ihr Glaube läßt Menschen unbeschadet in Feuer und Scherben tanzen, bringt Schüchterne zu Heldentaten, führt Sterbende ins Leben.

Aber die Macht des Glaubens vermag auch das Gegenteil: So wie der Angehörige eines Eingeborenenstammes durch den Glauben an den Zauber eines Medizinmannes sich verhext fühlt und möglicherweise sogar stirbt, so kann sich auch der moderne Mensch unserer Breiten durch den Glauben an die Macht so mancher Dinge und Gegebenheiten selbst hemmen, unglücklich und krank machen, ja tatsächlich auch ins Grab bringen. Der Glaube an üble Vorhersagen, an den schlimmen Ausgang einer Krankheit oder eines Geschäftes, an die eigene Unfähigkeit oder die schlechte Meinung anderer über dich, all das führt dich sicher zum Negativen.

Die Macht des Glaubens kann dir Glück oder Unglück schenken, Heilsames oder Unheilsames bringen. Wie dein Los aussieht, liegt ganz bei dir! Wenn du es vermeidest, deinen Glauben einerseits an negative Werte und Gegebenheiten und andererseits nur an andere Menschen zu hängen, hast du bereits die positive Richtung eingeschlagen. »Gewiß können Menschen, die größere Erfahrung mit allgemeinen Gesetzen haben, viel nützen und helfen, besonders als Anreger; durch Hoffnung, Kraft und Mut, die sie verbreiten. Mit ihnen zuweilen, vielleicht sogar häufig zusammenzutreffen, sich in ernsthafter und freundschaftlicher Weise mit ihnen zu besprechen, ist von unschätzbarer Wirkung. Doch wer irgendeinen Menschen, sei es Mann oder Frau, Prophet oder Heiliger, als unfehlbaren Führer und Autorität annimmt, und ganz genau das tut, was jener sagt, ist aus der Bahn gekommen. Er macht die Erfahrungen und Experimente eines anderen, der anders beschaffen ist und deshalb auch anders auf die Umwelt reagiert« (Mulford). *Deine eigenen Wünsche, Hoffnungen und Träume sind gefragt*! Wenn du vorhin wirklich das Lesen unterbrochen hast, um über dein Leben und deine heimlichsten Wünsche nachzudenken, weiß du jetzt, wovon ich spreche.

Du selbst kennst deine erreichbaren Ziele. Es gibt eigentlich nur ein einziges Problem, das dich davon abhält, endlich zu beginnen: Du bezweifelst, daß sie erreichbar sind. Du glaubst nicht an sie, weil dir die Macht des Glaubens noch fremd ist.

In diesem Buch will ich dir zeigen, wie du in dir echten und wirksamen Glauben an deine nahezu unbeschränkten Möglichkeiten wecken kannst, indem du dazu dein Denken und deine inneren Kräfte in rechter Weise einsetzt. Dazu möchte ich dir praktische Methoden anbieten. Zudem sollst du auch die Gesetze kennenlernen, nach denen diese Methoden wirken. Eine sichere Methode, deren Hintergründe du auch erkennst und verstehst, wird dir ungleich mehr nützen.

Zunächst solltest du einmal unbefangen betrachten, was die Macht des Glaubens wahrhaft vermag. Du sollst sehen, wie sie in der Geschichte und im Leben einzelner Menschen immer wieder das scheinbar Unmögliche möglich werden ließ. Meine Erfahrungen als Fachjournalist für Kirchen- und Religionsangelegenheiten haben es mir deutlich bewiesen: Gerade das, was dem sogenannten gesunden Menschenverstand des Durchschnittsbürgers als vollkommen unglaublich erscheint, das Wunderbare und Traumhafte, entwickelt die größte und treibendste Kraft, wenn es aufrichtig geglaubt wird.

## *Die phantastische Geschichte eines Visionärs*

Hier eine Begebenheit, die zeigt, welche Kraft selbst aus dem Glauben an das Unmögliche gewonnen werden kann: Joseph Smith wurde 1805 in Sharon, im amerikanischen Bundesstaat Vermont, geboren. Er war das vierte von zehn Kindern einer armen Farmersfamilie. Schon früh bestand sein Alltag darin, dem Vater bei der harten Feldarbeit zu helfen. Am Abend lauschte er dann im Familienkreise den Erzählungen des Alten Testamentes, die in seiner kindlichen Phantasie zur lebendigen Wirklichkeit wurden. Seine ausgeprägte religiöse Neigung führte dazu, daß er sich im Alter von fünfzehn Jahren nach einer Vision zu Außergewöhnlichem berufen fühlte.

Durch dieses Bewußtsein der Berufung kam es am 21. September 1823 zu einer weiteren Vison, die Joseph Smith unter anderem in seinem Buch *The Pearl of Great Price* (»Die kostbare Perle«) beschrieb: »Während ich im Gebet zu Gott begriffen war, gewahrte ich, daß ein Licht in meinem Zimmer erschien, das zunahm, bis der Raum heller war als am Mittag, worauf alsbald ein Engel neben meinem Bett erschien, in der Luft stehend, denn seine Füße berührten den Boden nicht...

Er sagte, es sei ein auf goldenen Platten geschriebenes Buch aufbewahrt, das einen Bericht von den früheren Einwohnern dieses Kontinents und ihren Ursprung gebe; auch sei darin die Fülle des ewigen Evangeliums enthalten, wie es der Heiland jenen alten Einwohnern verkündigt habe.

Mit den Platten seien auch zwei Steine in silbernem Bogen aufbewahrt worden; diese an einem Brustschild befestigten Steine bildeten den sogenannten Urim und Thummim, und wer ihn besaß und gebrauchte, sei in alten oder frühen Zeiten ›Seher‹ genannt worden, und Gott habe ihn für die Übersetzung des Buches bereitet.«

Eine wahrhaft phantastische Geschichte! Der junge Joseph Smith behauptete hier also nicht nur, eine überirdische Offenbarung gehabt zu haben, er spricht zudem von Platten, auf denen die amerikanische Frühgeschichte und ein angebliches Erscheinen Jesu in Amerika aufgezeichnet wären, und von zwei geheimnisvollen Kristallen, mit denen er die Platten lesen könne. Aber der Bericht wird noch weitaus märchenhafter:

»In der Nähe des Dorfes Manchester im Bezirk Ontario im Staate New York liegt ein beträchtlicher Hügel, der höchste der Umgegend. Auf der Westseite dieses Hügels, nicht weit unterhalb des Gipfels, lägen, unter einem Stein von ziemlicher Größe, die in einer Steinkiste verwahrten Platten. Dieser Stein war oben in der Mitte dick und abgerundet und gegen die Kanten hin dünner, so daß der mittlere Teil über der Erde sichtbar war, während die Kanten ringsum mit Erde bedeckt waren.

Ich entfernte die Erde, verschaffte mir einen Hebel, setzte ihn unter der Kante an und hob den Stein mit etwas Anstrengung hoch. Ich schaute hinein und erblickte in der Tat die Platten und den Urim und Thummim sowie den Brustschild, wie der Bote gesagt hatte. Der Kasten, in dem sie lagen, war aus Steinen angefertigt, die durch eine Art Zement zusammengehalten wurden. Unten in der Kiste waren zwei Steine quer zum Boden gelegt, und auf diesen Steinen lagen die Platten und die anderen Dinge.«

Tatsächlich fand Joseph Smith sogleich Menschen, die seinen Bericht gläubig aufnahmen. Der Lehrer Oliver Cowdery, der junge Bauer David Whitmer und der Farmer Martin Harris dienten ihm als Schreiber, denen er hinter einem Vorhang verborgen die ins Englische übersetzte Version des auf den Platten Geschriebenen diktierte. Es war ein höchst wundersames Buch, das auf diese Weise entstand. Es berichtet von einer ersten Besiedlung Amerikas nach dem Turmbau von Babel, von einer späteren durch Israeliten, die um 590 vor Christus über den Pazifischen Ozean gekommen seien, und es erzählt von den Kämpfen versunkener Kulturen auf amerikanischem Boden. Schließlich enthält es die Darstellung eines angeblichen Wirkens Jesu in Amerika nach seiner Auferstehung.

Martin Harris befragte einen Orientalisten der Columbia-Universität über diese Angelegenheit. Obwohl er von jenem die Auskunft erhielt, daß der Text ein Schwindel sein müßte, hielt er an seinem Glauben an Joseph Smith und dessen Geschichte fest. Er gab eine große Geldsumme aus, um das geheimnisvolle Buch im Jahre 1830 in 5000 Exemplaren drucken zu lassen.

Das Buch wurde ein voller Erfolg. Joseph Smith und seine Botschaft fanden zahlreiche Anhänger, aber auch zahlreiche Feinde. Von aufgebrachten Widersachern wurde er 1844 erschossen. Doch das Interesse an seinem geheimnisvollen Buch wuchs weiter an.

Brigham Young, ein Mann, der unerschütterlich an dieses Buch glaubte, trat das Erbe des Joseph Smith an. Sein Glaube schenkte ihm unerschöpfliche Energie und unfaßbare Willenskraft. Beides brauchte er für eines der kühnsten Abenteuer der Geschichte Amerikas.

An der Spitze von zwölftausend Menschen, die gleichfalls der Botschaft des Buches vertrauten, brach er zu einem gewagten Zug in die Wüste auf. Am 1. März 1846 setzte sich der gewaltige Treck in Bewegung. Inspiriert vom unerschütterlichen Glauben ihres Führers Brigham Young überstanden die zwölftausend Pioniere unsagbare Strapazen und Anstrengungen. Im Juli 1847 erreichte man schließlich das Gebiet des Großen Salzsees. In einem zähen und unbeugsamen Kampf gegen die Widrigkeiten einer kargen Natur gründeten die Siedler mit dem Glauben an das Buch mit der wundersamen Botschaft hier landwirtschaftliche Gemeinden, eine Stadt und schließlich einen eigenen blühenden Staat.

Vielleicht wundert es auch dich, zu erfahren, daß ein amerikanischer Bundesstaat, nämlich Utah, und eine bedeutende religiöse Bewegung Amerikas, die Mormonen, ihren Ursprung in der wahrhaft phantastischen Geschichte eines Visionärs haben. Doch dies ist nur ein Beispiel dafür, wie unerschütterlicher Glaube übermenschliche Leistungen hervorbringen kann. Er läßt Menschen über sich hinauswachsen, bringt die Wüste zum Blühen, versetzt wahrlich Berge.

Betrachte die Geschichte, blicke ins Zeitgeschehen oder untersuche dein eigenes tägliches Leben: Die größte Macht geht von dem aus, woran man *glaubt*, auch wenn das Geglaubte der Vernunft vollkommen entgegengesetzt scheint. Paracelsus hat einmal geschrieben: »Ob das Objekt deines Glaubens wahr oder falsch sei, du wirst doch dieselben Wirkungen damit erlangen.«

## *Wundersame Heilungen durch den Glauben*

Meine journalistische Tätigkeit brachte mich auch mit der Bewegung »Christian Science« in Verbindung. Diese wurde 1876 von Mary Baker Eddy begründet. In ihrem Buch *Science and Health* (»Wissenschaft und Gesundheit«) legt sie eine Theorie dar, die aller menschlichen Vernunft entgegenzustehen scheint:

»Der Mensch ist der Sünde, der Krankheit und des Todes unfähig. Der wirkliche Mensch kann von der Heiligkeit nicht abweichen, noch kann Gott, der den Menschen geschaffen hat, die Fähigkeit oder Freiheit zur Sünde erzeugen ... Die Sterblichen sind Fälschungen der Unsterblichen.« Mit anderen Worten: Der Mensch ist immer gut, immer gesund, immer vollkommen, ja selbst der Tod existiert in Wahrheit nicht. Menschliche Fehler, Krankheiten und Tod sind in Wirklichkeit bloß ein großer *Irrtum*.

Frau Baker Eddy geht dabei soweit, die für uns normalen Grundlagen unseres täglichen Lebens und Erfahrens, das auch Fehler, Krankheiten und Tod einschließt, als unwirklich zu bezeichnen, wenn sie schreibt: »Materie ist Irrtum.« Die stoffliche Welt, die wir wahrnehmen und in der wir uns bewegen, wird dabei als fälschliche Annahme gedeutet. Nur die göttliche Idee einer geistigen Wirklichkeit sei in Wahrheit vorhanden. Alles Negative und Schlechte wäre daher ein bloßer Schein, dessen Trug wir hinter uns lassen können.

Bezogen auf die Krankheit lautet dann der Schluß aus dieser Theorie: Die Materie existiert nicht. Unsere Körper bestehen aus Materie. Folglich existieren unsere Körper nicht. Natürlich kann Krankheit nicht in einem Körper sein, der nicht existiert. Also befinden wir uns in einem Zustand gesunder Harmonie.

Natürlich wird die durchschnittliche kritische Vernunft eine solche Aussage nicht akzeptieren und einwenden, daß vor dem Hintergrund einer so unglaublichen Theorie keine wirksame Praxis entstehen könnte.

Doch auch für Mary Baker Eddys Lehre fanden sich Tausende Anhänger, die sie gläubig aufnahmen. Obwohl ihre Inhalte dem gesunden Menschenverstand zu widersprechen scheinen, sind ungezählte Menschen davon überzeugt, durch den Glauben daran schwere Krankheiten überwunden zu haben. Aus zahllosen diesbezüglichen Zeugnissen sei hier das eines durchaus skeptischen Mannes wiedergegeben:

»Vor etwa zwei Jahren erkrankte ich ernstlich. Auch mein Arzt gab mir keine wirkliche Chance mehr und riet der Familie, sich darauf einzustellen, mich zu verlieren. Freunde, die mich damals am Krankenbett besuchten, kannten einen Anhänger von Christian Science. Diesen riefen sie sofort an, als sie erfuhren, wie hoffnungslos meine Lage war.

Der junge Mann setzte sich an mein Bett und sagte mir, daß ich Vertrauen haben soll. Dann erklärte er mir, daß mein schweres Leiden wie alle Disharmonien des Körpers eine reine Illusion wäre, die ihre Macht verliert, sobald ich sie aufgebe. Dann las er mir einen Abschnitt aus dem Buche *Science and Health* von Mary Baker Eddy vor:

›Wenn die Illusion von Krankheit oder Sünde dich in Versuchung führt, dann klammere dich fest an Gott und seine Idee. Laß nichts als sein Gleichnis in deinen Gedanken weilen. Laß weder Furcht noch

Zweifel dein klares Verständnis darüber trüben, daß das Anerkennen des harmonischen Lebens ein jedes schmerzliches Fühlen zu zerstören vermag. Laß diese Erkenntnisse statt des körperlichen Fühlens dein Verständnis vom Sein tragen, und dieses Verständnis wird Irrtum durch Wahrheit vertreiben, Sterblichkeit durch Unsterblichkeit ersetzen und Disharmonie durch Harmonie zum Schweigen bringen.‹

Ich richtete mich kurz auf, sank aber sodann gleich nieder und verlor das Bewußtsein. Nur von ferne hörte ich noch manchmal die Stimme des jungen Mannes.

Dieser erzählte mir später: ›Ich saß fast hilflos da und hätte beinahe das vor mir liegende Bild als wahr hingenommen. Dann fühlte ich plötzlich eine Kraft in mir, eine helle Freude, die ich nie zuvor gekannt hatte. Voller Zuversicht rief ich: Gott ist hier, und er ist dein Leben! Ich sah dich plötzlich nicht mehr als materiellen Körper. Ruhig nahm ich das Buch und las dir weitere Gedanken darüber, wie du die Illusion der Krankheit aufgeben sollst. Da hast du unvermutet die Augen geöffnet, gelächelt und gesagt: Mir ist so wohl, wie schön ist alles!‹

Dann war ich eingeschlafen. Als ich wieder zu mir kam, erwiesen sich alle Symptome der Krankheit als verschwunden. Es wurde bewiesen, daß Gott die kraftspendende Quelle ist. Ich war bald in der Lage, meine Pflichten wieder zu erfüllen.«

Daß es nicht unbedingt wie in diesem Beispiel einer Lehre von der Illusion der Materie bedarf, um eine Gesundung durch den Glauben zu bewirken, zeigen die Wunderheilungen von Lourdes, die sich auf den Glauben an eine überirdische Erscheinung stützen.

Aber auch zahlreiche negative Beispiele belegen die Kraft des Glaubens. In seinem berühmten Aufsatz über den »Voodoo-Tod« (American Anthropologist 1942) beschreibt der Physiologe Walter Cannon geheimnisvolle und der Wissenschaft unerklärliche Todesfälle nach Verzauberungen oder Verfluchungen: Ein Indio aus Brasilien, der von seinem Medizinmann verflucht wurde, starb nur wenige Stunden später. Ein Jäger eines afrikanischen Stammes tötete versehentlich einen als heilig geltenden Vogel. Als er sich dessen bewußt wird, verzweifelt er und stirbt innerhalb eines Tages. Im Busch von Australien verhexte ein Medizinmann einen Stammesangehörigen mit einem magischen Knochen, worauf jener sich wie selbstverständlich zum Sterben niederlegt.

Das, woran du glaubst, übt eine ungeheure Beeinflussung auf dein Wesen und dein Leben aus. Wenn du glaubst, daß dich ein Zauberknochen töten kann, tötet er dich. Wenn du glaubst, daß eine wunderbare Macht deine Krankheit bezwingt, wirst du gesund werden. Du bist wie jeder Mensch ein Produkt deines Glaubens!

Vielleicht möchtest du mir jetzt widersprechen und denkst: »Aber ich glaube doch an nichts!« Nun, ich denke auch nicht, daß du an die Zauberkraft eines Knochens glaubst. Du glaubst wohl auch nicht an die geheimnisvollen Steintafeln des Joseph Smith oder Frau Baker Eddys Lehre vom Irrtum der Materie. Möglicherweise lächelst du sogar über derartige Dinge, weil du sie für unwahr hältst. Aber jene Menschen hingen bewußt einem positiven Glauben an, der sich praktisch im Freisetzen ungeahnter Energien oder in Heilung äußerte. Und Wahrheiten, die das Fassungsvermögen des gewöhnlichen Verstandes übersteigen, müssen sich oft in eine wunderliche Gestalt hüllen ...

Doch woran glaubst du? Bewußt oder unbewußt glaubst du an zahlreiche negative Dinge und Gegebenheiten: Du glaubst daran, daß deine Fähigkeiten und Möglichkeiten beschränkt sind. Du glaubst, daß du dich mit dem, was du bis jetzt erreicht hast, zufriedengeben sollst. Und du glaubst eine ganze Reihe weiterer Dinge, die dich an deinem gegenwärtigen Punkt der Entwicklung festbinden oder gar zu Verlusten führen.

Würdest du nicht an diese Dinge und Gegebenheiten glauben, dann wärst du heute einige Schritte weiter auf dem Weg zur Erfüllung deiner Träume. Auch wenn du ein Mensch bist, der religiöse, philosophische, politische oder humanitäre Ideale hat, wirst du vermutlich bei kritischer Selbstbetrachtung eingestehen, daß der unbewußte Glaube an die negativen Dinge überwiegt, denn die Ideale kommen bei aller theoretischer Überzeugung meist nicht zum Zuge.

Doch auch dir steht ein sicherer Weg offen, die Kraft des Glaubens zu nutzen, wenn du wirklich weißt, worauf du im Leben hinaus willst. Ich selbst habe die entsprechenden Gesetzmäßigkeiten nicht nur als

Journalist untersucht, sondern ich durfte ihre Wirksamkeit im eigenen Leben entdecken.

### *Beweise, die das Leben liefert*

Als Amerika in den Weltkrieg eintrat, wurde ich ganz unerwartet Soldat und befand mich plötzlich in Frankreich. Zunächst war ich noch nicht endgültig einer bestimmten Kompanie zugeteilt, denn alles war so schnell gegangen, daß es einige Wochen dauerte, bis meine Papiere aus den Vereinigten Staaten nach Europa kamen. Für mich hatte das die unangenehme Folge, in jener ersten Zeit keinen Wehrsold zu erhalten. Das bißchen Geld, das ich beim Aufbruch mitgenommen hatte, war schon auf der Überfahrt rasch ausgegeben, denn ich wollte mir etwas Abwechslung in der eintönigen Schiffskost gönnen. Nun besaß ich nicht einmal mehr die kleinste Münze. Zwar kleidete mich die Armee und es gab Essen, doch ich wurde betrübt, daß ich mir nichts Zusätzliches leisten konnte. Wie es dem Menschen oftmals geht: Weil ich nichts hatte, erwachte meine Gier nach allerlei Dingen, die ich eigentlich gar nicht brauchte. Immer wenn ich sah, daß sich ein Kamerad eine Zigarette ansteckte oder einen Kaugummi auspackte, ergriff auch mich die Lust danach. Eines Nachts fuhr ich in einem mit Soldaten überfüllten Zug in Richtung Front. Schlafen war in dieser Situation unmöglich. Ich dachte nach und entschloß mich plötzlich ganz bewußt: Nach meiner Rückkehr ins Zivilleben werde ich reich sein. In jenem Augenblick und mit diesem Entschluß hatte ich die Bahn meines Lebens vollkommen verändert.

Zunächst wußte ich das noch nicht. Zwar hatte ich in meiner Jugend manches gelesen: Die Bibel gehörte zur Pflichtlektüre in unserer Familie. Ich selbst nahm mir aus brennendem Interesse jedes Buch vor, das ich über Funk, Radar, Röntgenstrahlen und andere Gebiete der Elektrizität finden konnte. So brachte ich Begriffe wie »Schwingungen« und »Magnetismus« zunächst nur mit dem Bereich der Technik in Verbindung. Die erste schwache Ahnung, daß auf dem Gebiet des menschlichen Denkens ähnliche Gesetzmäßigkeiten herrschen könnten, kam mir, als ich von einem Lehrer ein bemerkenswertes altes Buch geliehen erhielt, *The Law of Psychic Phenomena* (»Das Gesetz der psychischen Erscheinungen«) von Thomas Jay Hudson. Leider las ich es nur oberflächlich. Darum verstand ich es entweder nicht ganz, oder ich war noch nicht reif, die darin enthaltenen grundlegenden Wahrheiten aufzunehmen. Darum wußte ich in jener schicksalhaften Kriegsnacht, als ich mich entschloß, reich zu werden, noch nicht, daß dieser Entschluß eine kraftvolle Ursache war, die gesetzmäßig eine Reihe von Wirkungen nach sich ziehen sollte. Noch hatte ich nicht verstanden, daß mein Denken und Glauben die Ausrichtung meines Lebens bestimmen.

Zunächst hatte ich das normale Kriegshandwerk des Soldaten zu leisten. Aber ich hielt mich für einen fähigen Journalisten und war überzeugt, auf diesem Felde mehr für mein Land tun zu können als durch den Umgang mit Waffen und Munition. Eines Nachts, es war in einem Munitionsdepot in der Nähe von Toul, begannen die Dinge, ihren Lauf zu nehmen.

Man befahl mich zum kommandierenden Offizier, der mich fragte, wen ich im Obersten Armee-Hauptquartier kenne. Weder kannte ich jemandem im Hauptquartier, noch wußte ich, wo es liegt. Das sagte ich dem erstaunten Offizier, der mir sogleich einen Befehl zeigte, wonach ich ins Hauptquartier berufen wäre. Ein Wagen mit Fahrer wartete bereits, um mich dorthin zu bringen. Nach meiner Ankunft erfuhr ich dann, daß ich mit dem Abfassen des täglichen offiziellen Presseberichtes betraut wurde. Dabei war ich lediglich einem höheren Offizier verantwortlich.

Nachdem ich einige Monate dieser neuen Pflicht, die meinen Fähigkeiten mehr entsprach, nachgegangen war, fügte sich ein neues Glied in die Kette der Ereignisse. An einem äußerlich trüben Tag kam der Befehl, der mich zur Armeezeitung *Stars and Stripes* abkommandierte. Schon lange hatte ich den Wunsch gehabt, dem Team dieser Zeitung anzugehören, doch bewarb ich mich nicht offiziell darum. Vielmehr hatte ich in der letzten Zeit öfter daran gedacht, die Offizierslaufbahn einzuschlagen. Am nächsten Tag, als ich mich für die Abfahrt nach Paris vorbereitete, rief mich der vorgesetzte Offizier.

Er zeigte mir ein Telegramm vom Generalstab, in dem meine Ernennung zum Offizier vorgeschlagen wurde. Nun hatte ich die Wahl zwischen einer Tätigkeit als Journalist und einer Laufbahn als Offizier. Nach nur kurzer Überlegung entschied ich mich für die Arbeit bei der Zeitung. Niemals habe ich erfahren, wer für das Telegramm, das mich in traurigen Kriegsumständen vor so eine gute Wahlmöglichkeit stellte, verantwortlich war, doch ich ahnte, daß gewisse Umstände für mich arbeiteten.

Nach Kriegsende hatte ich es eilig, die Armee zu verlassen. Ich war fest entschlossen, mein Glück zu machen. Doch die Soldatenzeitung *Stars and Stripes* setzte ihr Erscheinen noch einige Monate fort, und ich mußte mich gedulden. Dennoch wirkten die Kräfte, die ich unbewußt in Bewegung gesetzt hatte, weiterhin für mein Vorwärtskommen.

Es war am Tag nach meiner Rückkehr: Um 9 Uhr 30 am Morgen rief mich ein alter Bekannter an. Er sagte mir, ich solle mich mit einem berühmten Bankdirektor in Verbindung setzen. Dieser hatte Zeitungsartikel von mir gelesen und wünschte mich zu sprechen, bevor ich mich in Amerika nach einer neuen Stellung als Journalist umsah. Ich telefonierte mit ihm, und zwei Tage später begann meine Karriere im Bankgeschäft, die mich in der weiteren Entwicklung zum Vizepräsidenten einer großen amerikanischen Investment-Gesellschaft aufsteigen ließ.

Obwohl mein Gehalt am Anfang noch mäßig war, erkannte ich, daß ich in meiner neuen Tätigkeit viel Geld verdienen könnte. Auch wenn der Weg dahin noch nicht in seinen Einzelheiten feststand, ich wußte genau, daß ich auch äußerlich den Erfolg haben würde, von dem ich im Inneren überzeugt war. In weniger als zehn Jahren war ich ein vermögender Mann. Ich war nicht nur einer der Hauptaktionäre der Firma, für die ich arbeitete, geworden, sondern hatte es auch zu zahlreichen anderen Geschäftsbeteiligungen gebracht. Während all dieser Jahre hatte ich stets an meinem inneren Bild des Wohlstandes festgehalten.

Viele Menschen kritzeln Zeichnungen oder Buchstaben auf ein Blatt Papier, wenn sie telefonieren oder nachdenken. Ich hatte in jener Zeit die Angewohnheit, das Dollarzeichen beim Telefonieren vor mich hin zu malen. Briefumschläge und Zettel auf meinem Schreibtisch waren über und über voll mit diesen Kritzeleien. Bitte merke dir dieses nicht unwesentliche Detail, denn ich werde später noch ausführlich auf die damit verbundenen Gesetzmäßigkeiten zurückkommen!

Während der letzten Jahre habe ich zunehmend festgestellt, daß ein Großteil der menschlichen Probleme finanzieller und wirtschaftlicher Natur sind. Der harte Wettbewerb unserer Tage stellt Millionen Menschen vor die gleichen Probleme. Wenn du mit meinen Vorschlägen wirklich ernst machen möchtest, wirst du selbst erkennen, wie sich die in diesem Buch dargestellte Kunst in jedem Lebensgebiet anwenden läßt.

Hier ein anderes Beispiel aus meiner persönlichen Erfahrung: Kurz nachdem ich mich entschlossen hatte, mein erstes Buch *TNT – Eine Kraft in Dir wie Dynamit* zu schreiben, kam mir die Idee, zunächst noch eine Asienreise zu unternehmen. Ich buchte dazu eine Kabine auf dem Schiff *Empress of Japan*, das für seine hervorragende Küche berühmt war. Auf meinen Reisen durch Europa und Kanada hatte ich den Trappisten-Käse schätzen gelernt, der ursprünglich von den Mönchen des gleichnamigen Ordens hergestellt wurde. Als ich diesen Käse auf der Speisekarte des Schiffes nicht finden konnte, beschwerte ich mich scherzhaft beim Chef-Steward und sagte ihm lachend, ich wäre eigentlich nur auf dieses Schiff gekommen, um Trappisten-Käse zu essen. Er entschuldigte sich, doch sei leider dieser Käse nicht an Bord.

Je länger ich nun über diese Sache nachdachte, um so größeren Appetit hatte ich auf Trappisten-Käse. Eines Nachts wurde auf dem Schiff eine Party gegeben. Als ich kurz nach Mitternacht in meine Kabine gehen wollte, sah ich, daß man in einem Raum einen Tisch aufgestellt hatte. Darauf befand sich der größte Käse, den ich jemals in meinem Leben gesehen hatte. Es war ein Trappisten-Käse.

Später fragte ich den Chef-Steward, wo dieser Käse herkam. Er antwortete: »Ich war ganz sicher, daß wir diesen Käse nicht an Bord hätten, als Sie mich darauf ansprachen. Doch Sie schienen so überzeugt davon, ihn zu bekommen, daß ich mich entschloß, in allen Lagerräumen danach zu suchen. Schließlich fand ich den Käse im Lager für

Notfälle unter vielen anderen Dingen verborgen.« Auch auf dieser Reise schien etwas für mich zu arbeiten. Zwar hatte ich nur ganz gewöhnliche Leistungen gebucht, doch man behandelte mich wie einen König. Selbstverständlich saß ich neben dem Ersten Offizier, der mich als persönlichen Gast betrachtete und den ich bei allen seinen Aktivitäten begleiten durfte.

Natürlich machte die Behandlung, die mir auf diesem Schiff zuteil wurde, großen Eindruck auf mich. Ich hatte die *Empress of Japan* in Honolulu verlassen, wo ich einige Zeit blieb. Oft dachte ich, daß es schön wäre, bei der Heimfahrt auf einem anderen Schiff die gleiche Aufmerksamkeit zu erfahren. Eines Nachmittags spürte ich den plötzlichen Impuls, die Rückreise anzutreten. Es war kurz vor Ladenschluß, und ich beeilte mich, noch rechtzeitig ins Reisebüro zu kommen. Dort buchte ich die letzte verfügbare Kabine auf einem Schiff, das am folgenden Mittag abfuhr.

Kurz bevor ich an Bord ging, sagte ich lässig zu mir selbst: »Man hat dich auf der *Empress of Japan* fürstlich behandelt. Hier werde ich nun mindestens am Tisch des Kapitäns sitzen. Ganz sicher, ich werde am Tisch des Kapitäns sitzen!«

Das Schiff stach in See. Bald darauf kam der Steward des Speisesaals, um die Passagiere mit der Sitzordnung zu den Mahlzeiten bekannt zu machen. Er fragte mich nach meinem Fahrschein, warf einen Blick darauf und sagte: »Ach ja, Tisch A, Platz Nummer 5.« Es war der Tisch des Kapitäns, und ich saß ihm genau gegenüber. Auf jener Fahrt ereigneten sich viele Dinge, die mit dem Thema dieses Buches im Zusammenhang stehen. Der lustigste Vorfall war eine Geburtstagsfeier, die der Kapitän für mich ausrichten ließ, obwohl mein Geburtstag erst Monate später gewesen wäre.

Jahre danach, als ich begann, über diese Dinge zu schreiben und Vorträge zu halten, fand ich es angebracht, den Kapitän nach seiner Sicht der damaligen Ereignisse zu fragen. Er schrieb mir in seinem Antwortbrief: »Manchmal kommt uns im Leben plötzlich und instinktiv ein Einfall, dieses oder jenes zu tun. An jenem Mittag saß ich im Eingang meiner Kabine und beobachtete, wie die Pasagiere an Bord kamen. Als Sie kamen, sagte mir etwas, daß ich Sie an meinen Tisch setzen soll. Ich kann nicht erklären warum. Es war mir so sicher im Gefühl, wie ich mein Schiff sicher in den Hafen steuern kann.«

Einige Leute, denen ich von diesem Vorfall berichtete, meinten, es sei ein purer Zufall gewesen, daß der Kapitän mich auswählte. Andere, die nichts von der Kraft des Glaubens wissen, denken, ich wäre dem Kapitän vielleicht durch irgendwelche äußeren Merkmale aufgefallen. Doch ich bin sicher, es war nicht so. Unter den Pasagieren befanden sich zahlreiche prominente und interessante Menschen. Ich hatte mich unauffällig in der Menge bewegt und einfache Kleidung getragen. Die gesetzmäßige Anwendung meines Glaubens und Denkens hatte auch hier wieder zu klaren Ergebnissen geführt.

### *Was du glaubst, das kannst du auch*

Auch du kannst für deine eigene Wünsche derartige Ergebnisse erlangen! Die dazu notwendigen Voraussetzungen in der Kunst des Glaubens und Denkens möchte ich dir mit diesem Buch vermitteln. Diese Voraussetzungen könnten unter ganz verschiedenen Gesichtspunkten dargelegt werden. Weil ich weiß, daß viele Menschen vor Büchern zurückschrecken, die einen religiösen, okkultistischen oder metaphysischen Ansatz bieten, möchte ich zu dir in der nüchternen Sprache des Geschäftsmannes und Journalisten sprechen.

In meiner Laufbahn bin ich mit einigen sogenannten »Geheimbruderschaften« in Kontakt gekommen, die behaupteten, etwas von dieser hohen Kunst des Glaubens und Denkens zu verstehen. Es mag sein, daß dies der Fall ist. Doch ich bin überzeugt davon, daß einige derartige Organisationen die klaren Erkenntnisse und Methoden, die sie besitzen, absichtlich verschleiern. Es bedarf nicht des »Aufstieges« in einem äußerlichen Gradsystem, um das eigene Leben bewußt in die Hand zu nehmen. Ich bin sicher, daß die mystischen Geheimbünde zumindest ein Geheimnis hüten, das nur wenige ihrer Mitglieder jemals begreifen, nämlich die Tatsache, daß ein Mensch ohnehin nur das aufnehmen kann, wofür er innerlich bereit ist.

Die Wahrheiten liegen offen und sind dem, der wirklich erkennen will, klar ersichtlich. Ich möchte darum versuchen, in einer möglichst klaren Sprache und ohne jede Verschleierung zu dir zu sprechen.

Die Grundlage meines Systems läßt sich in den einfachen Satz fassen: *Was du glaubst, das kannst du auch.* Glaube ist die ausrichtende Kraft, die dich zum Erreichen deiner Ziele befähigt. Wenn du krank bist und tief in dir den Gedanken und Glauben an deine Genesung trägst, sind damit die Weichen zum Gesundwerden gestellt. Es ist der Glaube oder ein grundlegendes Vertrauen in dir, was sich in materielle Ergebnisse umsetzt. Selbstverständlich ist hier zunächst ein realistisches Maß anzulegen. Ich würde keinem Gehbehinderten sagen, daß er morgen in der Nationalmannschaft Fußball spielen kann. Auch möchte ich einem schwächlichen und unattraktiven Menschen gegenüber nicht behaupten, er würde sich über Nacht in eine athletische Schönheit verwandeln. Und dennoch bin ich überzeugt davon, daß Derartiges geschehen *könnte.* Wenn die Menschheit erst mehr von den Gesetzen des Glaubens und Denkens und den Wahrheiten des Geistes erforscht hat, werden sich ihr die Möglichkeiten eröffnen, die der heutigen Wissenschaft unglaublich erscheinen. Der einzelne Mensch aber kann jetzt schon in seinem Leben das Wunderbare bewirken, wenn er aktiv und positiv ein wichtiges Prinzip anwendet, die *Hoffnung.*

Dr. Alexander Cannon, ein angesehener britischer Arzt und Naturwissenschaftler, löste mit einigen Veröffentlichungen eine Kontroverse in der Fachwelt aus. Er warf die Frage auf, weshalb der Mensch im Gegensatz zu Beispielen aus der Tierwelt ein verlorenes Glied nicht regenerieren kann. Seine Antwort: Der Mensch könnte ein amputiertes Glied nachwachsen lassen, wenn der menschliche Geist diese Möglichkeit nicht ausschließen würde. Dieser bedeutende Wissenschaftler behauptete also, daß durch eine Änderung der Denkrichtung in den verborgensten Tiefen des Unterbewußtseins der Mensch ein verlorenes Bein ebenso leicht erneuern könnte wie ein kleiner Krebs seine beschädigte Schere. Ich weiß, diese Behauptung klingt unglaublich. Doch wer möchte mit Bestimmtheit sagen, daß sie nicht Wirklichkeit werden könnte?

Von Zeit zu Zeit treffe ich mich mit einer Gruppe von Ärzten, die alle Spezialisten auf verschiedenen Gebieten der Medizin und Chirurgie sind. Ich weiß, daß sie mich für verrückt erklären würden, wenn ich ihnen gegenüber diese Vorstellung ernsthaft andeutete. Doch zeigen mir die Gespräche mit ihnen immer wieder, wie auch die Schulmedizin die Rolle des Denkens und Glaubens beim Verursachen und Heilen von Krankheiten immer klarer erkennt.

Einer meiner Nachbarn erzählte mir folgende Geschichte, wie er seine Warzen loswurde: Während eines Krankenhausaufenthaltes hörte er zufällig das Gespräch eines anderen Patienten mit einem Besucher. Jener Besucher sagte zu seinem Freund: »Du möchtest also deine Warzen an der Hand nicht mehr sehn? Nun, laß sie mich einfach zählen, dann verschwinden sie.«

Mein Nachbar sah jenen Fremden einen Augenblick erstaunt an, dann meinte er: »Wenn Sie schon einmal dabei sind, können Sie nicht auch meine Warzen zählen?« Der Mann tat es. Mein Nachbar dachte schon nicht mehr an diesen Vorfall, als sein Blick einige Zeit später über seine Hand streifte: Die Warzen waren tatsächlich verschwunden!

Diese Episode erzählte ich der Gruppe von Ärzten. Ein berühmter Spezialist, der zugleich mein persönlicher Freund ist, brummte verärgert: »Das ist grotesk.« Doch ein junger Arzt, der an der Hochschule lehrt, kam mir zu Hilfe, indem er auf zahlreiche neue wissenschaftliche Veröffentlichungen hinweis, welche die großartigen Möglichkeiten der Suggestion und des Glaubens für die Heilung belegen. Der Psychologe Gordon W. Allport schilderte in seiner Arbeit *Mental Health: a Generic Attitude* (»Geistige Gesundheit: eine Grundhaltung«) einen höchst bemerkenswerten Fall:

»In einem österreichischen Landeskrankenhaus liegt ein schwerkranker Mann im Sterben. Die behandelnden Ärzte haben ihm wahrheitsgemäß mitgeteilt, daß sie seine Krankheit nicht diagnostizieren können, ihm aber wahrscheinlich helfen könnten, wenn sie die Diagnose wüßten. Sie haben ihm ferner gesagt, daß ein berühmter Diagnostiker das Spital in den nächsten Tagen besuchen und vielleicht imstande sein wird, die Krankheit zu erkennen.

Ein paar Tage später kommt der Spezialist wirklich an und macht seine Runde. Am Bett des Kranken angekommen, wirft er nur einen flüchtigen Blick auf ihn, murmelt *›moribundus‹* und geht weiter.

Einige Jahre später sucht der Mann den Spezialisten auf und sagt ihm: ›Ich wollte Ihnen schon längst für Ihre Diagnose danken. Die Ärzte sagten mir, daß ich Aussicht hätte, mit dem Leben davonzukommen, wenn Sie meine Krankheit diagnostizieren könnten, und im Augenblick, da Sie *moribundus* sagten, wußte ich, daß ich es schaffen werde.‹« (Journal of Religion and Health 1964)

Jener Mann, der die lateinische Sprache nicht beherrschte, wußte nicht, daß *moribundus* »dem Tode geweiht« bedeutet. Er hielt seine Krankheit für entdeckt, glaubte an seine Gesundung und fand somit Heilung aus eigener Kraft!

Immer mehr setzen sich heute die hier angesprochenen Erkenntnisse in allen Lebensbereichen durch. Wenn noch einige Ärzte die Augen davor verschließen, ist dies kein Problem der medizinischen Wissenschaft, sondern eine allgemeine Beschränkung, die sich immer dort einstellt, wo Menschen einseitig und engstirnig nur ihr eigenes Fachgebiet kennen. Ich kenne viele Geschäftsleute, deren Verstand nichts aufnehmen kann, was über ihre Routinetätigkeiten hinausgeht.

So kann die paradoxe Situation eintreten, daß gerade auf ihrem Spezialgebiet bekannte und erfolgreiche Persönlichkeiten jede Theorie über die Macht des Glaubens und die Kraft der Gedanken ablehnen, *obgleich sie diese andauernd unbewußt anwenden*! In diesem Zusammenhang fallen mir die Worte der im 19. Jahrhundert weltbekannten englischen Erzählerin Marie Corelli ein: Aus gutem Grund »*hielten die Weisen eine großen Teil ihres Wissens vor der Masse zurück, denn nur zu gut kannten sie die Beschränkungen enger Geister und vorgefaßter Meinungen ... Was der Narr nicht begreifen kann, darüber lacht er, weil er glaubt, durch das Lachen seine Dummheit in Überlegenheit zu verwandeln.*« (*The Life Everlasting*, Bordon Publishing Co., Los Angeles)

Glücklicherweise leben wir heute in einer Wendezeit. Große Denker und Erfinder, darunter auch prominente Naturwissenschaftler und Techniker, diskutieren inzwischen offen über die Erforschung geistiger Gesetzmäßigkeiten. Charles P. Steinmetz, der berühmte Techniker der General Electric Company, erklärte: »Der größte Fortschritt der Menschheit in den nächsten fünfzig Jahren wird auf dem Gebiet des Spirituellen liegen.« Und von Dr. Robert Gault, Professor der Psychologie an der Northwestern University, stammt der Ausspruch: »Wir stehen an der Schwelle zur Erkenntnis der verborgenen Seelenkräfte des Menschen.«

### *Die praktischen Ergebnisse*

Über die verborgenen Seelenkräfte oder spirituellen und geistigen Möglichkeiten des Menschen ist schon in der Vergangenheit viel geschrieben worden. Mystik, Okkultismus, Metaphysik, Schwarze und Weiße Magie waren dabei häufig gebrauchte Schlagworte, die dazu führten, daß dieses Gebiet von vielen Menschen als der Bereich des »Übernatürlichen« betrachtet wurde. Vielleicht trifft diese Auffassung für manche Bereiche zu. Doch das einzig Wesentliche, was mir daran bemerkenswert erscheint, ist die Tatsache, *daß der Glaube diese Kräfte zum Wirken bringt*. Ansonsten zählen zunächst nur die Ergebnisse!

Seit ich begonnen habe, in öffentlichen Vorträgen und in Rundfunksendungen Tausende von Menschen mit meinen Entdeckungen vertraut zu machen, trafen unzählige Rückmeldungen über die phänomenalen praktischen Ergebnisse bei mir ein.

Zu Beginn dieses Kapitels habe ich schon darauf hingewiesen, daß viele Menschen meine Methoden anwandten, um ihr Einkommen zu verdoppeln oder zu verdreifachen. Meine Aktenschränke sind voller Briefe, in denen Leute aus allen Lebensbereichen beschreiben, welche Erfolge sie mit der praktischen Umsetzung meiner Darlegungen erzielten. Ich denke da zum Beispiel an Ashley C. Dixon, dessen Name einst Tausenden von Radiohörern in Amerika ein Begriff war. Vor einigen Jahren schrieb er mir von sich aus. Er erzählte in seinem Brief, wie er sich zunächst nur rein theoretisch mit geistigen Gesetzmäßigkeiten beschäftigt hatte. Niemals hatte er diese Dinge ganz glauben wollen, bis er mit 43 Jahren mit 65 Dollar ohne Arbeit und positive Aussichten alleine dastand. Nun hielt er den Zeitpunkt für gekommen, sich von der Wirksamkeit der geistigen Gesetze zu überzeugen. Nachfolgend sei aus seinem Brief zitiert:

»Ihr Buch *TNT – Eine Kraft in Dir wie Dynamit* zeigte mir plötzlich all das, was ich zuvor theoretisch erahnt hatte, in einer anwendbaren Form. Es war, als würde ich die Niagara-Fälle zum ersten Male sehen. Man weiß zwar, daß es diesen Platz gibt, aber nur die persönliche Anschauung gibt einem die wahre Bestätigung. Ebenso gab mir Ihr Buch die Bestätigung über Möglichkeiten, die in mir schlummerten. Dieses Buch konnte ich nicht bloß lesen, sondern es war Tag für Tag anzuwenden, bis sich die Wirksamkeit meiner Gedanken völlig erwiesen hatte. Was brachte mir das alles ein, wird man sich vielleicht nun fragen, denn der Durchschnittsmensch möchte natürlich eine klare Summe in der Gewinnspalte sehen.

Hier ist die Antwort: Ich habe hunderttausend Dollar verdient, die ich zumeist in Lebensversicherungen und Rentenpapieren anlegte. Mein Geschäft, das ich für 5000 geliehene Dollar erwarb, habe ich mit 30000 Dollar Gewinn verkauft. Gegenwärtig läuft für die nächsten zehn Jahre ein Vertrag, der mir jeweils 50000 Dollar einbringt, wenn ich faulenze, und entsprechend mehr, wenn ich mich entschließe, etwas zu tun. Das ist keinesfalls übertrieben. Es sind klare Tatsachen, die sich in den vergangen zehn Jahren ereignet haben... Man kann das nicht in einem Augenblick schaffen, nicht in einem Tag oder Monat, doch man *kann* es schaffen.«

Auf dem tiefsten Punkt der Wirtschaftskrise erfuhr der Leiter der Behörde für Wirtschaftsförderung in einer großen Stadt an der Pazifikküste von den großen Erfolgen, die Unternehmen und einzelne Persönlichkeiten durch meine Methoden erlangt hatten. So entschloß er sich, sie einer Prüfung zu unterziehen. Später ließ er mir öffentliche Ehrungen zuteil werden und erklärte:

»Ihre Lehren haben im vergangenen Jahr mehr zur Belebung der Wirtschaftlage in unserer Region beigetragen als jeder andere Faktor oder alle unsere sonstigen Bemühungen. Diese Feststellung beruht auf den praktischen Erfolgen zahlreicher Leute aus der Wirtschaft, die Ihre Methoden im Geschäftsleben zur Anwendung brachten... Als ich zuerst von den angeblich großartigen Resultaten hörte, war ich geneigt, die Tatsachen in Frage zu stellen. Es scheint zu absurd, um wahr zu sein. Doch die Überprüfungen, Gespräche mit Firmenleitern und Geschäftsleuten, die Ihre Lehren umzusetzen versuchten, und meine eigene intensive Beschäftigung mit Ihren Methoden haben mir schließlich die dynamische Kraft erschlossen, die in dieser Sache steckt. Wahrscheinlich wird nicht jeder gleich in der ersten Minute verstehen, was Ihre Aussagen alles bewirken können, doch dürfen sich Firmen und Einzelpersonen, die sie ernsthaft anwenden können, ganz außergewöhnliche Erfolge erwarten. Sie haben das in überzeugender Weise bewiesen, und dafür sprechen wir Ihnen unsere höchste Anerkennung aus.«

Inzwischen hat jener Mann die höchsten Höhen der Geschäftswelt erklommen und mir noch so manches Zeugnis von der Wirksamkeit der Kraft des Glaubens geliefert.

Einen außergewöhnlichen Bericht von der großen Energie, die durch rechtes Denken und die Kraft des Glaubens gewonnen werden kann, stammt von Dorr Quayle, einem behinderten Kriegsveteranen:

»Es war zunächst keinesfalls leicht, Ihre Gedanken ganz zu akzeptieren. Doch die Umstände und meine körperliche Verfassung sollten mich schließlich dazu zwingen. Eine teilweise Lähmung führte dazu, daß ich mich nur noch mit Krücken fortbewegen konnte und auch das nur im Schneckentempo. Für einen ehemaligen Bankangestellten, der immer aktiv im Geschäftsleben stand, keine leichte Sache! Materiell habe ich nur durch eine staatliche Unterstüzung existieren können, weil meine Lähmung als Kriegsfolge anerkannt war. Dann wurde plötzlich meine staatliche Unterstützung gekürzt. Ich mußte versuchen, mich auf eigene Faust durchzuschlagen. Meine Wohnung und die anderen Besitztümer wären fast gepfändet worden. Mein Leben bot kein angenehmes Bild, und die Zukunft schien wenig hoffnungsvoll.

Die Notwendigkeit zwang mich, die von Ihnen aufgezeigten Prinzipien umzusetzen. Indem ich beharrlich den von Ihnen gewiesenen Weg verfolgte, war es mir möglich, genug zu verdienen, um meinen Besitz zu retten und mir ein angenehmes Leben zu ermöglichen. Ich habe noch nicht den vollen Erfolg erlangt, den ich mir vorstelle. Doch kenne ich endlich die Bahn, die mich dorthin führen wird. Diese Gewißheit hat mich von aller Furcht befreit.«

Seit jenen Zeilen sind ein paar Jahre vergangen. Herr Quayle hat inzwischen ein eigenes Geschäft aufgebaut. Es war eine Freude für mich, seine Fortschritte zu beobachten. Er fing mit einem kleinen Laden an. Heute beschäftigt er über zwanzig Angestellte und baut nun sein eigenes Bürohaus.

Als ich selbst diese hilfreichen Gesetze entdeckte, hatte ich noch keine Ahnung, daß ich sie einmal in Buchform niederlegen würde. Eine ganze Zeit war es mein Hauptanliegen, meine eigenen Firmen heil durch die Wirtschaftskrise zu manövrieren.

Ich weiß nicht, was mich letztlich dazu inspirierte, doch ich diktierte die Urfasung meines ersten Buches in weniger als fünf Stunden, ohne Konzept, Gliederung oder andere Unterlagen. Damals spukte mir der Begriff »kosmisches Bewußtsein« im Geiste, doch ich hatte keine klare Vorstellung, was ich damit verbinden sollte.

Nach der Veröffentlichung von *TNT – Eine Kraft in Dir wie Dynamit* erhielt ich dann den Brief einer Schriftstellerin aus New York:

»Ich habe Ihre Philosophie in mich eingesogen. Der Erfolg: Ich konnte in New York mein Glück machen. Erfolgreiche Verleger kaufen meine Manuskripte; zuvor hatte ich eine schlechte Anstellung und verdiente gerade 30 Dollar. Heute reise ich nach Europa und leiste mir, was ich will.«

Im gleichen Brief empfahl diese Schriftstellerin mir das Buch *Cosmic Consciousness* von Dr. Maurice Bucke. Als ich die in diesem Werk beschriebenen Erleuchtungserfahrungen las, stellte ich erstaunt fest, daß sie mit meinen eigenen Erfahrungen übereinstimmten. In der Urfassung meines ersten Buches beschrieb ich ausführlich meine Erfahrungen mit dem »glänzenden weißen Licht«. Doch ein naher Freund, der das Manuskript las, empfahl mir, das entsprechende Kapitel zu streichen. Er meinte: »Deine Leser werden nicht verstehen, was du mit diesem Licht meinst. Vielleicht werden sie denken, daß du nicht ganz bei Trost bist.« Damals glaubte ich ihm. Doch wenn du, lieber Leser, die Erfahrungen und Anregungen, die in diesem Buch beschrieben werden, wirklich in die Tat umsetzt, wirst du selbst erleben, welcher Glanz in dein Leben kommen kann. Bei mir selbst gipfelte es in einer Erfahrung, die ich stets in mir tragen werde: In wenigen Sekunden erlangte ich mehr Erkenntnisse als in Jahren des Lesens und Studierens.

In diesem Augenblick erkannte ich auch, wo die Gefahren für meine Firma lagen. Nicht äußere Ereignisse stellten die größte Bedrohung dar, sondern die innere Einstellung meiner Mitarbeiter. Die Furcht vor der Krise, die sich zu einer wahren Massenerscheinung hochpeitsche, vergiftete jeden positiven Impuls im Inneren. Eine solche Haltung konnte keine schöpferische Betriebsführung zulassen. Wer stets nur an die Pleite denkt, der zieht sie sicher an.

Um die Krise zu bekämpfen, mußte ich also im Denken jedes einzelnen Mitarbeiters der Firma ansetzen. Und genau damals und deshalb nahm mein Wirken für diese Ideen seinen Ausgang. Vielleicht wird mancher Schulpsychologe darüber lächeln. Aber Tausende von Menschen haben bewiesen, daß diese Methode funktioniert. Und wenn *du* es selbst probierst, wirst du es für dich herausfinden!

### *Eine ernste Warnung an dich*

Ich gebe dir diese Methode in der sicheren Gewißheit, daß du auf jeden Fall Erfolge erzielen wirst, gleichgültig, in welchem Lebensbereich du sie anwendest. Doch ich muß hier eine ernsthafte Warnung aus meinem ersten Buch wiederholen: *Verwende sie niemals für schädliche oder negative Zwecke*!

Die Gedankenkraft ist eine ungeheuerliche Macht. Der Glaube ist eine unerschöpfliche Energiequelle. Edle und unedle Ziele können damit erreicht werden. Nutzen und Schaden kann man damit über sich und über andere bringen. Woran du glaubst und denkst, das tritt ein, im Guten wie im Schlechten.

Doch in unserem Universum wirken klare Gesetzmäßigkeiten: Du kannst nichts tun, was nicht auch Rückwirkungen auf dein Wesen und dein künftiges Leben hätte. Wenn du dich unrechtmäßig auf Kosten eines anderen bereicherst, wenn du anderen Menschen absichtlich Schaden zufügst, dann mag dies anfänglich vielleicht wie ein Erfolg für dich aussehen. Doch die Rückwirkungen auf dich werden keinesfalls ausbleiben. Du kannst nicht in Harmonie leben, wenn du die Harmonie anderer störst. Wenn du nicht die Wirkung eines schmerzhaften Bumerangs spüren möchtest, dann lasse dich bei der Anwendung geistiger Gesetze von folgendem Grundsatz leiten: Nur das, was mir nützt und anderen nützt, oder zumindest andere nicht schädigt, wenn es mir nützt, ist ein wahrhaft erstrebenswertes Ziel. Dies sind nicht bloß Worte, sondern es ist als eindringliche Warnung gemeint, denn du wirst ab jetzt mit einer mächtigen Kraft arbeiten.

*Praktische Konsequenzen*

1. Es wäre unsinnig, ein Buch wie dieses nur um der Unterhaltung willen zu lesen. Ich hoffe zwar, daß es auch unterhaltsam und nicht langweilig für dich wird. Aber lasse es nicht dabei bewenden! Beschäftige dich intensiv mit den *Praktischen Konsequenzen*, die du jeweils am Kapitelende findest! Stelle sie dir und deinem Denken als Aufgabe! Nimm sie als Herausforderung für dein Leben und Denken! Oft sind es geringe Anstöße, die alles ändern können. Du wirst es schaffen, wenn du es ernsthaft versuchst!
2. Erforsche die Kluft zwischen Traum und Wirklichkeit in deinem Leben! Was hättest du gerne, und was hast du? Was wärst du gerne, und was bist du? Was hast du dir einmal vom Leben erträumt? Wovon träumst du vielleicht heimlich heute noch? Verstecke dich diesbezüglich nicht hinter Lügen und Ausreden! Vor dir selbst hast du das am wenigsten nötig! Deine Träume und Wünsche zeigen dir, was du wirklich willst und tatsächlich anstreben könntest! Bekenne dich vor dir selbst zu deinen Phantasien! Sie sind der Motor für dein Vorankommen!
3. Rundfunk, Fernsehen und Zeitung bringen dir Nachrichten aus der weiten Welt, um dich schauend siehst du das Leben der Leute in deiner Umgebung: Entwickle einen Blick dafür, wie in der großen Geschichte der Menschheit ebenso wie im täglichen Leben

besonders das Wunderbare, Phantastische, Traumhafte wesentliche Veränderungen bewirkt, wenn daran geglaubt wird!

4. Vielleicht glaubst du, daß du an nichts glaubst. Aber selbst das ist ein Glaube, doch keinesfalls ein positiver! Betrachte dich also ehrlich vor dir selbst! Bewußt oder unbewußt glaubst du an viele negative Dinge und Gegebenheiten: Du glaubst daran, daß du dich mit dem bisher Erreichten zufriedengeben sollst. Du glaubst, daß deine Fähigkeiten und Möglichkeiten beschränkt sind. Und du glaubst eine ganze Reihe weiterer Dinge, die dich an deinen gegenwärtigen Entwicklungsstand fesseln oder gar zu Verlusten führen. Spüre diese Dinge in dir auf! Erkenne den Feind! Er ist schon halb geschlagen, wenn er nicht mehr im Geheimen wirken darf.
5. *Überschau dein Leben*! Du wirst mit Sicherheit mehrere Fälle entdecken, in denen die Kraft des Glaubens (woran auch immer) dich voranbrachte oder hemmte. Wann ging ein Wunsch in Erfüllung, und du dachtest: »So ein Zufall!«? Wann ist lange befürchtetes Unheil dann auch tatsächlich eingetroffen? Betrachte diese Fälle vor dem Hintergrund der hier dargelegten Prinzipien, und du wirst das Wirken der geistigen Gesetzmäßigkeiten immer klarer verstehen!
6. *Was du glaubst, das kannst du*! Blicke auf dein Leben oder das von Menschen, die du kennst! Immer wieder kommt es vor, daß etwas vollbracht und geleistet wurde, woran niemand glaubte und das sich niemand vorstellen konnte außer demjenigen, der es schaffte. Analysiere diese Dinge! Sieh sie im Lichte der geistigen Gesetze! Vermeide es, daß die in diesem Buch gelehrten Prinzipien graue Theorie für dich bleiben! Versuche sie auch außerhalb im Leben zu erkennen! Und sieh sie nicht nur bei anderen, sondern vor allem bei dir selbst! *Was du glaubst, das kannst du*! Hier geht es nicht um einen Aufruf zur Selbstüberschätzung oder zu waghalsigen Risiken! Ein Trinker *glaubt nicht*, daß er noch eine Flasche mehr vertragen kann. Es ist die *Sucht*, die ihm das einredet. Ein krankhafter Spieler *glaubt nicht*, daß er gewinnen wird, seine eigene *Schwäche* gaukelt es ihm vor. Echter Glaube wäre in diesen Fällen: Ich schaffe es, das Trinken zu lassen; ich muß nicht unbedingt spielen. Versuche selbst

aufrichtig in deinem eigenen Leben zu unterscheiden zwischen dem *scheinbaren* Glauben, den dir Schwäche und Resignation vorspielen, und jenem *echten* Glauben, der stets zu vermehrter Freiheit, Gesundheit und größerem Glück führt!

7. Sei dir beim Umsetzen der Prinzipien dieses Buches ebenso wie im täglichen Leben stets eines wichtigen gesetzmäßigen Prinzips bewußt: *Du kannst nichts denken und tun, was nicht auch Rückwirkungen auf dein Wesen und dein künftiges Leben hätte.* Wenn du dich unrechtmäßig auf Kosten anderer bereicherst, wenn du anderen Menschen absichtlich Schaden zufügst, dann mag dies anfänglich vielleicht wie ein Erfolg für dich ausehen. *Doch die Rückwirkungen werden keinesfalls ausbleiben*! Du kannst nicht in Harmonie leben, wenn du die Harmonie anderer störst. Wenn du nicht die Wirkung eines schmerzhaften Bumerangs spüren möchtest, dann lasse dich von folgendem Grundsatz leiten: *Nur das, was mir nützt und anderen nützt, oder zumindest andere nicht schädigt, wenn es mir nützt, ist ein wahrhaft erstrebenswertes Ziel!* Denke über dieses geistige Prinzip nach, es lohnt sich!

2. Kapitel

# Experimente mit Gedanken-Kraft

Damit du ein klares Verständnis von dem erlangst, worum es geht, sollen zunächst einige Gedanken über das Denken selbst und seine Erscheinungen folgen. Eigentlich weiß niemand, was das Denken wirklich ist. Es handelt sich um eine geheimnisvolle geistige Fähigkeit. Ebenso wie bei der uns dem Wesen nach unbekannten Elektrizität kennen wir vom Denken nur bestimmte Wirkungen. Wir sehen seinen Ausdruck in den Handlungen von Kindern, Erwachsenen, ja sogar Tieren und bis zu einem gewissen Grade bei allen Lebewesen. Je weiter wir über das Denken nachsinnen, um so klarer wird uns, welche gewaltige Kraft dahintersteckt und wie unbegrenzt seine Macht ist.

Blicke kurz um dich! Wenn du jetzt in einem möblierten Raum bist, sagen dir deine Augen, daß dich eine Reihe unbelebter Gegenstände umgibt. Das stimmt zwar, soweit die visuelle Wahrnehmung betroffen ist, doch in Wirklichkeit betrachtest du Gedanken oder Ideen, die sich durch schöpferische Tätigkeiten von Menschen materialisiert haben. Es war zunächst ein Gedanke, der das Möbelstück schuf, dem Fenster seine Form gab und die Tapeten oder Vorhänge entwarf.

Autos, Hochhäuser, Flugzeuge, die Nähmaschine oder auch nur die Nähnadel – wo haben diese Dinge ihren Ursprung? In jener eigentümlichen Macht der Gedanken. Wir können also festhalten, daß alle menschlichen Errungenschaften und alle unsere Besitztümer das Ergebnis schöpferischen Denkens sind. Ralph Waldo Emerson erklärte, der Vorfahre jeder Handlung sei ein Gedanke. Wenn du dieses Prinzip erkennst, dann verstehst du auch, wie unsere Welt vom Denken regiert wird. Alles Äußere entstammt ursprünglich dem denkenden Geist. Der Buddha hat diese Weisheit schon vor 2500 Jahren in Indien formuliert: »Denken-geführt die Dinge sind, Denken-gezeichnet, Denken-geformt.« (Dhammapada) Alles, was wir sind, ist das Ergebnis dessen, was wir dachten!

Dein Leben ist dein Denken, das Produkt der in dir ablaufenden Denkprozesse. Deine Haut, deine Knochen und Muskeln bestehen zu 70 % aus Wasser sowie aus einigen Chemikalien von geringem Wert. Was dich tatsächlich zu dem macht, was du bist, ist dein Denken. Das Geheimnis des Erfolges liegt nicht in der äußeren Welt, es ist vielmehr im menschlichen Denken zu finden.

Gedanken können Zwerge in Riesen verwandeln, doch oft genug machen sie aus Riesen Zwerge. Diese Geschichte kennt zahllose Beispiele, in denen das Denken aus Schwächlingen Helden werden ließ oder Helden durch ihr Denken plötzlich schwach wurden. Schau dich um! Überall kannst du Beweise für diese Aussage finden.

Du ißt keinen Bissen, ziehst dich nicht an, wartest nicht auf den Bus, steigst nicht in dein Auto oder schaltest nicht das Fernsehgerät ein, wenn diesen Handlungen nicht jeweils ein Gedankenimpuls vorangeht. Auch wenn du viele deiner täglichen Handlungen automatisch tust oder sie einfach körperliche Reflexhandlungen sind, hinter jedem einzelnen Schritt, den du im Leben tust, gleichgültig, wo er hinführt, steckt das Wirken der geheimnisvollen Gedankenkraft.

Die Art, wie du gehst, wie du dich hältst, wie du sprichst und wie du dich kleidest, all dies spiegelt deine Denkgewohnheiten wider. Eine träge äußere Haltung läßt auch auf ein träges Denken schließen, während eine wachsame und aufrechte Haltung auf innere Stärke und Selbstvertrauen hindeutet. Was du äußerlich zeigst, das bist du auch im Inneren. Du bist das Ergebnis deiner eigenen Gedanken. Was du zu sein glaubst, das bist du.

Das Denken ist die ursprüngliche Quelle allen Wohlstandes, allen Erfolges, allen Gewinnes, der großen Entdeckungen und Erfindungen und aller Errungenschaften der Menschheit. Ohne das Denken gäbe es keine Medizin, keine Museen, keine Theaterstücke und Romane und nicht die Bequemlichkeiten des modernen Lebens. Die Menschheit wäre in ihrer Entwicklung im frühesten Stadium stehengeblieben.

Deine vorherrschenden Gedanken bestimmen deinen Charakter,

deine Karriere, ja selbst dein alltägliches Leben. Das, was du bist und wie du dich fühlst, ist durch dein Denken bedingt entstanden. Es kann auch durch dein Denken verändert werden. Die Bibel und die Lehren aller großen Weisen brachten diese Erkenntnis zum Ausdruck. Und es war Shakespeare, der feststellte: »Nichts ist entweder gut oder böse, das Denken macht es dazu.«

Der bekannte englische Physiker Sir Arthur Eddington formulierte die Theorie, daß dieses Universum, in dem wir leben, das gemeinschaftliche Produkt unseres Denkens sei. Sein Fachkollege Sir James Jeans stellte dagegen die Hypothese auf, das Universum sei Produkt des Denkens eines universellen Geistes, der dem Denken aller Einzelwesen zugrunde liegt. Derartige Vorstellungen bringen die moderne Physik in die Nähe von Ideen der alten asiatischen Metaphysik. Immer mehr Wissenschaftler weisen auf solche Parallelen zwischen alten Überlieferungen und modernsten Erkenntnissen hin. Sie bestätigen damit zugleich auch die grundlegenden Prinzipien dieses Buches.

Seit den Anfängen der Geschichte wurde das Geschick der Menschheit von jenen geprägt, die etwas von der großen Macht der Gedanken verstanden. Alle bedeutenden religiösen Führer, Könige, Helden und Staatsmänner kannten diese Kunst. Sie wußten, daß die Menschen so handeln, wie sie denken, und sie wußten auch, daß Menschen auf die Gedanken anderer reagieren, wenn diese stärker als die eigenen sind. Sie verstanden es, andere durch die Dynamik ihres Denkens zu beeinflussen, um sie zur Freiheit oder in die Sklaverei zu führen. Wir haben allen Grund, unsere eigenen Gedanken zu studieren, zu verstehen und zu lernen, wie wir unser Leben durch diese unerschöpfliche Kraftquelle besser gestalten können.

Zweifellos werden wir zu dem, was wir uns vorstellen. Es gab eine Zeit, da hätte ich Leute ausgelacht, die mir etwas vom Magnetismus der Gedanken erzählen wollten. Doch heute ist es mir selbst ernst darum. Ich weiß, daß Denken große Entfernungen überwinden kann, daß ein verborgener Zusammenhang zwischen dem Denken und den realen Objekten der Außenwelt besteht und daß das Denken die Gestalt dieser Erde verändern könnte.

Der bekannte irische Autor und Lyriker George Russell meinte einst, daß wir das werden, worüber wir nachsinnen. Er hat dies in seinem eigenen Leben bewiesen, indem er ein großartiger Schriftsteller, Lehrer, Maler und Dichter wurde.

Doch bevor nun auch du dich begeistert an die Arbeit machst, deine Gedanken zu erforschen, um dein Leben entsprechend zu gestalten, solltest du erkennen, daß viele Gedanken, die du denkst, nicht deine eigenen sind. Zumindest haben sie ihren Ursprung nicht in dir. Andauernd wirst du von den Gedanken anderer geprägt: Durch Gespräche, die Lektüre von Büchern und Zeitschriften, Informationen aus Rundfunk und Fernsehen, ja selbst durch zufällige Bemerkungen Vorübergehender nimmst du Gedanken in dir auf. Ich möchte fast sagen, du wirst mit fremden Gedanken bombardiert. Einige dieser Gedanken, die mit deinem innersten Glauben harmonieren oder dir weitere Horizonte eröffnen, können hilfreich und heilsam sein. Doch zu oft regen dich diese fremden Gedanken auf, schwächen dein Selbstvertrauen und halte dich vom Streben nach deine höheren Zielen ab. Ich werde später darauf eingehen, wie du dich von derartigen schädlichen Einflüssen befreien kannst.

## *El Dorado liegt vor deiner Tür*

Viele Menschen, die heute von geistigen Gesetzmäßigkeiten gehört haben, beachten das Gesetz von Ursache und Wirkung. Doch nur wenige von ihnen verstehen die Bedeutung der Aussage »Das Denken ist die Quelle höchster Energie«. Eine hervorragende Erklärung dieses Prinzips findet sich in einem Artikel der Zeitschrift *Commercial and Financial Chronicle*:

»Das sagenumwobene El Dorado, ein Land mit unschätzbarem Reichtum an Gold und Edelsteinen, liegt vor der Haustüre eines jeden Menschen. Deine Goldmine liegt direkt unter dir. Du hast dein Glück schon in der Hand. Es ist in dir und keineswegs außerhalb.

Es ist die Bestimmung des einzelnen Menschen wie auch der ganzen Menschheit, ein glückliches Leben im Überfluß zu führen. Dies ist die wichtigste Tatsache des Daseins. Religionen und Philosophien haben darauf hingewiesen, die Geschichte und die Wissenschaft werden es ans Licht bringen: Du sollst leben, und du sollst im Überfluß leben ... Wonach suchst du? Zahle den Preis dafür und nimm es dir! Es gibt keine Beschränkungen, doch je kostbarer das Verlangte ist, um so höher wird der Preis sein: Für alles, was du erlangen willst, mußt du mit dem Gold deines eigenen Geistes bezahlen.

Doch wo findest du dieses mächtige Gold? Du sicherst dir das Gold deines Geistes, indem du dich selbst findest. Wenn du dich selbst gefunden hast, erlangst du damit innere Freiheit und alle Reichtümer und Errungenschaften, auf die es dir ankommt. Hohles Geschwätz? Nein, denn den überzeugendsten Beweis liefert nicht nur die Geschichte Amerikas, sondern er findet sich in der Geschichte überhaupt und in jedem Lebenslauf bedeutender Menschen. Selbst alltägliche Ereignisse führen dir den Beweis dafür vor Augen. Bleibendes, Mächtiges und Wesentliches kann nur von Menschen geleistet werden, die in sich das Gold des eigenen Geistes fanden und dadurch Kraft und höhere Fähigkeiten erlangten. Menschen, die sich selbst erkannten, wissen, daß alle materiellen Dinge zunächst geistige Ideen als Grundlage haben. Sie erkennen dies auch in finanziellen und wirtschaftlichen Angelegenheiten. Und dennoch ist jenes Prinzip für den wirklich wachen Menschen kein rein materielles Gesetz. Es ist eine spirtuelle Gesetzmäßigkeit, die sich auch auf der stofflichen Ebene auswirkt. Wer echte Erkenntnis besitzt, sieht das gleiche Prinzip auch in der Erdanziehungskraft oder in chemischen Prozessen wirken. Was für den Markokosmos gilt, das gilt auch für den Mikrokosmos.

Lange Zeit war Amerika eines der größten El Dorados gewesen, eine unvergleichliche Bühne, auf der Menschen, die sich selbst gefunden hatten, zum Wohle der Menschheit und zum eigenen Nutzen auftreten konnten. Keinerlei Ausbeutung gab es dabei, sondern nur den freien Fluß von Gütern, ersonnen von freien Geistern, die sich der universellen schöpferischen Gesetze des Daseins bedienten. Wie groß muß der spirituelle Reichtum eines freien Geistes wie James J. Hill gewesen sein! Von Nirgendwo nach Nirgendwo baute er in Amerika die große Nord-Eisenbahn in einer Wildnis, wo keiner lebte. Doch seine scheinbare Torheit schuf Gewaltiges. Seine geistige Kraft verwandelte

Wälder und Wüsten in tausend El Dorados. Millionen Amerikaner hatten plötzlich die Möglichkeit, ihr Glück im kalten Nordwesten zu machen, und die positiven Auswirkungen zeigten sich selbst auf den Märkten von Amsterdam und London.

Thomas A. Edison sagte einige Jahre vor seinem Tod: ›Ideen entspringen dem inneren Raum. Es mag erstaunlich und unglaublich klingen, doch unser innerer Raum bringt die Ideen hervor.‹ Edison muß es sicher gewußt haben, denn wenige Persönlichkeiten schenkten der Menschheit mehr Ideen... Möge jeder Mensch sein El Dorado in sich suchen! Es ist unendliche Kraft vorhanden. Die Quelle kann niemals versiegen. Die Kirchenväter drückten es einst so aus: Was wir davon empfangen können, hängt von unserer Aufnahmefähigkeit ab. Es mangelt nicht an Kraft, sondern an unserem Willen! Wer sich selbst findet, ist bereits auf dem Wege zu seinem El Dorado.

Durch eine vollkommene und mächtige Vorstellungskraft kann einfach alles Wirklichkeit werden. Der große Arzt Paracelsus sagte: ›Der menschliche Geist ist so wunderbar, daß niemand dies je ausdrükken kann. Könnten wir mit unserem Geist in rechter Weise umgehen, nichts wäre uns unmöglich auf dieser Erde. Erst durch den Glauben wird die Vorstellungskraft mächtig und vollkommen, und jeder Zweifel schwächt ihre Vollkommenheit. Der Glaube stärkt die Vorstellungskraft, denn der Glaube bringt den Willen hervor.‹ Der Glaube ist etwas höchst Persönliches. Auch Erlösung, was immer man darunter verstehen mag, ist eine persönliche, individuelle Angelegenheit. Glaube und Selbstfindung hängen unmittelbar miteinander zusammen. Die Selbstfindung zeigt dem Menschen seine eigene Stellung in der Ganzheit allen Seins und seine Einheit mit dem Ewigen. Starke und positiv denkende Menschen haben die El Dorados dieser Welt aufgebaut. Die Devise lautet: ›Mensch, erkenne dich selbst!‹ Wer dies schafft, der wohnt immer in seinem El Dorado, trinkt vom Brunnen ewiger Jugend und wird alles erlangen, woran er sich erfreuen kann.«

*Die nötige Konzentration*

Die oben zitierten Worte des Paracelsus sind es wert, nochmals gelesen zu werden: *»Erst durch den Glauben wird die Vorstellungskraft mächtig und vollkommen, und jeder Zweifel schwächt ihre Volkommenheit. Der Glaube stärkt die Vorstellungskraft, denn der Glaube bringt den Willen hervor.«* Hast du dieses Prinzip klar verstanden, dann siehst du, wie du deine künftigen Unternehmungen erfolgreicher gestalten kannst. Nicht harte Arbeit alleine macht den Erfolg aus. Die Welt ist voller Menschen, die zwar hart gearbeitet haben, aber im Grunde nichts vorzuweisen haben. Eine wichtige Notwendigkeit muß alle deine Arbeiten begleiten: schöpferisches Denken und der unerschütterliche Glaube daran, daß du dein Ziel erreichen kannst. Die erfolgreichen Persönlichkeiten in der Geschichte der Menschheit haben es durch ihren Glauben geschafft. Ihre Hände waren nur willige Helfer eines schöpferischen Geistes.

Ein weiterer wichtiger Punkt. Dein Denken darf nicht lasch oder unstet sein. Dein Glaube darf nicht zaudern oder wanken. *Du mußt dich ganz auf das konzentrieren, was du erreichen willst!* Denke nicht heute »ja« und morgen »nein«. Laß dich nicht von nagendender Zweifelsucht übermannen. Was möchtest du erreichen? Wissen, Weisheit und Erkenntnisse? Wohlstand und Sicherheit für dich und deine tFamilie? Berufliche oder geschäftliche Erfolge? Ein ruhiges Leben in Beschaulichkeit? Jeder Mensch hat seine ganz persönliche Vorstellung von dem, was ihm Erfolg bedeutet. Was immer es für dich sein mag, du kannst dieses Ziel erlangen, wenn du deinen Glauben und dein Denken darauf konzentrierst und es zu *dem* Anliegen deines Wünschens machst.

Das soll zu schwer sein? Mit Sicherheit nicht! Wenn du die dynamischen Kräfte des Glaubens einsetzt, werden dadurch alle deine inneren Möglichkeiten angeregt und wachgerufen. Dadurch werden dir plötzlich ungeahnte Mittel zur Erreichung deiner Vorhaben zur Verfügung stehen. Vielleicht ahnst du, was ich meine, wenn du verheiratet bist: Denke einmal zurück an die spannende und gefühlsintensive Erfahrung, als du um deinen künftigen Partner geworben hast.

Das war wohl keine trübsinnige und nervenaufreibende Schwerarbeit, sondern eher das Gegenteil. Und damals hast du ganz unbewußt das eben beschriebene Prinzip angewendet. Vom Augenblick eures Kennenlernens bis zum Zeitpunkt der Heirat und danach war dein Denken ganz auf den Wunsch konzentriert, diesen Partner zu gewinnen, und du glaubtest an deine Fähigkeit dazu. Dieser Glaube und dieses Denken waren stets in dir und beherrschten vielleicht sogar deine Träume.

Wenn dir nun langsam klarer wird, welche bedeutende Rolle Glauben und Denken in deinem täglichen Leben spielen, solltest du zunächst möglichst genau festlegen, was du möchtest. Dabei reicht es nicht, einfach zu sagen: »Ich wünsche mir Erfolg.« Die meisten Menschen wünschen sich das, doch ist dieser Wunsch zu verschwommen. Du mußt deine Ziele ganz klar im Geiste haben. Frage dich: Was hast du vor? Worin besteht dein genaues Ziel? Hast du dir überhaupt schon einmal vorgestellt, was du wirklich willst? Wenn du Wohlstand anstrebst, dann mache dir die genaue Größenordnung klar! Wenn du etwas erreichen willst, dann frage dich ganz genau und ausführlich, was es ist und wie es aussieht!

Es ist unbedingt notwendig, daß du dir diese Fragen nicht nur stellst, sondern sie auch in aller nur möglichen Ausführlichkeit beantwortest! Mit dem Finden und inneren Formulieren der genauen Antworten pflanzt du in deinem Geiste Ursachen, die sich als Wirkungen in deinem weiteren Leben fortsetzen. Auch wenn es seltsam klingt, in der Regel kann nicht einer von hundert Menschen diese Fragen beantworten! Die meisten Menschen möchten vorankommen und Erfolg haben, doch über diese abstrakte Idee hinaus ist ihnen alles unklar. Sie gehen heute ihrer Arbeit nach, denken dabei nicht an morgen und wünschen sich nur, daß ihre Altersversorgung sicher bleibt. Sie sind wie Korken, die ziellos im Wasser treiben. Die Strömungen tragen sie nach hier und da, und irgendwann weichen sie auf oder sinken vollgesogen auf den Grund.

Darum ist es so wichtig, daß du dir klarmachst, was du vom Leben möchtest. Du mußt das ganz deutlich für dich werden lassen, um dann dieses Ziel fest und konzentriert ins Auge zu fassen. Gleichgültig, ob du ein neues Paar Schuhe, ein Haus auf dem Land, bestimmte menschliche Kontakte oder eine gewisse Erkenntnis möchtest, bevor du es ansteuern kannst, mußt du wissen, was es ist. Zunächst mußt du eine klare Idee fassen, der du dann konzentriert zur Umsetzung verhilfst.

In seinem Aufsatz über »Reichtum« hat Ralph Waldo Emerson dieses Prinzip im Hinblick auf den für jeden Menschen möglichen Wohlstand angedeutet:

»Der Mensch ward geboren, um reich zu sein, oder vielmehr: Er muß unvermeidlich reich werden, sobald er seine Fähigkeiten gebraucht und sein Geist sich mit der Natur in Verbindung setzt. *Aller Besitz ist geistiges Produkt.* Dieses Spiel erfordert einen kühlen Kopf, klares Denken, raschen Entschluß und viel Geduld ... Immer liegt der Grund seines Glücks oder seines Mißerfolges im Menschen selbst, so auch beim Geldverdienen. Die Menschen reden, als ob eine gewisse Magie dahinterstecke, und immer auf allen Gebieten glauben sie an diese Magie. Doch Mark für Mark und Pfennig für Pfennig geht alles den alten Weg: Für jede Wirkung muß eine entsprechende Ursache vorhanden sein, und ›Glück‹ ist nur ein anderer Name für zähes Aushalten.«

Zähes Aushalten, das heißt Festhalten an der Konzentration auf deine klar ins Auge gefaßten *Wünsche*, das ist der Schlüssel zum Erfolg. Doch solltest du beachten, daß es einen Unterschied zwischen *Wünschen* und *Notwendigkeiten* gibt. Wenn du ein Auto für deine tägliche Fahrt zur Arbeit brauchst, so wirst du es aus *Notwendigkeit* kaufen. *Wünschst* du dir jedoch einen Wagen, um deiner Familie und dir bessere Freizeitmöglichkeiten zu schaffen, dann wirst du von Anfang an ein anderes Verhältnis zu dieser Anschaffung haben. Du wirst Prospekte studieren, verschiedene Händler aufsuchen und dich schließlich aufgrund deines neuerworbenen Wissens entscheiden. Dieser Autokauf war ein freier Wunsch, der dich gefordert und innerlich bereichert hat. Der Wunsch nach Neuem, nach anderem, ist die große Chance zur Veränderung deines Lebens. Alles, was du über die bloße Notwendigkeit hinaus verlangst, verlangt umgekehrt von dir neue Verantwortlichkeiten und bereichert dein Leben. Es ist die Kraft des Glaubens, die dich deinem Leben zusätzliche Werte geben läßt.

Erkenne die große Chance, die im Wünschen liegt! Ohne den Wunsch, da zu sein, wärst du nicht hier. Der Wunsch ist eine ursprüngliche Kraft, die in jedem Menschen wirkt. Laß deine Wunschkraft nicht dahinplätschern, sondern gib ihr durch dein Denken und Glauben klare Inhalte, die dein Leben lebenswerter für dich machen!

## *Die Macht des Denkens*

»Wer der Stimmung Einlaß gewährt (und das heißt denken), er könne in irgendeinem Vorhaben nicht zum Ziel kommen, der wird mit Hilfe dieser negativen Stimmung, die um ihn wie die Nebelhülle um den Kern eines Kometen liegt, weitere davon abhängende entmutigende ›Ich-kann-nicht‹-Gedanken aus dem Raume an sich ziehen... Denn die Gedankenkraft läßt sich gleich einer Lokomotive verwenden: Man kann in wundervolle Gegenden mit ihr fahren oder sich von ihr den Kopf abreißen lassen, ganz nach Belieben.

Doch wer ruhig und ohne Wanken in sich an einem lebendigen Wunsch baut, seines Sieges sicher, der zieht aus dem unsichtbar Flutenden so gewiß helfende Kräfte in seinen Geist, wie der Embryo unbewußt, aber gesetzmäßig aus dem Blut der Mutter alles Notwendige an sich zieht, was er im jeweiligen Stadium seiner Entwicklung braucht; dem Wollenden ist eigentlich das gesamte Universum eine mütterliche Nahrungsquelle seiner Tat« (Mulford). Das klare und konzentrierte Denken steht über scheinbar materiellen Notwendigkeiten, und der Kenner dieser Gesetzmäßigkeiten mag sich über viele Dinge, die für andere Zwang bedeuten, hinwegsetzen.

Vielleicht erscheint dir diese Behauptung etwas seltsam. Darum möchte ich ein paar Beispiele anführen, damit du weißt, worum es mir geht. Möglicherweise kennst auch du den Spruch: »Zieh dir bei Regenwetter Gummischuhe an, du wirst dich sonst erkälten und dir den Tod holen!« Nach landläufiger Auffassung führen nasse Füße zwingend zu einer Erkältung. Seit meiner Kindheit habe ich niemals Gummischuhe getragen. Hunderte Male hatte ich völlig durchnäßte

Schuhe und Strümpfe, oftmals sogar stundenlang. Doch niemals habe ich mich dabei erkältet. Manche Menschen haben auch Angst vor Zugluft. Aber mir scheint, man erkältet sich mehr wegen der *ängstlichen Gedanken*, die man an die Zugluft verschwendet, als wegen der Zugluft selbst. Täglich sitze ich lange Zeit im Durchzug, und in der Nacht schlafe ich in einem Eckzimmer mit zwei offenen Fenstern. Erkältet habe ich mich deswegen noch nie, denn diese Sache war mir bislang noch keinen Gedanken wert.

Natürlich möchte ich hier niemandem raten, sich freiwillig der Zuguft auszusetzen oder ohne Regenschuhe in ein Unwetter hinauszugehen. Lebenslange Gewohnheiten und deren lästige Konsequenzen lassen sich nicht über Nacht ändern. Doch zeigt sich damit ein Beispiel, wie Geisteshaltung und Denken sich auf materieller Ebene auswirken.

Seit Jahrhunderten schon weisen führende Geister darauf hin, daß der Mensch durch Gedankenkraft selbst feste Gegenstände und den Verlauf äußerer Vorgänge beeinflussen kann. Je tiefer du in diese Kunst eindringst, um so klarer werden sich dir die erstaunlichen Möglichkeiten deines eigenen Denkens zeigen.

Der englische Schriftsteller Sir Arthur Conan Doyle, Autor von Sherlock Holmes, war lange Zeit Mitglied der »Society for Psychic Research«, einer wissenschaftlichen Gesellschaft zur Erforschung außergewöhnlicher Phänomene des menschlichen Geistes. Staunend sah er dort, wie es Menschen durch Gedankenkraft gelang, aus der Ferne feste Gegenstände zu bewegen und auseinanderzunehmen. Er beobachtete diese Experimente und studierte sorgfältig deren überzeugende Ergebnisse. Schließlich erklärte er, daß in der Denkfähigkeit eine sowohl schöpferische als auch zerstörerische Macht angelegt ist, die dem Glauben, »der Berge versetzt«, verwandt sei.

Ein Mensch mit skeptischer Haltung wird vielleicht die Möglichkeit eines derartigen Einsatzes der Gedankenkraft in Zweifel ziehen. Doch wenn man bedenkt, wie Radiowellen durch Holz, Ziegeln, Metall und andere fest scheinende Materialien dringen, sollte es dann nicht wahrscheinlich sein, daß Gedankenwellen mit noch höheren Schwingungsfrequenzen auf die Moleküle äußerer Gegenstände wirken können?

Es gibt viele erfolgreiche Glücksspieler, die davon überzeugt sind, daß ein starker Gedankenimpuls erheblich zum Erreichen erstrebter Gewinne im Roulette- oder Kartenspiel beiträgt. Ich kenne einen Mann, der fähig ist, aus einer Lostrommel bei nur wenigen Versuchen stets die Hauptpreise zu ziehen. Als ich ihn nach seinem Geheimnis fragte, antwortete er mir: »Ich gehe niemals zur Lostrommel, wenn ich nicht in der Stimmung dazu bin. Das heißt, ich muß von meinem Gewinnen überzeugt sein. Es hat sich gezeigt, daß ich niemals gewinne, wenn auch nur der leiseste Zweifel in mir ist. Aber ich kann mich nicht entsinnen, jemals nur Nieten gezogen zu haben, wenn die Sicherheit des Gewinnens klar und unerschütterlich in mir war, bevor ich die Lose nahm.«

Dr. J. B. Rhine und seine Mitarbeiter an der Duke-Universität bewiesen überzeugend, daß *Psychokinese*, die Einwirkung geistiger Kraft auf stoffliche Gegenstände, mehr als eine bloße Theorie ist: In langen Versuchsreihen sollten Menschen das Fallen eines Würfels beeinflußen, indem sie sich auf das Erscheinen einer bestimmten Zahl konzentrierten. Um jede körperliche Manipulation auszuschließen, wurde der Würfel von einem mechanischen Gerät geworfen. Die Versuchsperson befand sich abseits, um durch rein gedankliche Anstregung den Wurf einer vorher festgelegten Zahl zu bewirken. Dabei kam es zu Ergebnissen, bei denen Zahlenkombinationen in einer Häufigkeit hintereinander erschienen, die nach mathematischer Wahrscheinlichkeit eins zu mehreren Millionen betrug. Dr. Rhine erklärte dazu: »Es gibt hierfür keine bessere Erklärung als diejenige, daß die Versuchspersonen das Fallen des Würfels ohne jeden körperlichen Kontakt zu ihm beinflußten.«

*Denke einmal darüber nach, was das für dich und dein Leben bedeuten könnte!* Derartige Experimente bestätigen unter wissenschaftlichen Laborbedingungen uralte Weisheiten: Es geht vom Denken eine Macht aus, die nach Verwirklichung des Gedachten strebt. Positive oder negative Gedanken bewirken jeweils das ihnen Entsprechende. Ängstliche Gedanken und Befürchtungen erweisen sich als ebenso schöpferisch. Hiob rief angesichts seiner Heimsuchungen aus: »Was ich am meisten fürchtete, ist über mich gekommen!« Wenn dir das Wirken dieses Prinzips in seinen Grundzügen klar wird, gewinnst du damit einen Vorgeschmack jener erstaunlichen Kraft, die dir gegeben ist.

### *Theoretische Erklärungen*

Obwohl es bereits zahlreiche komplizierte Erklärungsversuche und wohl erwogene Theorien über das Wirken dieser außergewöhnlichen Kraft gibt, denke ich, daß man sich am besten in bildlicher oder gleichnishafter Form darüber Klarheit verschaffen kann. Ich selbst verwende dabei gerne den Vergleich mit einer Rundfunkstation. Je höher die Wattleistung ist, die eine Rundfunkstation erbringt, um so weiter strahlen ihre Wellen aus. Die Stärke der elektrischen Energie bestimmt die jeweiligen Möglichkeiten. Ebenso hängt die schöpferische und gebietende Macht des Denkens von der Stärke und Beschaffenheit des jeweiligen Gedanken ab: Die Intensität und Qualität eines Gedanken und die Tiefe der mit ihm verbundenen Gefühle bestimmen die möglichen Wirkungen.

Auch wenn ich hier einen Vergleich aus dem Gebiet der Elektrizität herangezogen habe, steht eindeutig fest, daß die Energie der Gedankenkraft *nicht* elektrischer Natur ist. Bei einer Reihe von Experimenten zur Erforschung der Telepathie setzte man Versuchspersonen in Räume, in denen ein Hinaustreten elektrischer Energie in jeglicher Form nicht möglich war. Trotzdem unterschied sich die erzielte Trefferzahl keinesfalls von jener gewöhnlicher Versuchsanordnungen. Was immer eine Information telepathisch von einem Bewußtsein zum anderen leitet, elektrische Energie ist es somit nicht.

Dennoch weist die Gedankenenergie wesentliche Beziehungen zu bestimmten Formen der Eletrizität auf und bedient sich dieser offenbar auch als Mittel. Heute ist nahezu jedes Krankenhaus mit einem Elektroenzephalographen (EEG) ausgestattet, einem Gerät, das die elektrischen Wellen beider Hirnhälften mißt und aufzeichnet. Die Medizin verwendet diese Geräte nicht nur, um Hirnerkrankungen festzustellen, sondern auch um allgemeine Aussagen über die seelische

Gesundheit, die Träume und Gefühle des Patienten zu machen und Erkankungen anderer Körperteile festzustellen.

Bereits 1944 stellten Dr. Harold S. Burr und sein Forschungsteam nach zwölfjährigen Experimenten und Studien fest, daß jedes Lebewesen von einer durch die eigenen Lebensfunktionen hervorgebrachten elektrischen Aura umgeben ist, die zugleich eine elektrische Verbindung des Einzelwesens mit der Ganzheit des Kosmos darstellt. Schon Jahrhunderte vorher wiesen Mystiker und esoterische Traditionen auf die Existenz einer solchen Aura hin, und es gibt ungezählte Berichte darüber, wie sie dem menschlichen Auge in besonderen Situationen sichtbar wurde.

In den späten sechziger Jahren gaben dann Forscher aus der UdSSR die Entdeckung der sogenannte Kirilan-Fotografie bekannt. Hierbei handelt es sich um eine Methode, die Aura auf einem Film festzuhalten. Die Kirilan-Fotografie vom Blatt eines Baumes zeigt dieses von einer wahren Galaxis strahlender Funken umgeben, die langsam verblassen, wenn das Blatt verwelkt. Entsprechende Aufnahmen einer menschlichen Hand lassen leuchtende Strahlen erkennen, die von den Fingern ausgehen. Jahrhundertealte Überlieferungen, die von heilenden Kräften der Hände sprachen, schienen hierdurch Bestätigung zu finden. Kritiker jedoch entgegnen, daß die Kirilan-Fotografie lediglich strahlenartige elektrische Entladungen zeigt, die durch das leichte elektrische Feld, in dem die Aufnahme gemacht wird, entstehen. Doch zu gleicher Zeit zeigte sich deutlich, daß die Kirilan-Aura mit der seelischen Verfassung der Versuchspersonen in Beziehung stand. Eine Reihe von Psychologen, unter denen Dr. Lee R. Steiner aus New York besonders zu erwähnen ist, empfand diesen Zusammenhang als so zuverlässig, daß sie die Kirilan-Fotografie zur Messung des Behandlungserfolges bei ihren Patienten einsetzten.

Hier tut sich ein scheinbarer Widerspruch auf: Einerseits hat die Gedanken-Energie sicher nichts mit Elektrizität als solches zu tun, andererseits zeigen sich die Phänomene der Kirilan-Fotografie und der elektrischen Aura. Doch dieser Widerspruch läßt sich auflösen, wenn man diese elektrischen Erscheinungen als *Nebenprodukte* einer noch nicht erforschten Gedanken-Energie auffaßt, wie auch Wellen auf dem

Meer das Nebenprodukt eines Bebens sein können, das sich Hunderte Kilometer entfernt auf dem Grund des Ozeans ereignete.

So wie sich in diesem Beispiel eine verborgene Schwingung in eine sichtbare Schwingung von anderer Natur umsetzt, verhält sich auch die Gedanken-Energie zu den meß- und wahrnehmbaren elektrischen Phänomenen. Dabei darf es als sicher gelten, daß es sich auch bei der Gedanken-Energie um eine besondere Art von *Schwingung* handelt.

Hermes Trismegistos und die antiken hermetischen Philosophen lehrten bereits in der Antike Schwingungstheorien. Pythagoras, ein bedeutender Mathematiker und Philosoph, der im sechsten vorchristlichen Jahrhundert lebte, war der Auffassung, daß alles Existierende durch *Schwingungen* besteht. Diese uralten Vorstellungen von den *Schwingungen* entsprechen ihrem Wesen nach auch den jüngsten naturwissenschaftlichen Anschauungen. Was uns als fester, materieller Stoff erscheint, ist keinesfalls so starr, wie uns bei oberflächlicher Betrachtung vorkommt. Vielmehr besteht es aus einer Unzahl kleinster Teilchen, die sich alle in Bewegung befinden und in bestimmten Reaktionsverhätnissen zueinander stehen. In Ermangelung eines besseren Ausdrucks verwende auch ich für diese Grundwahrheit den Begriff der *Schwingung*.

Doch nicht nur die scheinbar festen Gegenstände sind in diesem Sinne Schwingungen, auch das menschliche Verhältnis zu der uns umgebenden Umwelt wird von Gesetzmäßigkeiten der Schwingung bestimmt. Was du durch deine fünf Sinne sehend, hörend oder tastend aufnehmen kannst, ist nichts anderes als Schwingung. Wenn du zum Beispiel ein Geräusch hörst, erreicht dich dieses nur durch die Tonschwingungen in der Luft. Du siehst einen grünen Zweig, doch es ist nur die Reflektion von Lichtschwingungen, die dein Auge auffängt und als entsprechenden Impuls an dein Gehirn weiterleitet. Darüber hinaus gibt es Schwingungen oder Wellen, die so weit außerhalb der Wahrnehmungsfähigkeit unserer fünf Sinne und des menschlichen Nervensystems liegen, daß wir von ihnen kein bewußtes Wissen haben können. Es gibt Töne, deren Schwingung so hoch ist, daß nur ein Hund oder eine Fledermaus sie wahrzunehmen imstande sind.

Jedermann hat schon von der Kraft des *Handauflegens* gehört, und mancher kennt aus eigener Erfahrung, wie ein sanftes Berühren der Schläfen einen Kopfschmerz lindern kann. Sollte dies mit einer Energie zu tun haben, die unseren Fingerspitzen entströmt? Die Bibel kennt Beispiele, wie eine Berührung der Hand Jesu zu Heilungen führte. Sollte die Erklärung in jenem wenig bekannten Gebiet der Elektrizität, in der Wissenschaft der Schwingungen zu finden sein? Und sollte jene elektrische Atmosphäre, von der Dr. Burr annimmt, daß wir sie selbst erschaffen und daß sie jedes Lebewesen umgibt, uns dazu befähigen, eine besondere Form der Energie aus unserem Denken und durch unsere Finger fließen zu lassen, Schwingungskräfte, die andere Lebewesen und die unbelebte Materie beeinflussen können? Jeder hat an sich selbst einmal gespürt, wie sich durch Reibung entstandene Elektrizität beim Berühren von Metall entlädt. Es handelt sich hierbei zwar um eine völlig andere Art elektrischer Energie, doch das Beispiel zeigt, wie der menschliche Körper Elektrizität speichern und weitergeben kann.

Kürzlich erhielt ich Fotografien von wissenschaftlichen Experimenten an der Yale-Universität: Eine Aufnahme zeigte einen Versuch, bei dem eine Person ihre Zeigefinger in zwei Tassen mit Salzwasser tauchte, die durch eine Galvanometer verbunden waren. Der gemessene elektrische Fluß zwischen der positiven linken Hand und der negativen rechten Hand betrug 1,5 Millivolt. Eine andere Fotografie zeigte, wie die beiden Mittelfinger in den Gefäßen steckten, wobei man den einen an der Spitze ganz leicht geschnitten hatte. Diesmal tauschten die Hände ihre Rolle, indem die rechte Hand nun die positive und die linke die negative wurde, wobei das Meßergebnis auf 12 Millivolt stieg.

Diese beiden Aufnahmen erinnerten mich an ein Gerät, das vor langer Zeit von einem französischen Wissenschaftler, Dr. Hippolyte Baraduc, konstruiert wurde. Jenes sogenannte *Biometer* bestand aus einem glockenförmigen Glas, in welchem an einem dünnen Seidenfaden eine Kupfernadel aufgehängt war. Unter der Nadel befand sich innerhalb des Glases ein rundes Stück Pappe mit einer Gradeinteilung.

Zwei dieser Geräte wurden nebeneinander aufgestellt, und die Versuchsperson hielt die Finger beider Hände höchstens einen Zentimeter über dem Glas, während sich ihre Gedanken auf die ruhig hängende Nadel konzentrierten. Wenn sich die Versuchsperson nun auf eine bestimmte Richtung konzentrierte, in der sich die Nadel bewegen sollte, trat dies ein und konnte nach Belieben verändert werden. Die Nadel folgte genau den gedanklichen Vorgaben der Versuchsperson.

*Ein praktischer Versuch*

Hier nun ein einfaches Experiment, das auf ähnlichen Prinzipien beruht: Nimm ein Stück Papier von mittlerer Dicke und ca. 20 cm im Quadrat, und falte es diagonal von Ecke zu Ecke. Dann falte es auch nach der anderen Seite, damit es zwei sich schneidende diagonale Faltstellen aufweist. Das Papierstück sieht nun wie eine niedrige, abgeflachte Pyramide aus. Nun nimm eine lange Nadel, die du so in einen Korken steckst, daß sie ein paar Zentimeter darüber hinausragt. Nun lege den Korken mit der Nadelspitze nach oben auf ein umgedrehtes Trinkglas. Dann kommt das Papier am Schnittpunkt der beiden Diagonalen auf die Nadelspitze. Die vier Seiten der Pyramide zeigen dabei nach unten, und das Papierstück selbst kann sich frei bewegen.

Nun stellst du diese Anordnung aus Glas, Kork, Nadel und Papier in einem von Zugluft freien Raum auf den Tisch. Auch die Nähe von Heizkörpern und anderen Wärmequellen sollte dabei vermieden werden. Nun lege deine Hände, die einen Halbkreis bilden, um das Stück Papier herum, wobei du es aber nicht berührst und einen Abstand von etwa einem Zentimeter einhältst. Nun weise das Papier in Gedanken an, daß es sich um die Nadelspitze drehen soll!

Zunächst wird es wanken und schwanken, dann jedoch wird es sich in die eine oder andere Richtung bewegen. Wenn Handstellung und Konzentration beibehalten werden können, kommt es schließlich zu einer raschen Drehung des Papiers um die Nadelspitze. Wenn du dann an eine Änderung der Bewegungsrichtung denkst, wird die Drehbewegung zunächst zur Ruhe kommen, um dann andersherum wieder zu beginnen. Es ist dabei natürlich wichtig, daß du nicht in Richtung des Papiers atmest oder hauchst.

Viele Erklärungen sind schon dafür angeboten worden, warum sich das Papier bewegt: Hitze, die den Händen entströmt, ein körperlicher Reflex und manches mehr. Würde sich das Papier nur in die eine Richtung drehen, wäre eine dieser Erklärungen möglich. Doch ein geübter Experimentator mit der Fähigkeit, vertrauensvoll konzentriert zu denken, kann das Papier in jedem Moment in jede gewünschte Richtung drehen lassen. Es ist offensichtlich, daß bei diesem Versuch die gleichen Prinzipien wie beim *Biometer* wirken. Nicht jeder erreicht bei derartigen Experimenten die gleichen Resultate, denn Gedankenkraft, Konzentrationsfähigkeit und die Möglichkeit zu projektiver Beeinflussung sind bei verschiedenen Menschen recht unterschiedlich ausgeprägt und entwickelt.

Wenn eine bestimmte Form von Elektrizität aus unseren Händen und besonders aus den Fingern austritt und wenn unser Denken dynamische Schwingungen aussenden kann, dann haben wir damit die Erklärung für manches bislang noch als geheimnisvoll geltende Phänomen. Dr. Phillips Thomas, ein Forschungsingenieur der Westinghouse Elektrogesellschaft, erklärte auf einem Kongreß des Amerikanischen Elektroinstituts in Utah: »Wir sind sicher, daß alles, was wir tun, sagen oder denken mit einer bestimmten Art von Strahlung einhergeht. Wir vermuten, daß diese Strahlung eine elektrische ist. In naher Zukunft werden wir vielleicht in der Lage sein, diese Strahlung der Persönlichkeit und des Denkens durch elektrische Impulse zu erforschen und zu begreifen.«

### *Gedankenwellen*

Um das Bild von *Gedankenschwingungen* etwas klarer werden zu lassen, möchte ich an dieser Stelle ein Gleichnis anführen: Wenn wir einen Kieselstein in einen Brunnen werfen, verursacht dieser kreisförmige Wellen, die sich auf der Wasseroberfläche ausbreiten, bis sie schließlich den Brunnenrand erreichen, wo sie aufzuhören scheinen. Je größer der Kieselstein ist, um so höher werden die Wellen sein. Zwei Steine von unterschiedlicher Größe und verschiedenem Gewicht, die nahe beieinander an verschiedenen Stellen ins Wasser geworfen werden, verursachen jeder für sich diese kreisförmigen Wellen, die nun aufeinander zulaufen. Wo sich dann die Wellenränder treffen, scheint ein Kampf stattzufinden, welche Welle nun die andere überrollen wird. Soweit wir mit unseren Augen sehen können, gleichen sich Wellen von ähnlichem Umfang und identischer Stärke aus, da sie am Punkt ihrer Begegnung aufzuhören scheinen. Doch ist eine Welle größer als die andere, wird sie diese besiegen, indem sie die Wellen des kleineren Steines überschwemmt.

Dies ist ein treffendes Beispiel für das Wirken der Gedanken: Je mächtiger und konzentrierter ein Gedanke ist, um so mehr wird er schwächere Schwingungen überschwemmen und seine schöpferische Arbeit leisten.

Alles, was man über verschiedene Stufen der Meditation, Grade des Bewußtseins, Tiefe des Glaubens und Wirksamkeit der Gedanken hört, hängt unmittelbar mit unserer geistigen Konzentrationsfähigkeit zusammen. Schöpferische Kraft entsteht nur dann, wenn ein Gedanke völlig ausgereift ist, wenn deine Vorstellungskraft das innere Bild dessen, was du erreichen möchtest, so klar sehen kann, als hättest du es bereits erlangt.

Nachdem ich, wie im 1. Kapitel dargelegt, die Lehren der verschiedenen Kirchen und Religionen studiert, mich mit vielfältigen psychologischen Theorien beschäftigt und unterschiedliche geistige Wege kennengelernt hatte, kam ich zu dem Schluß, daß sie alle genau zu dem Grad hilfreich sein können, wie ihre Anhänger daran glauben. So verhält es sich auch mit dem Gebet, gleichgültig, ob es sich dabei um ein offizielles Gemeinschaftsritual handelt oder um eine persönliche Praxis.

Leider ist für viele Menschen das Beten eine Gewohnheit oder ein bloßes Lippenbekenntnis geworden, wobei sie nicht einmal mehr damit rechnen, daß ihre Gebete zu einem Ergebnis führen könnten. Dies erinnert mich an die Geschichte jener alten Frau, die stets ihren Glauben an die Kraft des Gebets heuchelte. Einmal plante sie einkaufen zu gehen. Am Vorabend betete sie, daß am kommenden Tag die Sonne scheinen möge. Als sich ihr Gebet zum Ende neigte, fiel ihr Blick aus dem Fenster, und sie sah ein dunkles Wölkchen am Himmel. Rasch fügte sie ihrem Gebet hinzu: »Aber ich weiß, daß es trotzdem regnen wird.«

### *Die Kraft des Unbewußten*

Wenn man die Erfolge der unterschiedlichen Systeme von Geistheilung, Gebetspraxis, Meditation und Yogalehren betrachtet, wenn man sieht, wie die Versenkung in die unterschiedlichsten Lehren Menschen Glück, Gesundheit und Zufriedenheit schenken kann, dann läßt dies letztlich nur einen Schluß zu: Alle Arten von Lehren, Kulten, Kuren wirken nicht zuletzt entsprechend dem *Glauben* des Betreffenden daran. Es ist die Macht des Glaubens, die hier immer wieder angesprochen ist. Diese Macht des Glaubens wirkt anregend auf unser Unterbewußtsein und kann dieses zu ungeahnten Leistungen anspornen.

Nicht erst seit Sigmund Freud ist die Existenz einer kraftvollen unterbewußten Instanz des menschlichen Geistes bekannt. Zu allen Zeiten haben die Mystiker darum gewußt. Paracelsus kannte ihre Bedeutung ebenso wie die großen Weisen Asiens und der Antike. Es fehlte auch nicht an Versuchen verschiedenster Art, diese unbewußte Kraftzentrale mit bestimmten Körperteilen in Verbindung zu bringen. Im Solarplexus wollte man sie entdeckt haben, ebenso im Gehirn oder in anderen körperlichen Nervenzentren. Auch wird dieses Unbewußte verschieden bezeichnet. Man nennt es »Über-Ich«, »Innere Kraft«, »Überbewußtsein« oder »Unterbewußtsein«. Diese und viele weitere Namen drücken in verschiedenen Denksystemen unterschiedliche Wertungen aus: Meist erkennt man die wesentliche Bedeutung dieser Kraftzentrale nicht. Doch manche Philosophen nahmen an, daß sie ein Teil eines universellen Bewußtseins sei, an dem alle Wesen teilhaben.

Es ist völlig gleichgültig, mit welchem Wort du diese unbewußte

Instanz bezeichnest und wo diese ihren Sitz im menschlichen Leib hat. Mögen andere ihre Energien mit diesbezüglichen Streits und Spekulationen vertun, zur wahrhaften Erkenntnis gelangt man dadurch nicht. Du solltest zunächst begreifen, daß dieses Unterbewußte den Großteil deines Wesens ausmacht. Seine Grenzen sind bislang noch nicht ausgelotet worden, und so scheinst auch du unbegrenzte Möglichkeiten zu haben! Es schläft niemals. In Zeiten größter Schwierigkeiten kommt es uns zur Hilfe. Es warnt vor drohenden Gefahren und läßt uns oftmals unmöglich Scheinendes bewältigen. Es führt uns auf vielerlei Weise und bringt, wenn es in der rechten Art angesprochen wird, die sogenannten Wunder hervor.

### *Ungeahnte Möglichkeiten*

Sir Arthur Eddington sagte einmal: »Ich glaube, daß der menschliche Geist die Macht hat, Gruppen von Atomen zu beeinflussen, sich in das Verhalten von Atomen einzumischen, und daß selbst der Kurs, den die Entwicklung der Welt nimmt, nicht von den Naturgesetzen vorausbestimmt ist, sondern durch den unbedingten menschlichen Willen verändert werden kann.«

Wird dieser Gedanke in seiner ganzen Tragweite begriffen, erhält er etwas Atemberaubendes! Im Lichte der Elektronik und der Theorie der Schwingungen wird er verständlicher.

Jeder Forscher auf diesem Gebiet weiß, was durch einen direkten Zugang zum Unterbewußten erreicht werden kann. Tausende haben auf diese Weise Gesundheit, Frieden, Glück und Erkenntnis gefunden und unentwirrbar scheinende Probleme spielend gelöst. Und diese Kraft des Unbewußten steht auch dir zur Lösung deiner Schwierigkeiten oder Meisterung deiner Aufgaben zur Verfügung. Der einzig notwendige Schritt zum Erlangen dieser Kraft ist der Glaube daran und das Anwenden der in diesem Buch dargelegten Methoden. Wenn du es in der rechten Weise verstehst, wird es dir leichtfallen, auf dieser Grundlage eigene Methoden zu entwickeln, die ganz deinem Leben und deinen persönlichen Erfordernissen entsprechen.

Der bekannte amerikanische Journalist Dana Sleeth hatte sich weit entfernt vom Trubel der großen Städte aufs Land zurückgezogen. Er beschäftigte sich intensiv und praktisch mit Fragen des Unterbewußten. In der Abgeschiedenheit arbeitete er sowohl als Bauer als auch als Verfasser beachtlicher literarischer Werke. Ich stand mit ihm in engem Kontakt, und oft erörterten wir in Briefen unsere Vorstellungen und Methoden. In einem seiner Schreiben an mich heißt es:

»Das Unbewußte ist das Wunderbarste überhaupt, und ich kann nicht verstehen, weshalb nicht mehr Menschen lernen möchten, damit umzugehen. Ich weiß nicht einmal, wieviel tausend Male es mir bei der Bewältigung von Schwierigkeiten geholfen hat. Die Ideen zu meinen Geschichten tauchen plötzlich bei Tätigkeiten wie dem Ausreißen von Unkraut auf. Und beim Wiederfinden verlorener Gegenstände erweist es sich geradezu als Wucht.

Es ist ja nichts wirklich verloren, sondern nur am falschen Ort. Genau dort, wo man es zurückließ, könnte man es auch wiederfinden. Ich habe ungezählte Werkzeuge genau dort wiedergefunden, wo mich mein Unbewußtes zu suchen anwies. Nehmen wir an, ich habe mein gutes und wertvolles Taschenmesser verloren. Ich schließe dann die Augen und sage: ›Taschenmesser, wo bist du?‹ Ich halte die Augen eine Weile geschlossen oder blicke zum Himmel auf. Die Antwort kommt nicht immer gleich sofort. Doch sobald sie kommt, tritt sie blitzartig ein, und ich erfahre genau die Stelle, an der ich mein Messer verlor. Bislang hat sich dieses Verfahren als unfehlbar erwiesen. Dies trifft selbst dann zu, wenn es sich um Gegenstände wie Äxte oder Spaten handelt, die ich beim Arbeiten häufig irgendwo herumliegen lasse. Du weißt ja, wir Schriftsteller sind nicht sehr ordentlich.

Stets hatte ich große Schwierigkeiten, mich an Namen zu erinnern. Nun habe ich herausgefunden, daß mir das Unterbewußtsein jeden gewünschten Namen liefert, wenn ich mich bildhaft an die entsprechende Person entsinnen kann. Ich rufe mir dann die Gesichtszüge, Haarfarbe oder Besonderheiten der Kleidung ins Gedächtnis, und schon erscheint mir vor dem inneren Auge der gesuchte Name ohne Schwierigkeiten!

Ich weiß nicht, wo ich es gelernt habe: Immer wenn mir eine

Angelegenheit oder eine bestimmte Sache entfallen ist, entspanne ich mich, hebe den Kopf und lege meine rechte Hand ein paar Zentimeter oberhalb der Stirn nieder. Manchmal schließe ich dabei die Augen, oder ich schaue in die Luft. Dies führt stets zu den gewünschten Resultaten.

Es sollte nicht vergessen werden: Erfindungen, große Kompositionen, Gedichte, Romane und Erzählungen steigen aus dem Unbewußten auf, wenn sie wirkliche Vollkommenheit besitzen. Gib dem Unterbewußtsein die Idee und das notwendige inhaltliche Material, entwickle in dir den tiefen Wunsch nach Verwirklichung und du wirst die entsprechenden Früchte ernten dürfen. Es gibt eine alte Weisheit: Hat man einmal mit dem Weben begonnen, sorgen die Götter für weitere Wolle. Wie wahr das doch ist!

Hat ein Mensch einmal damit angefangen, sich diese großartigen Möglichkeiten zunutze zu machen, tritt das Wunderbare ein: Die Mosaiksteinchen des Lebens werden sich fast wie von selbst an den richtigen Platz fügen. Hier und dort werden gute Ideen auftauchen, die man aufnehmen und verwenden kann. Überall wird man Heilsames und Förderliches entdecken.

Was als Zufall oder schicksalhaftes Glück erscheinen mag, ist dann nichts anderes als das Ergebnis der eigenen Arbeit mit dem Unterbewußten.

Ich bin mir sicher, daß es zahlreiche erfolgreiche Persönlichkeiten gibt, die keinesfalls wissen, daß sie ihre großartigen Ziele mit Hilfe des Unterbewußtseins erreichten. Seit ich hier in den Bergen lebe, weitab von ungezählten unkontrollierbaren Einflüssen, habe ich oftmals das Empfinden, daß man in dieser Ausgangsposition leichter das Unbewußte erforschen und erkennen kann. Doch ich bin überzeugt, daß der Tag nahe ist, an dem die Wissenschaft vom Unbewußten weit verbreitet und als die mächtigste der Möglichkeiten des Menschen erkannt wird.«

Die Kräfte des Unbewußten können auf vielerlei Art angeregt werden: Eine wie zufällig gehörte Äußerung, ein flüchtiger Blick, ein oder zwei Worte, die von einem Menschen zum anderen wechseln, können die Kraftzentrale in unserem Inneren zu spontaner Aktivität bringen. Regelmäßig geschieht dies in Augenblicken außergewöhnlicher Gefahr, in Momenten des Risikos und in besonderen Streßsituationen, die uns zu raschem Handeln zwingen. Darum sind die Möglichkeiten des Unbewußten besonders bei solchen Menschen ausgeprägt, die überdurchschnittlich oft wichtige Entscheidungen ohne Bedenkzeit treffen müssen.

Das Unbewußte arbeitet dann am besten, wenn das bewußte Denken vom Kampf widerstreitender Gedanken befreit ist. »In die Stille gehen«, lautet eine andere Bezeichnung hierfür. Der indianische Schamane und Eingeweihte Don Juan erklärte seinem Schüler, dem Anthropologen Carlos Castaneda, daß das ständige innere Geplapper, ein ununterbrochenes Selbstgespräch, den Menschen davon abhält, höhere Führung zu erlangen.

Eine sichere Methode, jene Stille zu erlangen, die das Unbewußte aktiviert, ist die Arbeit mit inneren Bildern. Du mußt dir eine klare innere Vorstellung von dem machen, wonach es dich verlangt, was du anstrebst. Man nennt diese Methode *Visualisation*.

Die wirksamste Grundlage hierfür aber ist ein tiefer Glaube an die eigenen Möglichkeiten und das Erreichbare. Durch die Macht des Glaubens können in der Stille des Geistes vom Unbewußten wahrhaft unvorstellbare Phänomene hervorgebracht werden. Wichtig jedoch ist dabei ein Ablassen von jeglichen unfruchtbaren Zweifeln. Was einmal ins Auge gefaßt wurde, daran soll der Glaube nicht wanken, ein Glaube, ungestört von nagenden Gedanken des Zögerns, der wahrhaft durch jede Faser des Körpers geht.

Nenne es einen bestimmten Gefühlszustand, eine spirituelle Kraft, eine Schwingung, nenne es, wie immer du möchtest. In jedem Falle ist es eine Kraft, die außergewöhnliche Ergebnisse hervorbringt, die ein geheimes Gesetz der Anziehungskraft in Bewegung setzt und es dem Denken erlaubt, sich mit seinen Zielen wirklich und wahrhaftig in Verbindung zu bringen. Wie ein großer Magnet zieht es die unbegrenzten Möglichkeiten deines Unbewußten an, wandelt deine ganze Aura und wirkt selbst über große Entfernungen auf Lebewesen und Dinge. Es kann in deine persönliche Lebenssphäre Wunder bringen, von denen du bislang noch nicht einmal geträumt hast.

*Praktische Konsequenzen*

1. Denken ist eine mächtige Kraft. Jeder Handlung geht bewußt oder unbewußt ein Gedankenimpuls voran. Alles vom Menschen materiell Geschaffene existierte zuvor auf der Ebene des Denkens. Gedanken haben die Tendenz, auch in der äußeren Welt tatsächliche Wirklichkeit hervorzubringen. Mache dir dieses Gesetz zunutze! Versuche bewußt, keine negativen Gedanken zu fassen! Ersetze negative Gedanken des Neides, des Hasses, des Grolls, der Angst und der Sorge, sobald du sie bei mir bemerkst, durch *positive Impulse*, zu denen du dich frei entscheiden kannst.
2. Die *positiven Impulse*, die das Negative in dir auflösen, entspringen deinem *Glauben*. Glauben und Denken sind wechselseitig voneinander abhängig: Ein bestimmter Glauben nährt ein bestimmtes Denken und bringt dieses hervor, während dieses Denken seinerseits den entsprechenden Glauben stärkt. Diesen Prozeß gilt es im Negativen zu durchbrechen und im Positvien anzuregen. Eine großartige Möglichkeit hierzu ist das *schöpferische Wünschen*. Auch das *Wünschen* steht in einem gegenseitigen Bedingungsverhältnis zu *Glauben* und *Denken*. Doch sind Glauben, Denken und Wünschen leider oft nur unbestimmt und vage. Setze beim Wünschen ein! Dabei reicht es wie gesagt nicht, wenn du sagst: »Ich wünsche mir Erfolg.« Das wünschen sich die meisten Menschen, doch dieser Wunsch ist zu verschwommen. Du mußt deine Ziele ganz klar vor dir sehen. Frage dich nochmals: Was hast du vor? Worin besteht dein konkretes Ziel? Hast du dir schon vorgestellt, was du wirklich willst? Mache dir die genaue Größenordnung des Wohlstands, den du anstrebst, klar! Frage dich ganz genau und ausführlich, was du ereichen willst und wie es aussieht! Indem du genaue Antworten findest und innerlich formulierst, schaffst du in dir Ursachen, die auf dein Denken und Glauben wirken und das erreichen, was harte Arbeit alleine nicht vermag.
3. Ein *Wunsch* ist etwas, das dein Leben bereichert. Lerne zu unterscheiden zwischen *Notwendigkeiten*, *Gier* und *Neid*, *Sucht* und *Gewohnheit* einerseits und einem *schöpferischen Wunsch* ande-

rerseits! Ein solcher Wunsch ist stets etwas, nach dessen Verwirklichung du innerlich reicher bist als zuvor: glücklicher, gesünder, ausgeglichener, klüger... Was also wünschst *du* dir?

4. *Wünschen*, *Glauben* und *Denken* wirken auf das mächtige Kraftfeld deines Unterbewußten, dessen unbeschränkte Möglichkeiten dadurch angeregt werden. Experimentiere nach der Methode von Dana Sleeth, die ich dir am Endes dieses zweiten Kapitels vorgestellt habe, im gewöhnlichen Alltag mit der Schatzkammer deines Unbewußten! Frage sie nach dem, was du suchst, was du brauchst oder vergessen hast! Nimm dir aber auch außerhalb des alltäglichen Trubels ein paar Minuten Zeit für das »In-die-Stille-Gehen«, um das Unbewußte im Sinne deiner tiefsten Wünsche zu aktivieren! Stelle dir nach der Methode der *Visualisation* das, was du anstrebst, als *inneres Bild* vor. Lasse dabei alle widerstreitenden Gedanken des Zweifelns und Schwankens zur Ruhe kommen! Sehe und erlebe dein Ziel als inneres Bild, und lasse dein Denken konzentriert um dieses bildgewordene Ziel kreisen!

3. Kapitel

# Die wahre Natur des Unbewußten

Jeder Künstler, Wissenschaftler oder Schriftsteller kennt die überragende Bedeutung des Unbewußten, auch wenn er seine Persönlichkeit nur sehr oberflächlich analysiert hat. Er weiß um den geheimnisvollen Augenblick der Inspiration, in dem eine Erkenntnis oder ein schöpferischer Impuls aus einem Bereich jenseits seines normalen Wachbewußtseins plötzlich auftaucht. Wer sich auf diese Weise der weitgehenden Möglichkeiten der *Intuition* bedienen kann, kennt damit zumindest ansatzweise eine wichtige und oft verkannte Grundwahrheit über das Wesen des Menschen: Das, was du tatsächlich bist, geht weit über das hinaus, was du augenblicklich sehen und erkennen kannst.

Mancher schöpferische Mensch konnte sehr weitgehend aus den tieferen Schichten seines Wesens schöpfen. Der norwegische Schriftsteller Knut Hamsun gibt in seinem Buch *Hunger* ein Zeugnis dafür, wie die Kraft des Unbewußten plötzlich auf kreative Weise in einem Menschen aufbrach: »Gegen Morgen erwachte ich früh. Es war noch ziemlich dunkel, als ich die Augen aufschlug, und erst lange danach hörte ich die Uhr in der Wohnung unter mir fünfmal schlagen. Ich wollte wieder einschlafen, aber es gelang mir nicht mehr, ich wurde immer munterer und lag wach und dachte an tausend Dinge.

Plötzlich fallen mir ein oder zwei gute Sätze ein zu einer Skizze, einem Feuilleton, feine sprachliche Glückstreffer, wie ich noch nie ihresgleichen gefunden hatte. Ich liege da und wiederhole diese Worte vor mich hin und finde, daß sie ausgezeichnet sind. Bald fügen sich mehr hinzu, ich werde mit einem Mal vollkommen wach und stehe auf und greife nach Papier und Bleistift, die auf dem Tisch hinter meinem Bett liegen. Es war, als sei eine Ader in mir aufgesprungen, ein Wort folgt dem anderen, die Worte ordnen sich im Zusammenhang, bilden sich zu Situationen; Szene häuft sich auf Szene, Handlungen und Repliken quellen in meinem Gehirn auf, und ein wundervolles Behagen erfaßt mich. Ich schreibe wie ein Besessener und fülle eine Seite nach der anderen, ohne einen Augenblick Pause. Gedanken kommen so plötzlich über mich und strömen weiterhin so reichlich, daß ich eine Menge Nebensächlichkeiten verliere, weil ich sie nicht schnell genug niederschreiben kann, obwohl ich aus allen Kräften arbeite. Immer noch dringt es auf mich ein, ich bin von meinem Stoff erfüllt, und jedes Wort, das ich schreibe, wird mir in den Mund gelegt.«

Derartige Berichte, die sich äußerst zahlreich in der Literatur der Menschheit finden, legen zwei Schlüsse nahe: Einmal wird ganz deutlich, daß wir auch außerhalb unserer Fähigkeiten wachen und bewußten Nachdenkens und Ordnens von Gedanken über innere Instanzen verfügen, die in geradezu vollkommener Weise Informationen verarbeiten und schöpferisch ordnen können. Sodann wird klar, daß diese inneren Instanzen des Unbewußten in der Lage sind, eine Vielzahl von Informationen zu speichern, was wir gewöhnlich als *Erinnerungsvermögen* oder *Gedächtnis* bezeichnen. Doch nur wenigen Menschen ist klar, wie weitgehend und umfangreich dieses Erinnerungsvermögen in Wirklichkeit ist. Um dir diese Tiefe zu verdeutlichen, teile ich das Unbewußte in drei Zonen ein:

1. die Eindrücke dieses Lebens;
2. die überindividuellen Aspekte des Menschen;
3. die universellen Grundlagen der Menschheit.

## *Kein Eindruck deines Lebens geht je ganz verloren!*

Die erste Zone deines Unbewußten umfaßt alle Eindrücke, die du bislang im Laufe deines Lebens bewußt oder unbewußt, bemerkt oder unbemerkt erfuhrst. Alles, was du gesehen, gehört, geschmeckt, ertastet, gerochen oder auch nur gedacht hast, ist im Unbewußten als lebendiges Bild stets gegenwärtig, auch wenn es nie wieder zum Bewußtsein gelangt. Die im vorhergehenden Kapitel beschriebene

Methode von Dana Sleeth zum Auffinden verlorener Werkzeuge gründet sich auf dem Wissen um diese Tatsache. Kein Eindruck deines Lebens geht wirklich verloren! Vielleicht erscheint es dir unglaublich, oder du zweifelst daran, ob dies tatsächlich auch auf vergangene Sinneseindrücke zutrifft, deren du dir im Augenblick ihrer Aufnahme nicht bewußt warst. Doch tatsächlich ist dies durch zahlreiche Fallstudien längst belegt: Nichts geht verloren! Daran kann auch der Umstand nichts ändern, daß wir es noch nicht gelernt haben, uns dieser Schatzkammer der Eindrücke und des Wissens im eigenen Inneren frei zu bedienen. Einen Beweis, daß diese Nutzbarmachung möglich ist, bieten nicht nur viele wissenschaftliche Experimente, sondern auch solche Fälle, bei denen gespeicherte Eindrücke in Menschen wieder zum Bewußtsein kommen, die keinerlei Ahnung von geistigen Gesetzmäßigkeiten haben. Thomson Jay Hudson hat in seinem Buch *Das Gesetz der psychischen Erscheinungen* wertvolles Dokumentationsmaterial hierzu zusammengetragen. Zum besseren Verständnis gebe ich zwei gutverbürgte Beispiele davon nachfolgend wieder.

Der eine Fall ereignete sich in der französischen Adelsfamilie Montmorenci de Laval. Dienerinnen, welche bei der erkrankten Gräfin von Laval wachten, bemerkten, daß sie im Schlaf in einer Sprache redete, die niemand verstand und die sie für Kauderwelsch hielten. Als sie später von einer Pflegerin aus der Bretagne betreut wurde, verstand jene sofort jedes Wort. Es war Bretonisch, der Heimatdialekt der Pflegerin. Die Gräfin aber verstand im wachen Zustand kein Wort dieses Dialekts. Es kam heraus, daß sie in ihrer frühen Kindheit bei Aufenthalten in der Bretagne häufig die dort gebrauchte Sprache zu hören bekam. Durch die Krankheit waren nun diese frühen Erinnerungen wieder aufgebrochen. Bemerkenswert war dabei, daß die fiebernde Gräfin Laval nur soviel in bretonischer Sprache ausdrücken konnte, als dem Verständnis eines Kindes angemessen war.

Das andere Vorkommnis geschah in einer deutschen Stadt, und es wurde auch von Wissenschaftlern viel darüber berichtet. Eine junge Frau von 24 oder 25 Jahren, die nicht lesen und schreiben konnte, wurde von einem Nervenfieber ergriffen. Sie sprach fortwährend lateinisch, griechisch und hebräisch in vollkommenen Sätzen und mit richtiger Betonung. Ein junger Arzt, den diese Sache sehr interessierte, veranlaßte durch seine Berichte darüber manche bedeutende Physiologen und Psychologen, die Stadt zu besuchen und den Fall an Ort und Stelle in Augenschein zu nehmen. Ganze Seiten der Aussprüche jener Frau wurden zu Papier gebracht und als vernünftige und verständige, für sich bestehende Sätze anerkannt, die nur wenig Verbindung miteinander hatten. Von ihren hebräischen Sätzen konnten einige auf die Bibel zurückgeführt werden, andere auf rabbinische Bücher. Alle Betrügereien waren dabei ausgeschlossen, denn die junge Frau war nicht nur ungebildet, sondern auch sehr krank. Eine Lösung konnte in jener Stadt, in der sie mehrere Jahre in verschiedenen Familien als Dienstmädchen tätig war, nicht gefunden werden. Der junge Arzt aber war entschlossen, ihr vergangenes Leben Schritt für Schritt zu verfolgen, denn die Kranke selbst war unfähig, eine vernünftige Antwort zu geben.

Es gelang ihm endlich, den Ort zu finden, in welchem ihre Eltern gelebt hatten; jetzt waren sie aber tot und nur ein Onkel noch am Leben. Vom Onkel erfuhr der Arzt, daß ein alter protestantischer Pfarrer seine Nichte zu sich genommen hatte, als sie neun Jahre alt war. Bis zu dessen Tod ist sie dort geblieben. Der Onkel wußte nichts weiter von dem alten Pastor, als daß er ein guter Mensch war. Nach langem und zähem Suchen fand der junge Arzt endlich eine Nichte des Pastors, die als Haushälterin bei diesem gelebt und seinen Nachlaß geerbt hatte. Sie erinnerte sich an das junge Mädchen und erzählte, daß ihr Onkel zu nachsichtig gegen sie gewesen sei und nicht hören konnte, daß man mit dem Kind schimpfte. Nachdem der Arzt viele Fragen nach Gewohnheiten des Verstorbenen gestellt hatte, gelang es ihm endlich, das Phänomen zu lösen. Der alte Mann hatte nämlich jahrelang die Angewohnheit, in einem Gang seines Hauses, der in die Küche mündete, auf und ab zu wandeln und für sich selbst mit lauter Stimme aus seinen Lieblingsbüchern zu lesen. Eine beträchtliche Anzahl der Bücher war noch im Besitz der Nichte, welche hinzufügte, daß der Onkel ein sehr gelehrter Mann und hervorragender Kenner der hebräischen Sprache gewesen ist. Unter den Büchern wurde eine

Sammlung rabbinischer Schriften sowie verschiedene von den griechischen und lateinischen Kirchenvätern gefunden, und es gelang dem Arzt, so manche Sätze aus den Büchern mit denen, welche am Krankenbett des Mädchens aufgezeichnet wurden, als übereinstimmend zu erkennen. Schließlich konnte kein Zweifel mehr bestehen, wo und auf welchem Wege diese erstaunlichen Kenntnisse in das Unbewußte jenes Dienstmädchens gelangt waren.

In beiden Beispielen ist von den betroffenen Personen nichts anderes wieder ans Tageslicht gefördert worden, als sie in ihrer Kindheit gehört hatten. Das Resultat aber beweist, daß solche Eindrücke auch dann unauslöschlich bleiben, wenn sie zum Zeitpunkt ihrer Aufnahme weder verstanden noch als wesentlich betrachtet wurden.

Dies sind keine Einzelfälle; Tausende ähnlicher Fälle sind von zuverlässigen Persönlichkeiten berichtet worden. Ihre Bedeutung kann nicht mißverstanden werden. Die merkwürdigen Fertigkeiten der sogenannten Tranceredner sind durch sie leicht erklärbar, ohne die Mithilfe übernatürlicher Einwirkung annehmen zu müssen. In diesen Fällen ist das Sprechen in unbekannten Sprachen ein Abrufen von Erinnerungen, die für das wache Bewußtsein längst vollständig verblaßt sind.

Man bedenke, welche wunderbaren Möglichkeiten dem Lernen des Menschen offenstünden, wenn er bewußten und absichtlichen Gebrauch von allen Eindrücken seiner Vergangenheit machen könnte. Doch leider fürchten sich zu viele Menschen vor dieser unbewußten Schatzkammer! Weil sie oftmals bei körperlich, seelisch oder geistig kranken Menschen unvermittelt ihre Pforten öffnet, bringt man sie häufig mit der Krankheit selbst in Verbindung. Doch dies ist ein tragischer Fehlschluß! Diese unsere Wahrnehmungen speichernde Zone des Unbewußten ist eine vollkommen neutrale Instanz, also weder positiv noch negativ an sich. Es findet sich dort einfach das, was unseren Sinnen in der Vergangenheit zugänglich war, und wir können davon einen heilsamen, schöpferischen, positiven Gebrauch machen. Alle wahrhaft kreativen Menschen tun dies.

Weil aber restlos alles aufgespeichert wurde, findet sich in dieser Zone deines Unbewußten auch manch schmerzliches Vorkommnis,

Zeugnisse von gewesenem Kummer, von einstiger Verzweiflung, manch trauriges Ereignis, daß du gerne verdrängt und weggeschoben hast. Auch diese Dinge sind, wenn du es recht bedenkst, letztlich positiv und können zu starken schöpferischen Impulsen werden. Auch das ist ein geistiges Gesetz: Stelle dich positiv zu dem, was aus dem Unbewußten an schlimmen Erfahrungen auftaucht, auch wenn es dabei um deine eigenen einstigen Handlungen geht! Was geschehen ist, kannst du nicht ungeschehen machen. Auch wenn es etwas Abscheuliches war, wird es nicht ungetan, indem du dir ewig Vorwürfe machst oder es in unbewußte Schichten deines Wesens verdrängst. Es wirkt dennoch weiter. Sieh das, was war, einfach so, wie es war, auch dann, wenn es schlimm gewesen ist. Es kann dann zum heilsamen Impuls werden, künftig aus dieser Erfahrung zu lernen. Natürlich kommt es vor, daß ein Mensch mit Dingen, die aus unterbewußten Schichten aufsteigen, nicht alleine fertig wird. Wenn dir das passiert oder du in dieser Lage bist, solltest du dich nicht scheuen, die Hilfe eines erfahrenen Psychotherapeuten oder Arztes in Anspruch zu nehmen. Wer jedoch das Unbewußte ablehnt oder fürchtet, nur weil es auch im Zusammenhange mit Krankheiten und Störungen aktiv werden kann, handelt ebenso unklug wie ein Mensch, der seinen Körper nicht gebrauchen möchte, nur weil im Zusammenhang mit diesem Krankheiten und Störungen auftreten können. Das Unbewußte ist deine große Kraft- und Informationszentrale, als solches ganz neutral und davon abhängig, welchen absichtlichen und bewußten Gebrauch du davon machen möchtest!

### *Du bist ein Träger uralter Erfahrungen*

Die eigentliche Natur des Unbewußten geht jedoch noch weit über die Speicherung und Verarbeitung der Eindrücke deines Lebens hinaus. In der zweiten Zone finden sich die *überindividuellen Aspekte des Menschen*. Damit sind jene Faktoren einer allgemeinen menschlichen Entwicklung gemeint, die über deinen persönlichen Lebensweg hinausgehen, und in diesem Sinne bist du ein Träger uralter Erfahrungen. In der Biologie und Medizin kennt man das sogenannte *biogenetische Grundgesetz*. Dieses besagt, daß der werdende Mensch im Mutterleib alle Stationen der Entwicklung unserer tierischen Vorfahren hin zum Menschen nochmals durchläuft. Von der Urzelle an folgt bei der Entfaltung im Mutterleib Stadium auf Stadium bis zur Geburt des Menschen. Alle diese unterschiedlichen Möglichkeiten der Vergangenheit, die in diesem Durchlaufen verschiedener Formen zum Ausdruck kommen, sind also im einzelnen Menschen gleichfalls gespeichert: eine Art automatisches Gedächtnis von der Entstehung des Lebens bis hin zum Erscheinen des Menschen auf dieser Erde!

Aber die Möglichkeiten des Unbewußten scheinen in dieser Zone noch weiterzugehen. Forschungen namhafter Psychologen deuten darauf hin, daß die Entwicklung des Kindes in den Reifejahren nach der Geburt gewissermaßen die Aufwärtsentwicklung der ganzen Menschheit im kleinen wiederholt. E. Lucka hat diese Erkenntnis als das *psychogenetische Gesetz* formuliert: »Der einzelne Mensch verwirklicht im Lauf seines Lebens die geistig-seelischen Stadien, welche die Menschheit durchlaufen hat. Es wäre eine verlockende und dankbare Aufgabe, die Etappen der Menschheit im Leben des einzelnen Menschen darzustellen: den Augenblick festzuhalten, da das Kind zum ersten Mal ›ich‹ sagt (meistens im zweiten Lebensjahr) und der die Menschwerdung überhaupt wiederholt, die große Intuition, in der sich der Urmensch von der Außenwelt als Subjekt aussondert; dann zu erkennen, wie das Kind gleich dem Primitiven in geradezu bestialischer Grausamkeit gegen jedes schwächere Tier wütet, das ihm in die Hände gerät; die Spiele der Knaben zu beobachten, die das Zeitalter der Jäger- und Kriegervölker widerspiegeln, ihr Bedürfnis, Regeln für Spiel und Kampf aufzustellen, Rangordnungen und Ehrenzeichen zu schaffen usw.« So lebt also in jedem Einzelmenschen zugleich auch die unbewußte Erinnerung an die großen Stadien der Geschichte der Menschheit mit ihren großartigen Erfahrungen und Errungenschaften fort. Die *Intuitionen* der wahrhaft schöpferischen und erfolgreichen Menschen vermitteln ihnen aus jener Zone des Unbewußten tiefgreifende Erfahrungen und weitgehende Kräfte.

Während die im Unbewußten gespeicherten Eindrücke dieses Lebens bei entsprechendem Training mehr und mehr nutzbar gemacht werden können und die überindividuellen Aspekte des Menschen auf automatische Weise immer wieder intuitiv in das Leben einer Persönlichkeit eingreifen, stellt die dritte Zone des Unbewußten ein nur von wenigen Menschen jemals erfahrenes Gebiet dar: die *universellen Grundlagen der Menschheit*. Diese zu erfahren ist gleichbedeutend mit dem, was man in mystischen Traditionen Erleuchtung nennt oder was im Sprachgebrauch mancher Religionen als Gotteserfahrung bezeichnet wird. Dahinter steht das Wissen, daß der einzelne Mensch ein individueller Ausdruck des allumfassenden Seins ist. Alan Watts schrieb in diesem Sinne: »Das Individuum ist eine Öffnung, durch die die ganze Energie des Universums sich ihrer selbst bewußt wird – ein Wirbel von Schwingungen, durch den sie sich selbst verwirklicht als Mensch, Tier, Blume oder Stern – doch nicht für sich allein, sondern zugleich als Zentrum für alles, was sie umgibt. Solche Zentren sind nicht, wie es scheinen mag, von ihrer Umgebung isoliert, sondern stehen in wechselseitiger Beziehung zu ihr, so wie sich ein Kreismittelpunkt zu dem ihn umgebenden Kreis verhält oder wie die Pole eines Magneten sich gegenseitig bedingen. Darum beinhaltet jedes irgendwo befindliche Zentrum alle anderen Zentren, wo immer sie sich befinden mögen.«

Du selbst bist also ein solcher Wirbel von Schwingungen, in dessen Tiefen die Gesamtheit des Universums lebendig ist. In dir kann und möchte sich Unendlichkeit ausdrücken durch vollkommene Taten in deinem täglichen Leben, denn in den Tiefen deines eigenen Wesens bist du verbunden mit dem Geist der universellen Energien. Der frühverstorbene Amerikaner H. Stafford (1845–1864) fand dafür die kühnen Worte: »In allem Erschaffenen ist der Geist des Lebens enthalten, und zwar nicht für eine gewisse Zeit, sondern für die Ewigkeit, denn Leben ist Leben für immer. Wenn im ganzen Universum nichts von dem wäre, was man materiell nennt, wenn darin nicht einmal zwei Atome wären, die aufeinander Wirkung ausübten, wenn nichts von dem da wäre, was man heute sehen, hören und fühlen kann, und das Universum vollends eine Öde wäre, so würde jener Geist des Lebens doch bestehen und sich unter ganz anderen Formen und Bedingungen entwickeln.«

In dir, in deinem Unbewußten, steckt etwas, das sich verwirklichen möchte, zum Durchbruch kommen will. Es ist die individuelle Ausformung, der persönliche Schwingungszustand, den der universelle Geist des Lebens in dir angenommen hat. Dies allein schon garantiert dir, daß das, was du dir wünschst, erreichbar ist, wenn es nicht den grundlegenden Harmonien unseres Universums widerstreitet. Deine wirklichen Wünsche sind ein Hinweis aus der Tiefe, zeigen dir deine Bestimmung, den Weg, den du in Freiheit gehen kannst.

Den großen Meistern der Menschheit ist es gelungen, sich möglichst weite Bereiche des normalerweise Unbewußten klar ins Bewußtsein zu bringen. In einer allumfassenden Erfahrung erschlossen sie sich auch die dritte Zone des Unbewußten, die universellen Grundlagen der Menschheit, worauf man sie wegen ihres höheren Wissens und ihrer erstaunlichen Fähigkeiten als Heilige und Erleuchtete bezeichnete. Aber in jedem Menschen fließt dieser schöpferische Strom des Unbewußten und wartet nur darauf, daß man aus ihm schöpft.

### *Lerne die Quelle in der Tiefe deines Wesens kennen!*

Ein Meister östlicher Weisheit, Anagarika Govinda, hat dieser Vorstellung von unserer inneren Quelle der Kraft und des Schöpfertums auf eindrucksvolle Weise Ausdruck verliehen: »In unserem innersten Wesen ist ein unaufhörliches Kommen und Gehen von Formen und Lauten, Visionen und Stimmen im Gang, die in unhörbaren Melodien erklingen und in denen die Stimmen der Geborenen und Ungeborenen zu uns sprechen. Es ist der Treffpunkt der ganzen Welt. Aber nur dann sind wir innerlich groß, wenn wir völlig geöffnet bereit sind, das All in uns aufzunehmen und den Stimmen unseres Inneren zu lauschen.

Nicht ›Unveränderlichkeit‹ ist es, was unsere Seele groß macht, sondern die Fähigkeit zur Verwandlung, die uns befähigt, mit den Melodien aller Sphären des Universums mitzutönen. Die Ströme des Lebens vereinigen sich in dem tiefen und verborgenen Brunnen unseres Wesens und fließen durch es hindurch.

Der Weise versteht es, diesen Melodien zu lauschen, diese Visionen im Herzen zu erblicken, diese Schwingungen zu fühlen, und läßt sich forttragen von den großen Strömen in die Ewigkeit, in das Unendliche.

Um aber zu hören, muß er still sein; um zu sehen, muß er seine Augen vor den äußeren Formen verschließen; um den kosmischen Rhythmus zu fühlen, muß er seinen Atem beruhigen und sein Herz meistern... Wir betrügen uns selber mit unseren Plänen und trivialen Zielen. Wir sehen nicht, was uns am nächsten liegt – wir hören über dem Lärm der eigenen Worte nicht auf das Flüstern des Herzens. Unsere Augen sind von den grellen Farben des Tageslichtes geblendet. Unser rastloses Leben nimmt uns den Atem... So hören wir nicht die Musik der Sphären, sehen wir nicht die großen Visionen, fühlen nicht die geheimnisvollen Schwingungen – und so fließen die ewigen Ströme an uns vorbei in die Unendlichkeit, aus der sie kamen« (Art and Meditation, Allahabad 1936). Wenn du lernst, still zu werden, das ständige Kommen und Gehen deiner Gedanken und Gefühle etwas zurücktreten zu lassen, dann kann deine innere Stimme zu dir sprechen. Es werden sich dir Erfahrungen auftun, an deren Möglichkeit du niemals gedacht hättest. Du wirst plötzlich Ideen haben, die du dir früher vielleicht niemals zugetraut hättest. Du wirst spontan Dinge tun, die im rechten Moment genau das Rechte bewirken. Die wunderbaren Dinge, die du aus dem Brunnen deines Unbewußten schöpfen kannst, sind unbegrenzt und so vielfältig wie die Natur und das Leben selbst.

Was da als »innere Stimme« zu dir spricht, ist natürlich nicht tatsächlich ein Sprechen im Sinne menschlicher Worte. Die innere Stimme wird dich nicht anreden, wie dich ein Mitmensch anredet. Aber sie findet auf ihre Weise vielerlei Möglichkeiten, sich dir mitzuteilen. Wenn es geschieht, daß dein Unbewußtes dich zu tragen beginnt, dir hilft, dich zu etwas Positivem drängt, dann wirst du es sicher spüren. Du weißt dann, daß du auf dem Weg bist, die großartigen Kräfte, die in dir schlummern, zu aktivieren, um sie für ein besseres und erfüllteres Leben nutzbar zu machen.

## *Erstaunliche Phänomene*

Die Macht des Unbewußten, dessen innere Stimme dir so viel helfen kann, zeigt sich immer wieder in spontanen erstaunlichen Phänomenen: Telepathie, Hellsehen, Telekinese. Alle diese Vorkommnisse, deren Existenz bei unvoreingenommenen Wissenschaftlern nicht angezweifelt wird, sind keinesfalls übernatürlicher Art. Sie sind nur bis heute noch nicht zureichend wissenschaftlich erforscht und daher nur ungenügend erklärt. Aber nach allem, was wir über die Natur des Unbewußten wissen, dürfen wir annehmen, daß derartige Möglichkeiten für das Unbewußte, dessen Grenzen bislang noch nicht auffindbar waren, sicher bestehen. In gewisser Weise sind diese Phänomene sogar eine Bestätigung für die *grenzenlose* Natur des Unbewußten. Charles Richet beschreibt in seiner bemerkenswerten Arbeit über experimentelle Studien auf dem Gebiet der Gedankenübertragung und des sogenannten Hellsehens unter anderem einen sehr typischen Fall:

»Unter meinen Freunden stehen mir am nächsten Henry Ferrari und Jules Héricourt. Sie nahmen an fast allen meinen Freuden und Leiden teil. In der Nacht vom 14. auf den 15. November um 3 Uhr morgens wird durch eine Feuersbrunst mein physiologisches Labor in der Vouquelin-Straße in Paris zerstört.

In derselben Nacht sieht Herr Héricourt, welcher 4,5 km vom Laboratorium entfernt wohnt und nie zu träumen pflegt, *große Flammen*. Er weiß nicht, ob er halb wach gewesen ist oder ganz geschlafen hat. Trotz der Deutlichkeit des Traumes sprach er mit niemandem darüber.

Herr Ferrari seinerseits träumt, was er sonst nie weiß, in derselben Nacht in seiner 3 km vom physiologischen Laboratorium entfernten Wohnung und um *dieselbe Zeit*, er werde in das benachbarte Zimmer gerufen, stehe auf, um nachzusehen, und bemerke im Kamin ein großes, hellstrahlendes Feuer, das einen lebhaften Glanz im ganzen

Zimmer verbreitete. Der Eindruck war so genau, daß er ihn zunächst der Erinnerung an ein Gasfeuer zuschrieb, denn am Abend vorher hatte er mit mir ziemlich lange vor einem Gaskamin geplaudert. Obwohl der Traum ihm viel zu denken gab, erzählte er niemandem davon, bevor er von der Feuersbrunst erfuhr.

Der Brand fand in der Nacht statt, die einem Festmahl vorausging, welches meine Freunde am 15. November mir zu Ehren veranstalten wollten. Unsere gemeinsame Freundin Leonie war an diesem Vorabend noch in Le Havre. Dort wurde sie von Dr. Janet im Rahmen seiner Experimente in einen hypnotischen Schlaf versetzt. Plötzlich erwacht sie daraus, stößt einen Schrei aus und ruft sehr aufgeregt: ›Es brennt, es brennt!‹ Dr. Janet versucht sie zu beruhigen, indem er ihr sagt, das bedeute nichts. Dann schläft sie von neuem ein, aber erwacht wieder mit den Worten: ›Aber Dr. Janet, ich versichere Ihnen, daß es brennt!‹ Dr. Janet glaubt leider an eine Täuschung, zerstreut ihre Befürchtungen und beruhigt sie erneut. Am folgenden Tag, als sie von Dr. Janet erfuhr, daß es in meinem Laboratorium gebrannt hatte, sagte sie zu ihm: ›Aber warum haben Sie mich zurückgehalten? Ich sah deutlich, daß es im Laboratorium von Dr. Richet brannte.‹

Was mich betrifft, den doch dieser Brand zunächst anging, so erhielt ich keinerlei Ankündigung. Ich schlief dieselbe Nacht ruhig und fest. Erst morgens bekam ich die Schreckensbotschaft zu hören.«

Man könnte lange spekulieren, was hier tatsächlich vorgefallen ist. Sicher aber dürfte sein, daß die verborgenen Kräfte des Unbewußten in den Beteiligten am Werke waren. Vielleicht hat sich bei diesem Fall telepathischer Fernwirkung die Schreckensbotschaft aus dem Unbewußten eines direkten Augenzeugen auf jenes des schlafenden Dr. Richet übertragen, von wo aus es dann ihm selbst unerkannt das Bewußtsein der Freunde erreichte. Vielleicht hat das Unbewußte auch einen anderen Weg der Übertragung gewählt.

Es ist im Augenblick nicht so wichtig, exakte und logisch einsichtige Erklärungen für derartige Phänomene zu finden, um genau darzulegen, welche Gesetze der Schwingung und möglicherweise Elektrizität dabei wirken. Bedeutender ist es, zunächst einmal zu sehen, daß es solche tausendfach belegten Phänomene tatsächlich gibt. Und darin besteht eine wesentliche Aufgabe für dich!

Vielleicht sagst du nun, daß du derartige Dinge selbstverständlich anerkennst, und gestehst zu, daß sie sich ereignen können. *Aber das genügt nicht!* Du mußt sehen, wie sich derartige Vorkommnisse fast täglich im Leben eines jeden Menschen ereignen. Selbstverständlich auch in deinem Leben! Das Dasein ist nicht so langweiligen Gesetzen unterworfen, wie es manche Propheten unseres materialistischen Zeitalters gerne hätten. Ständig ereignet sich das Wunderbare! Und dies auch in deinem Leben! Aber möglicherweise hast du dich so auf die herrschenden Ansichten und Meinungen deiner Umgebung eingestellt, daß du schon nicht mehr siehst, was bei unvoreingenommener Betrachtung doch ganz offensichtlich ist.

Also blicke um dich und beobachte dein Leben: Wahrscheinlich wirst du feststellen, daß du keine Brände träumst und vermutlich auch leider nicht die Lottozahlen der kommenden Woche vorhersiehst. Was du sehen kannst, ist auf den ersten Blick vielleicht viel weniger spektakulär: Da sind die vielen kleinen sogenannten Zufälle, die sich als Vorahnung, plötzliche Begegnung, unmittelbare Eingebung täglich ereignen. Da sind jene telepathischen Übereinstimmungen mit Menschen, mit denen wir häufig Umgang haben: Ungesagt weiß man gegenseitig, was man denkt, unmittelbar ist da plötzlich ein Einverständnis, als ob geheimnisvolle Fäden die Wesen verbinden.

Versuche diese Dinge zu erkennen, wenn sie sich ereignen. Sieh das Geheimnisvolle und Wunderbare in den Vorkommnissen, die ein oberflächlicher Geist als bloßen Zufall abtut. Das Erkennen dieser Dinge ist ein erster Schritt zu ihrer systematischen Entwicklung. Ja, sie entfalten sich mehr und mehr wie von selbst, automatisch, wenn sie beachtet und gepflegt werden.

Geistige Gesetzmäßigkeiten entsprechen im Grunde den materiellen. Wenn ein Muskel nicht geübt wird, verkümmert er, wird schwächer. Wenn man jahrelang kein Buch zur Hand nimmt, wird einem das Lesen immer schwerer fallen. Und ebenso verkümmern die Fähigkeiten des Unbewußten, wenn man sie nicht beachtet, abwertet und sie als bloße Zufälle abtut. Jedes Ding, im geistigen wie im körperlichen Bereich, entwickelt sich nicht zuletzt durch die Beachtung, die du ihm zuteil werden läßt. Also erkenne deine täglichen Wunder, und sie werden sich mehren! Solange du nicht gelernt hast, die kleinen Dinge zu sehen und zu schätzen, bleiben die großen Wunder wahrscheinlich aus. Oder schlimmer noch: Sie ereignen sich, doch dir fehlt die Fähigkeit, sie zu erkennen.

*Praktische Konsequenzen*

1. Das, was du tatsächlich bist, geht weit über das hinaus, was du augenblicklich sehen und erkennen kannst. Dein Wesen erschöpft sich nicht in deiner körperlichen Erscheinungsform, deinen bewußten Gefühlen, Gedanken und Handlungen. *Da ist mehr!* Der weitaus größte Teil deines Wesens ist dir unbewußt und bestimmt doch auf geheimnisvolle Weise deinen Weg. In seinen tiefsten Gründen ist dein unbewußtes Wesen nicht verschieden von der Natur, vom allumfassenden Sein selbst. Versuche sensibel zu werden für dein Eingebundensein in die größere Ganzheit, die Natur, das All. Sieh alles, was dir bisher alltäglich erscheint, mit neuen Augen an! Werde offen für das Wunderbare, und es werden plötzlich Dinge zu dir sprechen, die du bislang für stumm gehalten hast.
2. Lerne aus dem Brunnen in deinem Inneren zu schöpfen. In meinem Buch *TNT – Eine Kraft in Dir wie Dynamit* habe ich dazu eine einfache und praktische Übungsanweisung gegeben: Laß den Körper ganz schlaff werden. Wenn dir das Schwierigkeiten bereiten sollte, dann versuche es zunächst mit einem Arm, dann mit beiden Armen, beiden Beinen, bis du schließlich den ganzen Körper entspannt hast. Das Gemüt wird sich dann automatisch mitentspannen. Wenn das erreicht ist, dann konzentriere dich auf das, was du haben willst; dann kommen die Eingebungen. Ergreife sie und führe sie aus, so wie die innere Stimme es dir gebietet. Mache keine Einwände und argumentiere nicht, sondern tue, was dir gesagt wird, und tue es unverzüglich. Jetzt wirst du verstehen, was Psychologen, Mystiker und Wahrheits-

sucher meinen, die dich auffordern, innezuhalten, dich zu entspannen – *an nichts zu denken* –, wenn du das Unterbewußtsein anzapfen und die kleine innere Stimme hören willst. Mit weiterem Fortschritt wirst du auch begreifen, was die Seher des Ostens meinten, als sie sagten:

*»Werde still, meditiere, gehe in die große Stille, meditiere weiter, und deine Probleme werden sich in nichts auflösen.«*

4. Kapitel

# Die Macht der Beeinflussung

Vielleicht hast du schon oft den Spruch gehört: »Glaube daran, und du schaffst es!« Und so ist es auch: Worum es auch immer gehen mag, alle Dinge können vollkommen erledigt werden, wenn man sie mit dem rechten Glauben beginnt. Das bewußte Glauben wirkt wie eine *Tat*, die alle dir zur Verfügung stehenden Kräfte in Bewegung setzt.

»Auf, Leute, wir schaffen es!« Dieser Ruf hat auf dem Fußballplatz, auf dem Schlachtfeld oder im harten Kampf des Geschäftslebens schon manche zuvor unglaubliche Entscheidung ausgelöst, wenn ein weitsichtiger Mensch aus sicherem Glauben das auszusprechen wagte, was andere sich nicht zu hoffen trauten. »Auf, Leute, wir schaffen es!« Wie plötzliche elektrische Energie ungeheure Wirkungen auslösen kann, bringt dieser Ruf den Zeiger von Niederlage auf Erfolg. Alles kommt darauf an, daß einer in der Gruppe wirklich *glaubt, daß es geschafft werden kann.*

Stell dir vor, du bist ein Schiffbrüchiger, der auf einem einsamen Felsen mitten im Ozean sitzt. Im Augenblick übermannt dich möglicherweise die Furcht, und du wirst keine Möglichkeit einer Rettung sehen. Doch plötzlich steigt das Gefühl auf: Du *wirst* gerettet werden oder dir selbst helfen. Und im gleichen Augenblick nimmt dieses *Gefühl* die Formen des *Glaubens* an. Schon steigen auch Einfälle und schöpferische Kraft auf.

Du magst in einen Brand geraten, ganz vom Feuer eingeschlossen sein, die Augen tränen vor Rauch, und die Angst schüttelt dich. Aber du kannst gerettet werden. Sobald ein solches Gefühl zum Glauben wird, brechen in dir ungeahnte Kräfte und Möglichkeiten auf. Viele Menschen, welche die Fähigkeit des Glaubens entwickelten, sind in gefährlichen Situationen über sich hinausgewachsen und haben sich und andere gerettet. Wem es an diesem schöpferischen Glauben mangelt, der wird untätig vor Furcht sein. Er wird jene Chancen nicht sehen, die es doch immer gibt.

### *Die Kraft der Wiederholung*

Vielleicht zweifelst du, ob man die Fähigkeit des Glaubens tatsächlich entwickeln kann, und denkst: »Entweder ist einem Menschen der Glaube gegeben oder nicht. Daran läßt sich nichts ändern.« Aber diese Auffassung ist sicher falsch. Der Mensch ist nichts Festes, Abgeschlossenes, sondern ein vollkommen dynamisches Wesen. Er muß nicht bleiben, wie er augenblicklich ist. Hunderttausende Möglichkeiten der Entwicklung und Veränderung stehen jedem Menschen in jeder Minute offen, doch zumeist hindert ihn die Macht der Gewohnheit, diese Möglichkeiten wahrzunehmen.

Schon im Bereich des Körpers ist das ganz offensichtlich: Ein Mensch, der durch seinen Beruf viel am Schreibtisch sitzen muß, kann das als ein sein ganzes Leben bestimmendes Schicksal einfach hinnehmen. Tagsüber sitzt er dann am Schreibtisch, am Abend sitzt er vor dem Fernsehgerät, und dann legt er sich hin. Nach einigen Jahren stellen sich Beschwerden der Wirbelsäule ein, der Kreislauf wird schwächer, und das allgemeine Wohlbefinden ist dahin. Aber niemand hat diesen Menschen daran gehindert, sein vieles Sitzen anderweitig auszugleichen, nur seine *Gewohnheit*! Er hätte die Freiheit gehabt, am Morgen und Abend einige Rumpf- und Kniebeugen zu machen, um sich fit zu halten. Er hätte sogar die Möglichkeit gehabt, einen Abend in der Woche in einem Sportverein etwas für seinen Körper zu tun, anstatt nur mit dem Bierglas in der Hand die Sportschau am Bildschirm zu verfolgen. Er hat sicher auch einen Vorwand dafür gefunden, weshalb er nichts für seinen Körper tut: »Sportverein? Einmal in der Woche? Das kann ich meiner Familie nicht antun.« Aber seine Familie hätte sicher gerne an einem Abend in der Woche auf ihn verzichtet, wenn er dadurch zu einem spannkräftigen und aktiven Ehemann und

Vater geworden wäre. Er besaß alle Möglichkeiten: Durch Training seines Körpers hätte er gesund und munter bleiben können. Doch freiwillig, aus Gewohnheit und Trägheit entschied er sich dafür, die schönsten und reifsten Jahre seines Lebens steif und schwach zu verleben.

Das Gesetz der Wiederholung wirkt hier: Wird ein Muskel oft bewegt, so stärkt er sich mit jedem Mal und gewinnt immer größere Kraft und Frische. Wird aber nicht die Tätigkeit sondern die Untätigkeit »wiederholt«, so wird er immer schlaffer und schwächer. Das gleiche Gesetz wirkt nun auch auf der Ebene des Glaubens und Denkens.

Ein Mensch ist nichts fest Abgeschlossenes. Er befindet sich in dauernder Entwicklung. Was er denkt, fühlt, glaubt und in körperlichen Handlungen tut, das macht ihn zu dem, was er ist. Durch stete Wiederholungen in Tun und Denken erschafft sich ein Mensch in dem, was er jeweils ist, sozusagen selbst. Und auch der Glaube kann nach diesem Gesetz entwickelt werden.

Die großen Religionsstifter dieser Erde haben dieses Prinzip klar erkannt und zum Nutzen ihrer Anhänger ausgebaut: Mohammed, der Prophet des Islam, wies seine Gläubigen an, fünfmal täglich zu beten. Durch diese Regelmäßigkeit wird der Gläubige immer wieder mit den grundsätzlichen Anliegen seiner Religion konfrontiert. Wieder und wieder nimmt er sie in sich auf, bis sie zu einem Teil seines Wesens geworden sind. Wer sich seit seiner Kindheit auf diese Weise fünfmal jeden Tag vom Muezzin zum Gebet rufen läßt, für den ist der Glaube an Gott nicht nur zur Selbstverständlichkeit, sondern geradezu zur Notwendigkeit geworden.

Im Christentum gilt der regelmäßige Gottesdienst der Festigung und Bestätigung des Glaubens. In der katholischen Kirche gibt es mit dem Rosenkranzgebet die Praxis der dauernden Wiederholung einer religiösen Formel, die man dadurch mehr und mehr ins Unterbewußtsein aufnimmt, wo sie den Glauben stützt und stärkt.

Wahre Meister in dieser Kunst sind auf religiösem Sektor die Buddhisten in Tibet. Immer wieder, ununterbrochen wiederholten sie ihre heiligen Formeln, die Mantras, um auf diese Weise das Ideal, das durch sie zum Ausdruck kommt, ganz in sich aufzunehmen. Sie entwickelten eine wahre Wissenschaft über das Wesen des Lautes und der Klangschwingung bei den heiligen Formeln, um sie möglichst umfassend und der jeweiligen Situation entsprechend anwenden zu können.

Vielleicht bist du ein Mensch, der meint, er hätte kein religiöses Ideal, und diese Wiederholungsübungen wären deshalb für dich nicht wichtig. Aber nicht nur in der Religion wird dieses Wissen gebraucht, auch in ganz weltlichen Belangen setzt man es täglich ein, *und du bist unmittelbar davon betroffen*. Denke zum Beispiel an die Werbeformeln, die dir in ständiger Wiederholung durch Plakete, Zeitungsanzeigen, Radio- und Fernsehdurchsagen immer erneut ins Unterbewußtsein gehämmert werden. Jede Kaffeesorte möchte von dir als die aromatischste, röstfrischste, meistgetrunkene betrachtet werden. Jedes Waschmittel möchte von dir als dasjenige angesehen werden, das deine Wäsche unsagbar weiß und frisch wäscht. Ich selbst war jahrelang in der Wirtschaft tätig, und du darfst mir glauben, daß die großen Konzerne nicht ungezählte Millionen für die Werbung ausgeben könnten, wenn diese Methode nicht funktionieren würde. Angeregt durch die unbewußten Impulse der Werbung *glaubst* du an die Qualität des Waschmittels oder des Kaffees. Vielleicht machst du auch wirkliche Erfahrungen, vergleichst den Preis und die tatsächliche Güte des Produktes. Doch solltest du auf keinen Fall den entsprechenden Einfluß der Reklame unterschätzen. *Was du immer wieder hörst, wird schließlich so selbstverständlich, daß du es glaubst*. Und es spielt dabei keine Rolle, ob du dir selbst immer wieder etwas sagst oder ob es von außen an dich herangetragen wird. Nur ein bewußtes Leben und klare Achtsamkeit können dich davor bewahren, ein Opfer dieser Methoden zu werden und gegen deinen eigentlichen Willen zuzugreifen.

*Vorsicht vor Mißbrauch!*

Oft wurde schon von Menschen, die dieses Wissen besaßen und die entsprechende Praxis beherrschten, grober Mißbrauch damit getrieben. Ein schlimmes Beispiel dafür sind die Diktatoren dieser Erde. Hitler und seine Partei haben die Gesetze der Beeinflussung durch Wiederholung sehr gut gekannt und systematisch ausgenutzt. Hitlers Bild war allgegenwärtig. In den Zeitungen, Zeitschriften und im Rundfunk wurden seine Ideen immer wieder gepriesen. Die Kinowochenschau feierte seine Taten. Das ganze Land wurde zu einem Fahnenmeer. Man marschierte von Kind an im Gleichschritt, sang Kampflieder und wiederholte immer wieder bestimmte Parolen: »Ein Volk, ein Reich, ein Führer«, »Und heute gehört uns Deutschland und morgen die ganze Welt«, »Führer befiehl, wir folgen«. Man versuchte den Menschen ein Überlegenheitsgefühl zu geben, indem sie sich mit Hitler identifizieren konnten, und verbreitete gleichzeitig die schrecklichsten Dinge über Minderheiten im eigenen Land und die anderen Nationen. Immer mehr Menschen gerieten in den Strudel dieser Massensuggestion. Es war wie eine Hypnose, der sich immer weniger Menschen entziehen konnten. Die Bewußteren und Denkenden mußten das Land verlassen, in den Untergrund gehen oder Widerstand leisten. Die Macht der Wiederholung dieser Parolen schien zu wirken: Anfänglich schritt der Führer von Sieg zu Sieg. Doch aus seinem Fahnenmeer wurde ein Flammenmeer, und der scheinbar so große Mann hat sich auf feige und erbärmliche Weise erschossen.

Auch Mussolini im faschistischen Italien und Joseph Stalin in Rußland versuchten, sich diese Gesetze der Wiederholung und Beeinflussung nutzbar zu machen. Doch ihre Bestrebungen waren wie diejenigen Hitlers zum Scheitern verurteilt. Denn das geistige Gesetz der Rückwirkung, das ich dir am Ende des ersten Kapitels dargelegt habe, wirkt früher oder später ganz selbstverständlich: Man kann nichts tun, was nicht auch Rückwirkungen auf das eigene Wesen und dessen künftiges Leben hätte. Wer anderen Menschen absichtlich Schaden zufügt, beraubt sich damit ganz von selbst auch der Grundlagen der eigenen Harmonie und Entwicklung. Der Fall ist vorgezeichnet.

Wenn du nun diese Gesetze kennst, kannst du Maßnahmen ergreifen, um nicht selbst Opfer derart negativer Beeinflussung zu werden. Dort, wo nur Parolen wiederholt werden, ohne daß du die Möglichkeit einer kritischen Überprüfung hast, wird sicher nicht dein Platz sein. Eine wache Gegenwärtigkeit kann dich in jedem Augenblick davor bewahren, daß du unter einen Massenbann fällst und dich gegen deine wirklichen Wünsche negativ beeinflussen läßt.

*Mache dich zu dem Menschen, der du sein willst!*

Alle bedeutenden Menschen, die auf ihrem Gebiet wirklich führend sind, bedienen sich dazu bewußt oder unbewußt der geistigen Gesetze der Beeinflussung durch Wiederholung, wobei sie dies auf eine wache und klare Bewußtheit gründen. Es ist nämlich ein großer Unterschied, ob ein Mensch gegen seinen Willen immer wieder die gleichen Parolen ins Ohr getönt bekommt, bis er schließlich in einer Art von Hypnose selbst mitmacht, oder ob er sich aus freier Entscheidung des Gesetzes der Wiederholung bedient. Im ersten Falle wird er zum Sklaven der Interessen anderer. Im zweiten Falle gebraucht er ein natürliches Gesetz zur Verwirklichung seiner Wünsche.

Auch du solltest, wenn du dir über deine Wünsche und Vorhaben klargeworden bist, dich zu ihrem Umsetzen an das Gesetz der Wiederholung halten. Aber auch dann, wenn du noch nicht endgültig festgestellt hast, worauf du hinaus willst, mußt du dieses Gesetz sehr ernst nehmen. Durch das, was du wiederholt tust, erschaffst du dich selbst, körperlich und geistig. Durch das, was du wiederholt denkst, werden die tiefen Schichten deines Unbewußten einer Vielzahl von Einflussen geöffnet. Prentice Mulford sagt in diesem Zusammenhang ganz richtig: *»Jeden Tag stilisieren wir uns in eine Daseinsphase, denken uns in einen anderen imaginären Charakter hinein. Die dominierende Rolle, die wir am häufigsten spielen, wird dem Leib, der Maske dieser Rolle, die herrschende Linie verleihen.*

Wer den größten Teil seines Lebens gewohnheitsmäßig klagt, übellaunig und sich selbst bejammernd Orgien der Mißstimmung feiert, vergiftet sich das Blut, ruiniert die Gesichtszüge und verdirbt rettungslos seinen Teint, weil in dem unsichtbaren Laboratorium des Geistes ein giftiges Agens erzeugt wird: Der Gedanke, der in Aktion gesetzt, das heißt gedacht wird, zieht nach einem unvermeidlichen Gesetz seinesgleichen aus der Umgebung an sich! Sich gereizten, hilflosen Stimmungen hingeben, heißt soviel wie Gedankenschwingungen von jedem gereizten und hilflosen Menschen der ganzen Stadt ein Tor öffnen, es heißt einen großen Magneten, den Geist, mit schädlichen zerstörerischen Strömen laden und die mentale Batterie mit allen Strömen gleicher Art in Kontakt setzen! Wer an Diebstahl und Mord denkt, gerät auf diese Weise in geistige Beziehung mit jedem Dieb und Mörder auf der ganzen Erde!«

Dieses Gesetz wirkt auch im Positiven: Wenn du Gedanken des Glücks, des Erfolges, der Gesundheit und Wahrhaftigkeit denkst, dann stellst du ein unbewußtes Kraft- oder Schwingungsfeld her, das dich mehr und mehr tragen wird. Automatisch wird sich dein Wesen in die Richtung der wiederholt gedachten Gedanken wandeln, und du wirst zu jenem Menschen, der du sein willst. »*Wir müssen ohne Unterlaß das Ideal unserer selbst aufbauen; damit ziehen wir Elemente an uns, die immer helfend mitwirken, das ideale Gedankenbild zur Realität zu verdichten.* Wer es liebt, der starken Dinge zu gedenken, der Berge und Ströme und Bäume, zieht Elemente solcher Kraft an sich« (Mulford). Wer möchtest du gerne sein? Was wünschst du dir? Stelle es dir vor! Sieh es bildhaft vor deinem inneren Auge! Denke immer wieder daran! Erinnere dich jeden Tag an dein Ziel, an dein Idealbild deiner eigenen Persönlichkeit! Mit jedem Gedanken, den du diesem Bilde widmest, rückt es ein Stückchen näher zur Wirklichkeit. Nicht mehr andere beeinflussen dich dann mit ihrem Willen und dir fremden Wünschen, du selbst hast dein Leben in die Hand genommen und steuerst deinen ganz persönlichen Zielen zu. Die innere Stimme weist dabei den Weg.

Wenige Menschen machen Gebrauch von diesem sicheren Weg. Doch diese Gesetze sind seit Jahrtausenden erprobt und wirken garantiert. Versuche du es wirklich! Denke an das, was du sein willst! Denke täglich daran, und du wirst die gleichen Erfahrungen machen wie die wahrhaft großen Menschen dieser Erde.

### *Das Erfolgsgeheimnis der Großen*

Denke an die Worte Emersons: »Alle erfolgreichen Menschen sind in einem gleich gewesen: Sie glaubten an den kausalen Zusammenhang der Ereignisse. Sie glaubten, daß die Ereignisse nicht vom Glück gelenkt werden, sondern von Gesetzen.« Das gilt für jeden bedeutenden Menschen, sei er Politiker, Wissenschaftler, Geschäftsmann oder Sportler.

Ein Politiker, der in den Wahlkampf zieht und sich für ein öffentliches Amt bewirbt, braucht mehr als nur die abstrakte Überzeugung von bestimmten Ideen und den bloßen Wunsch, diese irgendwie durchzusetzen. Wenn er wirklich Erfolg haben möchte, wenn seine Wahlreden und Diskussionsbeiträge den Wähler beeindrucken sollen, dann muß der Politiker eine klare Vision von seinen Zielen haben. Er muß zunächst davon überzeugt sein, daß er es schaffen kann und schaffen wird. Seine Gedanken werden immer wieder auf den nötigen Erfolg gerichtet sein und weniger auf Niederlage und Zweifel.

Aber seine Vision muß auch deutliche Bilder und Vorstellungen von dem einschließen, was er erreichen möchte. Es genügt nicht, wenn er denkt, daß er für die Bürger Gerechtigkeit, Wohlstand und Sicherheit schaffen und erhalten will. Das ist viel zu allgemein. Statt dessen sollte er genau sehen, mit welchen Gesetzen, Verordnungen und Maßnahmen er das erreichen will. Er sollte ein Bild der Konsequenzen dieser Maßnahmen vor Augen haben und die Erfolge regelrecht spüren. Immer und immer wieder muß er, erfüllt von Glauben, Selbstvertrauen und Gewißheit, in diese Richtung denken. Er muß innerlich sehen, was er denkt. Dann kann er aus wirklicher Überzeugung sprechen und handeln. Er wird in sich Kräfte wachrufen, die automatisch nach Verwirklichung seiner Ziele streben. Und wie ein Magnet wird er gleichgesinnte Menschen anziehen und auf die Möglichkeiten, die er vor Augen hat, ausrichten.

Nicht anders geht es einem Wissenschaftler, wenn er ein erfolgreicher Forscher sein möchte. Nehmen wir an, er ist Pharmakologe und sucht nach einem neuen Arzneimittel gegen eine gefährliche Krankheit. Unendlich lange Versuchsreihen muß er in seinem Labor durchführen, bis sich vielleicht einmal die gewünschte Wirkung einstellt. Führt er nur nach sturen statistischen Wahrscheinlichkeitsrechnungen seine Tests durch, kommt er vielleicht auch ans Ziel. Doch sehr viel wahrscheinlicher und schneller ist dies möglich, wenn er eine klare Vision vom Erfolg seines gesuchten Medikaments hat. Er muß sich schon während dieser Versuche als Sieger über diese Krankheit sehen können. Er muß sich vorstellen, wie leidende Menschen durch seine Arbeit und seinen Erfolg geheilt werden. Wenn er immer nur an diesem Gedanken festhält, aktiviert er sein Unbewußtes. Es wird sich die Magnetwirkung einstellen: Er zieht an, was er braucht. Und so kann es dann vorkommen, daß die Intuition oder ein scheinbarer Zufall ganz plötzlich das hervorbringen, was auf dem Wege normalen Experimentierens nicht oder erst nach Jahren geschafft worden wäre.

Eine klare Vision dessen, was er erreichen will, hat im Laufe der Geschichte schon manchen Dilettanten, der wenig Fachwissen hatte, zum Sieg geführt. C. W. Ceram gibt in seinem berühmten Buch »Götter, Gräber und Gelehrte« diesbezüglich eine eindrucksvolle Aufzählung von Beispielen: »Betrachten wir die Entwicklung wissenschaftlicher Forschung so weit zurück, wie wir wollen, es ist nicht schwer festzustellen, daß eine außerordentliche Zahl großer Entdekkungen von den ›Dilettanten‹ gemacht wurde, den ›Outsidern‹ oder gar ›Autodidakten‹, die, getragen von der Besessenheit einer Idee, die Hemmschuhe der Fachbildung nicht spürten, die Scheuklappen des Spezialistentums nicht kannten und die Hürden übersprangen, die akademische Tradition errichtet hatten.

Otto von Guericke, der größte deutsche Physiker des 17. Jahrhunderts, war von Haus aus Jurist. Denis Papin war Mediziner. Benjamin Franklin, Sohn eines Seifensieders, wurde ohne Gymnasial- oder gar Universitätsbildung nicht nur ein tätiger Politiker (dazu können auch mindere Qualitäten verhelfen), sondern auch bedeutender Gelehrter... Der Mann, der den ersten elektrischen Telegrafen konstruierte, war der Professor der Anatomie, Thomas Sömmering. Samuel Morse war Maler, ebenso wie Daguerre. Der erste schuf das Telegrafen-Alphabet, der zweite erfand die Fotografie. Die besessenen Schöpfer des lenkbaren Luftschiffes, Zeppelin, Groß und Parseval, waren Offiziere und hatten von Technik keine Ahnung.«

So sind es nicht Begabung, Ausbildung und harte Arbeit allein, die über Erfolg und Mißerfolg bestimmen, es ist vor allem das klare Bild, das du dir über deine Ziele gemacht hast.

Die gleiche Situation trifft auch in der Welt des Sports zu. Eine großartige Tenniskarriere wie jene Boris Beckers ist nicht alleine das Ergebnis harten Trainings. Wenn jemand so intensiv trainiert, um ein Spieler wie Boris Becker zu werden, ist dazu eine ganz besondere Motivation notwendig. Diese Ausrichtung aber gewinnt man nur durch die klare Vision, daß es möglich ist, ein derart gutes Spiel zu liefern. Erst dieses innere Bild, sei es bewußt oder unbewußt, schenkt seinem Träger die Energie, zielstrebig und konzentriert alle Kräfte auf die Verwirklichung auszurichten. Diese Konzentration auf das Bild des eigenen Erfolges ist zum Vorwärtskommen einfach eine Notwendigkeit.

Emerson schreibt: »Konzentration ist das Geheimnis der Stärke in der Politik, im Kriege, im Handel, in allen Geschäften und Angelegenheiten des Menschenlebens. Eine der bedeutsamsten Anekdoten der Welt ist die Antwort, die Newton auf die Frage gab, ›wie er imstande gewesen, seine Entdeckungen zu machen‹? ›Indem ich an nichts anderes dachte.‹ Oder wenn wir einen Text aus dem politischen Leben wollen, so nehmen wir den folgenden aus Plutarch: ›In der ganzen Stadt war nur eine Straße, in der Perikles gesehen wurde, die Straße, die auf den Marktplatz und zum Rathause führte. Er lehnte alle Einladungen zu Banketten, zu allen fröhlichen Gastspielen und Gesellschaften ab. Während der ganzen Zeit seiner Amtsführung speiste er niemals am Tische eines Freundes.‹ Oder wenn wir nach einem Beispiel aus dem Geschäftsleben suchen: ›Ich hoffe‹, sagte ein guter Mann zu Rothschild, ›Ihre Kinder haben Geld und Geschäfte nicht allzu gern. Ich bin überzeugt, daß Ihnen das nicht lieb wäre. Rothschild: ›Ich bin überzeugt, daß mir das lieb wäre; ich wünsche, daß sie

Geist, Seele, Herz und Leib dem Geschäft geben; das ist der Weg, um glücklich zu werden. Es braucht eines hohen Grades von Vorsicht, um ein großes Vermögen zu erwerben, und wenn man es erworben hat, braucht man zehnmal mehr Witz, um es zu behalten. Wenn ich auf alle Projekte hören wollte, die man mir vorlegt, würde ich mich rasch zugrunde richten. Halten Sie sich an ein Geschäft, junger Mann, halten Sie sich an Ihre Brauerei, und Sie werden der erste Brauer Londons werden. Seien Sie Brauer, Bankier, Fabrikant und Kaufmann, und Sie werden bald auf der Konkursliste stehen.‹«

Die Konzentration ist das Erfolgsgeheimnis der Großen. Doch die wirklich Großen brauchen sich durch diese Konzentration nicht anzustrengen. Ihnen hilft die Macht des Glaubens. Sie glauben an die Durchführbarkeit Ihres Zieles, glauben an sich. Das lebendige Bild des Erfolges, das sie vor Augen haben, läßt ihre Kräfte und Energien automatisch zur Konzentration gelangen und zieht gleich einem Magneten weitere Energie an. Diese Art der Konzentration bedeutet keine Anstrengung. Wenn man durch sie bedingt anderes nicht tut, bedeutet dies kein wehmütiges Verzichten. Steht das Bild des Zieles erst einmal klar vor Augen, ist jeder Schritt in jene Richtung von tiefer Freude begleitet.

### *Ein Wunsch, der Reichtum und Weltruhm brachte*

Es gibt Geschichten, die wie Märchen klingen, aber doch vollkommen wahr sind. Sonderbarerweise lernen nur wenige Menschen aus den wertvollen Prinzipien, die uns solche Geschichten lehren.

Es war einmal ein kleiner Junge aus Mecklenburg in Deutschland. Sein Vater war evangelischer Pfarrer, ein armer, aber gebildeter Mann. Er erzählte seinem Sohn nicht nur die Geschichten aus der Bibel, sondern auch die Sagen aus dem alten Rom und Griechenland. Besonders fasziniert lauschte der Junge den Erzählungen des trojanischen Krieges und der anschließenden Irrfahrten des Odysseus. 1829 schenkte der Vater darum seinem damals siebenjährigen Sohn zu Weihnachten ein Buch mit diesen griechischen Sagen. Begeistert betrachtete der kleine Junge die Bilder, die darin gemalt waren. Sie zeigten den trojanischen Krieg, gewaltige Ansichten von der Burg und Stadtmauer von Troja, wie sie der Illustrator sich vorstellte. Damals hielt man die Geschichte von Troja für eine reine Sage, und fast niemand glaubte, daß es diese Stadt und den mit ihr verbundenen Krieg tatsächlich gegeben haben könnte. Der junge Pfarrerssohn aber glaubte an die Geschichte, die er so liebte, und er sagte zu seinem lachenden Vater: »Wenn ich groß bin, werde ich Troja finden; und den Schatz des Königs!«

Der Junge konnte damals keine höhere Schule besuchen. Als er vierzehn Jahre alt war, mußte er als Lehrling in einen Laden. Von fünf Uhr in der Frühe bis elf Uhr in der Nacht hatte er dort zu arbeiten: Lebensmittel verkaufen, den Laden reinigen, Kartoffeln mahlen. Mit über neunzehn Jahren hörte er plötzlich jemanden einige Worte Griechisch sprechen. Dieser scheinbare Zufall ließ die Erinnerung an seine Kinderträume erneut aufbrechen. Es war plötzlich wieder ganz deutlich vor ihm, das Bild von seiner Traumstadt Troja. Und er spürte wieder jenen Wunsch, diese Stadt und den verlorenen Schatz ihres Königs zu finden.

Um dies zu erreichen, das wußte er, mußte er aus seinen ärmlichen Verhältnissen ausbrechen. Und weil er eine klare Vision vor Augen hatte, weil das Bild, auf das er zusteuerte, deutlich war, stellte sich die notwendige Konzentration wie von selbst ein. Er meisterte in kürzester Zeit Dinge, für die andere Menschen unter den günstigsten Bedingungen Jahrzehnte gebraucht hätten. So lernte er in nur zwei Jahren nach einem selbsterfundenen System sechs Sprachen: Englisch, Französisch, Holländisch, Spanisch, Portugiesisch und Italienisch. Durch diese ungewöhnlichen Sprachkenntnisse standen ihm nur bessere Stellungen offen. Schließlich wurde er Buchhalter eines großen Handelshauses in Amsterdam. Als dieses Geschäftsverbindungen nach Rußland anknüpfen wollen, brachte sich der nun zweiundzwanzigjährige Mann ohne Lehrer innerhalb von sechs Wochen die russische Sprache bei, die er nach dieser kurzen Zeit fließend beherrschte. Durch seinen Fleiß und den konzentrierten Einsatz aller Kräfte war es ihm bald möglich, eine eigene Handelsgesellschaft ins Leben zu rufen.

Zur Zeit des Goldrausches ging er nach Amerika, wo er unter anderem auch eine Bank für Goldhandel gründete. Er war damals bereits ein so bedeutender Mann, daß er selbstverständlich vom Präsidenten der Vereinigten Staaten empfangen wurde. Während der ganzen Zeit trug er stets das Bild seiner Traumstadt in sich. Auch ließ er nicht von seinem Wunsch ab, dereinst den Schatz von Troja zu finden. Seine Karriere war währenddessen unaufhaltsam. Unter eine Fotografie schrieb er, was er einstweilen erlangt hatte: »Früher Lehrling des Herrn Hückstaedt in Fürstenberg; jetzt St. Petersburger Großhändler I. Gilde, erblicher russischer Ehrenbürger, Richter im St. Petersburger Handelsgerichte und Direktor der Kaiserlichen Staatsbank zu St. Petersburg.« Seine Erfolgslaufbahn war wahrhaft international: Deutschland, Rußland, Amerika. Und man glaubt es kaum: Neben den Geschäften fand er noch Zeit, um weiter zu lernen. Er brachte sich Griechisch, Lateinisch, Arabisch, Schwedisch und Polnisch bei.

Schließlich setzte er sein Vermögen und seine Energie zur Verwirklichung des Kindertraumes ein, der ihn stets beseelt hatte. Er machte sich auf die Suche nach der versunkenen Stadt Troja und ihrem Schatz. Fast die ganze Welt hielt ihn für einen Narren. Die Wissenschaftler warnten ihn: »Troja, das ist doch bloß eine Geschichte ohne wirklichen Hintergrund.« Wohlmeinende Freunde hielten ihn für übergeschnappt und dachten, er würde nun sein fleißig erworbenes Vermögen für eine fixe Idee verschleudern.

Doch es kam ganz anders. Heinrich Schliemann, so hieß dieser Pfarrerssohn aus Mecklenburg, fand nicht nur Troja. Er hat nicht weniger als neun weitere versunkene Städte ausgegraben und unermeßliche Schätze gefunden. Nicht nur als Händler, auch als Forscher hatte er nun Weltruhm erlangt. Heinrich Schliemann vertraute sich ganz seiner Vision an. Er glaubte daran, glaubte an die Verwirklichung seines Traumes. Daraus schöpfte er eine unsagbare Kraft zum Lernen, Arbeiten, Durchhalten, Forschen. Er hat sich nicht der Macht der Beeinflussung durch andere ergeben. Selbst bestimmte er, was ihn beeinflussen sollte: die Macht seines Glaubens und sein Traum, den er sich wieder und wieder ins Bewußtsein rief.

*Worauf wartest du noch?*

Die oben erzählte wahre Geschichte ist eine von vielen. Und jede dieser Geschichten liefert den klaren Beweis: Wer genau weiß, was er will, dem erschließen sich ungeahnte Kräfte zur Durchsetzung und Verwirklichung seiner Pläne.

Also, worauf wartest du noch? Die Zeit fließt dahin, und jede Stunde ist die rechte, wenn es darum geht, endlich anzufangen. Ein altes Sprichwort sagt: Was du heute kannst besorgen, das verschiebe nicht auf morgen. Es klingt so banal und simpel, und jeder kennt es. Vielleicht gerade weil jedermann diesen Spruch kennt, wird er so oft außer acht gelassen. Man hält ihn für eine der üblichen moralischen Belehrungen. Doch klug eingesetzt, ist dieses Sprichwort ein unübertroffenes Erfolgsrezept.

Es geht nicht darum, blind zu ackern. Es wäre falsch, immer etwas zu tun, nur um der Tätigkeit willen. Du solltest genau wissen, warum und wofür du etwas tust. *Darum ist der erste Schritt, daß du dir ganz klar über das wirst, was du willst.* Ich betone nochmals: *Ganz klar.* Der Schwerpunkt liegt hier auf der Vollständigkeit deiner Klarheit. Und dieses notwendige *Planen* ist genau das, was du heute tun kannst und auf keinen Fall auf morgen verschieben solltest.

Schon im zweiten Kapitel habe ich es angesprochen: Der Wunsch nach Erfolg allein ist erheblich zu verschwommen. Du mußt deine Ziele ganz klar im Geiste haben. Beantworte *noch genauer* die Fragen, die du dir schon zweimal gestellt hast! *Was ist genau dein Ziel? Wie sieht es in allen Einzelheiten aus?*

Die Erledigung dieser Aufgabe ist von einer unabdingbaren Wichtigkeit. Wenn du nicht deine Träume und Wünsche erforschst, sie in deinem Denken konkret werden läßt, dann können dir die in diesem Buch dargelegten Prinzipien der Gedankenkraft und des Glaubens wenig nützen. Du bist dann weiterhin der Macht der Beeinflussung durch andere ausgesetzt, denn deine eigenen Vorstellungen haben noch nicht jene wesentliche Deutlichkeit erlangt, um deinen Lebensweg nachhaltig zu beeinflussen. Nimm dir hier und jetzt vor: *Ich breche die Macht der Fremdbeeinflussung. Ich nehme mein Leben selbst in die Hand!* Lasse dich nicht wie ein herrenloses Schiff vom Wind des Willens anderer heute nach rechts und morgen nach links treiben! Höre in diesem Augenblick für immer auf, ein Sklave zu sein, indem du deinen eigenen Kurs festlegst. Der Moment dieser Festlegung kann der wichtigste deines Lebens werden.

Im ersten Kapitel habe ich dir von jenem entscheidenden Augenblick in meinem Leben erzählt, in dem ich mir als Soldat in Frankreich fest vorgenommen habe, nach meiner Rückkehr ins Zivilleben viel Geld zu verdienen, was mir durch meine wunderbare Karriere auch gelang. Die Geschichte von Heinrich Schliemann hat das gleiche Prinzip gezeigt: Schon als kleiner Junge nahm er sich fest vor, was auch wirklich zu seiner großartigen Tat wurde. Ein klar formulierter Wunsch, der mit dem ganzen Denken und Herzen harmoniert, ist für das Unbewußte wie ein Befehl. Es aktiviert daraufhin alle ihm zur Verfügung stehenden Mittel, um diesen Befehl zur vollsten Zufriedenheit der Persönlichkeit auszuführen.

Warte nicht auf morgen. Lege heute für dich fest, worum es dir im Leben geht. Wenn du noch jung bist, um so besser: Man kann nie früh genug Klarheit über den einzuschlagenden Weg gewinnen. Wenn du schon ein reiferes Alter hast, mache dich auch gleich daran, die notwendigen Fragen zu stellen. Es ist niemals zu spät, seinem Leben die Richtung zu geben, die es verdient.

Frage dich, was du willst. Ich schlage vor, daß du *jetzt gleich* ein Blatt Papier zur Hand nimmst, um stichwortartig aufzuschreiben, was du vom Leben verlangst. Schreibe die Wünsche einfach der Reihenfolge nach nieder, wie sie dir einfallen. Sobald du alle wesentlichen Dinge auf dem Blatt stehen hast, bringe sie in eine sinnvolle Ordnung: Fasse solche Ziele und Wünsche zusammen, die etwas miteinander zu tun haben. Dann bringe diese Ziele oder Gruppen von Zielen in eine neue Reihenfolge, die sich jetzt nach dem Grade der Wichtigkeit richtet, welcher die Erfüllung des entsprechenden Wunsches für dich hat.

Nun stehen also in der Reihenfolge ihrer Wichtigkeit für dich deine Ziele formuliert vor dir. Du kannst jetzt das erste Ziel betrachten. Wie konkret hast du es vor Augen? Und wie realistisch ist es, wenn du den jeweiligen Ausgangspunkt betrachtest?

Vielleicht steht als erstes Ziel auf deinem Blatt: »Ich möchte reich werden.« Das ist zwar ein schöner Wunsch, den sicher viele Menschen haben. Aber er ist zu wenig greifbar. Frage also weiter: »Wie reich möchte ich werden?« Und nun werde konkret! Wie reich möchtest du werden? Was willst du besitzen? Sage nun nicht: »Ich will der reichste Mensch der Welt werden.« Das ist ebenso ungenau wie der bloße Wunsch, reich zu werden. Frage dich nach der genauen Größenordnung des Reichtums, den du anstreben möchtest. Dann versuche, dir so lebendig und bildhaft wie möglich vorzustellen, daß du diese Größenordnung erreicht hast. Frage dich: Was tust du damit? Brauchst du es? Kannst du es überblicken? Bist du fähig, diese Größenordnung zu überschauen?

Die Klarheit der Antworten auf diese Fragen wird dir zeigen, ob die von dir angestrebte Größenordnung realistisch ist. In der Regel wirst du nur den Wunsch verwirklichen können, dessen Erfüllung du dir möglichst klar in allen Konsequenzen vorstellen kannst. Halte nun die für dich realistische, vorstellbare Größe auf deinem Papier fest.

Nun kommt die nächste wesentliche Frage: Wie wirst du es erreichen? Überlege dir genau, durch welche Mittel du zu deinem erträumten Ziel kommen kannst. Welche Maßnahmen sind zu ergreifen? Was mußt du versuchen? Welches ist der erste Schritt? Welche Schritte müßten folgen? Auch hier ist es wichtig, daß du dir vor deinem inneren Auge ein möglichst klares Bild von jener Linie erschaffst, die vom gegenwärtigen Augenblick zum Zielpunkt führt.

Es geht dabei nicht darum, daß du dich stur und verbissen auf einen fixierten Weg versteifst. Selbstverständlich mußt du offen bleiben für die großartigen Möglichkeiten der Intuition, die sich dir nach Klarlegung deiner Ziele eröffnen mögen. Dennoch brauchst du eine Ahnung der Grundlinie, der du folgst. Das schönste und klarste Ziel nützt nichts, wenn du nicht weißt, in welcher Richtung es liegt.

Nimm dir so nach und nach jedes deiner Ziele auf dem Papier vor. Du wirst feststellen, wie alles miteinander zusammenhängt. Die verschiedenen Ziele werden sich dir als auf dem selben Wege erreichbar zeigen. Der Pfad deiner Wünsche nimmt dann deutliche Konturen an.

Alles, was du nun noch brauchst, sind der Glaube an deine

Möglichkeiten und vor allem ein großes Maß an *Geduld.* Diese Geduld ist um so wichtiger, je höher du dir deine Ziele steckst. Ein bedeutendes Vorhaben wird nicht von heute auf morgen verwirklicht. Es realisiert sich vielmehr in vielen kleinen Schritten, die nacheinander genommen werden wollen. An einem Tag wird man mehr vorankommen, am anderen etwas weniger, dann wieder mehr. Doch geduldig muß man auch die kleinen Siege sehen und sich ihrer freuen. Jeder Schritt zu deinem Ziel ist wichtig, sei er klein oder groß. Wenn du diese Art geduldiger Betrachtung erwirbst, wird dein ganzes Leben zu einem Fest, bei dem du langsam von Sieg zu Sieg schreitest.

### *Befreie dich von Fremdeinflüssen!*

Wenn du so deine Ziele vor Augen haben möchtest, um ihnen immer näher zu kommen, ist es wichtig, daß du dich auch wirklich von fremden Beeinflussungen befreist. Die öffentliche Meinung, die Ansichten in deiner Umgebung, das, was du bisher selbst an negativen Dingen geglaubt hast, alle diese Aspekte wirken unmerklich auf dein Unbewußtes. Dadurch kommst du immer wieder von deiner klaren Linie zum Ziel ab, wenn du keine entsprechenden Gegenmaßnahmen triffst.

Diese überaus wesentlichen Maßnahmen sind das stete und wiederholte Visualisieren deiner Ziele und eine wache Gegenwärtigkeit als Grundlage all deines Tuns.

Am 20. Oktober 1938 ging Amerika in eine denkwürdige Nacht: Orson Welles, der später als Filmregisseur und Schauspieler Weltruhm erlangen sollte, inszenierte für den Rundfunk ein Hörspiel nach der Geschichte *Krieg der Welten* von H. G. Wells. In der Erzählung geht es darum, daß die Erde von Raumschiffen besucht wird, die vom Planeten Mars kommen. Die Insassen dieser Raumschiffe werden als feindselige Kreaturen geschildert, die mit Brutalität Angst und Schrekken verbreiten. Orson Welles bereitete diese Erzählung wie eine Rundfunkreportage auf. Reporter beobachteten die Wesen vom Mars und brachten Interviews mit Zeugen der Invasion. Der geniale Regisseur Welles brachte die Sache so überzeugend, daß die Menschen am Rundfunkgerät plötzlich glaubten, was sie da hörten. Obwohl das Hörspiel ganz klar angekündigt war, meinten viele, tatsächlich eine Nachrichtensendung zu hören. Panik brach aus. Die Leute flohen aus ihren Wohnungen, die Autobahnen verstopften, überall Massenhysterie. Schließlich zwang die Polizei Welles, in regelmäßigen Abständen durchzusagen, daß alles nur ein Hörspiel sei. Doch das änderte nichts mehr. Die Angst steckte den Leuten so tief in den Knochen, daß sie überall Raumschiffe und Marsmenschen sahen. Die Polizei hatte noch am nächsten Tag damit zu tun, die Massenflucht zum Stillstand zu bringen und verzweifelte Menschen darüber aufzuklären, daß ein ganz normaler Tag in Amerika angebrochen war.

Eigentlich geht es fast jedem Menschen mehr oder weniger so wie den Irregeleiteten jener Nacht. Aus Angst vor völlig unwirklichen Dingen läuft man weg, läßt sich hin und her treiben und gelangt niemals ans Ziel. Immer wieder hatte man jenen Opfern der Täuschung gesagt: »Es ist nur ein Hörspiel.« Aber sie hatten sich so in ihre Furcht hineingesteigert, daß sie die Wahrheit nicht hören wollten.

Natürlich sind die Dinge, von denen du dich immer wieder ängstigen und vom Wege abbringen läßt, weniger spektakulär. Aber sie sind für das sichere Erlangen deiner Ziele nicht minder gefährlich. Du mußt dich in deinem Denken und Tun stets um eine wache Gegenwärtigkeit bemühen. Nur das, was sich auf Wachsamkeit gründet, hat einen sicheren Stand.

Es besteht ein großer Unterschied zwischen deinen Wunschträumen, die dir deine Ziele zeigen, und jenem unbewußten Träumen, bei dem man ganz der Sklave äußerer Einflüsse ist. Nur echte geistige Wachsamkeit kann dich hier schützen. Gustav Meyrink drückt diesen Gedanken in seinem Roman *Das grüne Gesicht* sehr treffend aus: »Wach sein ist alles. Sei wach bei allem, was du tust! Glaub nicht, daß du's schon bist. Nein, du schläfst und träumst. Stell dich fest hin, raff dich zusammen und zwing dich einen einzigen Augenblick nur zu dem körperdurchrieselnden Gefühl: ›Jetzt bin ich wach!‹ Gelingt es dir, das zu empfinden, so erkennst du auch sogleich, daß der

Zustand, in dem du dich soeben noch befunden hast, dagegen wie Betäubung und Schlaftrunkenheit erscheint.

Das ist der erste zögernde Schritt zu einer langen, langen Wanderung vom Knechttum zur Allmacht. Auf diese Art geh' ich vorwärts von Aufwachen zu Aufwachen. Es gibt keinen quälenden Gedanken, den du damit nicht bannen könntest; er bleibt zurück und kann nicht mehr zu dir empor; du reckst dich über ihn, so wie die Krone eines Baumes über die dürren Äste hinauswächst.«

Du wirst dann von fremden Einflüssen frei, die dich zuvor wie einen Sklaven umhertrieben, wenn du es schaffst, die Gegenwart wirklich als Gegenwart zu erleben. Wenn du den Augenblick schätzen lernst, wird sich dein Horizont in die Unendlichkeit weiten. Sobald unbegründete Angst aufkommt, hörst du dann nicht mehr auf das Spiel an der Oberfläche, sondern du vernimmst die beruhigende Durchsage: »Es ist nur ein Hörspiel.«

## *Der Wert des Augenblicks*

Der russische Schriftsteller Leo Tolstoi schrieb einmal eine Geschichte, deren Inhalt über diese Zusammenhänge mehr aussagt als tausend Seiten theoretischer Erklärungen.

Es war einmal ein mächtiger Herrscher, der sich vorgenommen hatte, in seinen Staatsgeschäften nichts mehr falsch zu machen. Er war sicher, daß er keinen Fehler mehr begehen würde, wenn er auf drei Kernfragen die richtige Antwort wüßte:

1. Wann ist die geeignetste Zeit, um jede Angelegenheit zu verrichten?
2. Welches sind die wichtigsten Menschen, mit denen man zusammenarbeiten soll?
3. Was ist die wichtigste Sache, die man zu allen Zeiten tun soll?

In seinem ganzen Reich ließ der Herrscher diese Fragen bekanntmachen und versprach demjenigen reiche Belohnung, der ihm befriedigende Antwort geben könnte. Viele Leute, die sich selbst für Weise hielten, begaben sich in den Palast, um dem Herrscher ihre Vorschläge einer Beantwortung zu unterbreiten. Dort gerieten sie bald in heftigen

Widerspruch zueinander. Jeder bot eine andere Lösung an: Meinte der eine, daß der Herrscher alles nach einem genauen Plan abwickeln soll, war der andere der Auffassung, er müsse immer ganz spontan entscheiden. Empfahl jemand, der Herrscher sollte seinen Ratgebern vertrauen, riet schon der nächste zu einsamen Beschlüssen.

Schließlich erhielt niemand die Belohnung. Es gefiel dem Herrscher nicht, wie alle Antworten voneinander abwichen. Nun fühlte er sich unsicherer als je zuvor. Da hörte er von einem Einsiedler, der auf dem Gipfel eines hohen Berges lebte. Die Menschen verehrten diesen weisen Mann als einen Heiligen, weil er auf alle Fragen stets die rechte Antwort kenne. Der Herrscher beschloß, diesen Weisen zu besuchen. Weil man ihm sagte, daß der Einsiedler grundsätzlich keine reichen und mächtigen Leute empfing, verkleidete er sich als ein einfacher Landarbeiter. Er befahl seinen Dienern, am Fuße des Berges zu warten, den er alleine emporstieg.

Der Herrscher traf den Weisen vor seinem Häuschen, wo dieser gerade damit beschäftigt war, den Garten umzugraben. Die Arbeit fiel dem alten Mann schwer, denn bei jedem Spatenstich seufzte er tief. Der Herrscher trat nun hinzu, um seine drei Fragen zu stellen. Doch der weise Einsiedler klopfte ihm nur auf die Schulter und grub dann weiter. Schließlich sagte der Herrscher: »Du mußt müde sein, laß mich nun etwas graben.« Der alte Mann dankte, gab den Spaten weiter und setzte sich zum Ausruhen auf die Erde.

Als der Herrscher zwei Beete umgegraben hatte, wiederholte er seine drei Fragen. Statt einer Antwort meinte der Weise, daß nun er ihn wieder ablösen würde. Stunden vergingen. Nochmals trug der mächtige Mann seine drei Fragen vor. Dann fügte er hinzu: »Aber wenn du mir keine Antwort geben kannst, dann laß mich das wissen, so daß ich mich auf den Heimweg machen kann.«

Doch da kam plötzlich jemand aus dem Wald herausgelaufen. Er bewegte sich direkt auf den Herrscher zu, stürzte dann jedoch und blieb keuchend am Boden liegen. Als der Herrscher sah, daß jener Mann eine tiefe Wunde hatte, zog er sogleich sein eigenes Hemd aus, um den Verletzten zu verbinden. Doch weil sich das Hemd stets gleich mit Blut durchtränkt zeigte, mußte er es immer wieder spülen, bis die

Wunde gestillt war. Dann verlangte der Verletzte nach Wasser. Rasch lief der zum Pfleger gewordene Herrscher zu einem Fluß, um den Durst des armen Mannes zu stillen. Dann trug er den Verwundeten gemeinsam mit dem Einsiedler in dessen Hütte.

Der Herrscher war es nicht gewöhnt gewesen, auf Berge zu steigen, Erde umzugraben und Kranke zu pflegen. Erschöpft vom anstrengenden Tag sank er an der Tür des Weisen nieder und schlief sogleich ein. Am nächsten Morgen sah er nach dem Verwundeten. Dieser aber sprach zu ihm: »Vergebt mir, Majestät. Ich war Euer Todfeind und hatte geschworen, Euch zu töten. Im letzten Krieg habt Ihr meinen Bruder getötet und das Eigentum unserer Familie beschlagnahmt. Als ich hörte, daß Ihr alleine auf diesen Berg steigt, wollte ich mich verstecken, um Euch auf dem Rückweg zu überfallen. Aber Eure Diener haben mich erkannt und schwer verletzt. Wenn Ihr mich nicht gepflegt hättet, wäre ich gestorben. Ich wollte Euch töten, doch Ihr rettetet mein Leben. Bitte verzeiht mir; ich werde auch mein ganzes Leben lang Euer treuer Diener sein.«

Der Herrscher war sehr glücklich, auf diese positive Weise einen Feind weniger zu haben. Er versprach dem Verwundeten gute Pflege durch seinen Leibarzt und die Rückgabe des gesamten beschlagnahmten Besitzes. Dann ging er nochmals zu dem alten Einsiedler, um ihm erneut die drei Fragen vorzulegen. Der weise Mann war gerade mit der Aussaat beschäftigt. Er sah den Herrscher an und sprach: »Eure Fragen sind doch schon beantwortet!« Als der Herrscher es nicht glauben wollte, erklärte es ihm der Weise: »Hättet Ihr gestern nicht Mitleid mit meinem Alter gezeigt und beim Umgraben geholfen, hätte Euch dieser Mann auf dem Heimweg angegriffen. Ihr hättet es dann sicher bereut, nicht bei mir geblieben zu sein. Die wichtigste Zeit war deshalb diejenige, in der Ihr umgegraben habt. Der wichtigste Mensch war ich, und die wichtigste Sache bestand darin, mir zu helfen. Als der Verletzte kam, war die wichtigste Zeit jene, in der Ihr seine Wunde versorgtet. Denn wäre er gestorben, hättet Ihr nicht die gute Gelegenheit der Versöhnung gehabt. Zugleich war er der wichtigste Mensch und seine Pflege die wichtigste Tätigkeit. Es gibt nur eine wichtige Zeit, den jeweiligen Augenblick. Es ist die einzige Zeit, die wir sicher zur Verfügung haben. Der wichtigste Mensch aber ist immer jener, mit dem Ihr Euch augenblicklich beschäftigt. Wer kann schon sicher wissen, ob Ihr in der Zukunft noch mit anderen Menschen zu tun haben werdet? Die wichtigste Sache ist aber stets, das Möglichste aus dem Augenblick zu machen, so wie Ihr gestern versucht habt, die Menschen neben Euch glücklich zu machen. Das alleine ist die Aufgabe des Lebens.«

*Praktische Konsequenzen*

1. So wie du dich im Augenblick erlebst, bist du keine abgeschlossene Persönlichkeit. Es stehen dir ungeahnte Entwicklungsmöglichkeiten offen, wenn du dich aus dem Bann der Fremdbeeinflussung löst, um deine eigenen Ziele und Wünsche zur Richtschnur deines Lebens zu machen. Erforsche nach der in diesem Kapitel angegebenen Methode deine Wünsche und Ziele. Lasse sie so konkret wie möglich werden! Versuche ein lebendiges Bild davon zu erschauen! Werde dir ebenfalls klar über den Weg, der zu deinen Zielen führt. Erkenne ihn als die wesentliche Linie deines Lebens!
2. Nütze die Macht der Beeinflussung durch Wiederholung! Erkenne einerseits, wie andere dich durch ständige Wiederholungen zu etwas bewegen wollen, um dem das wiederholte Erwägen deiner eigenen Ziele und Wünsche entgegenzustellen.
3. Halte dir immer wieder vor Augen, daß du ein entwicklungsfähiges Wesen bist. Keine Situation ist jemals so verfahren, daß ein dynamischer Mensch keinen Ausweg sehen kann. Sage zu dir selbst, wenn du glaubst, daß es nicht mehr weitergeht, jene Worte, die sich schon in den aussichtslosesten Situationen bewährten: »Auf, Leute, wir schaffen es!« – »Kein Zweifel, ich werde es schaffen!«
4. Beobachte dich! Hast du schon die Geduld entwickelt, dich auch über einen kleinen, unscheinbaren Sieg zu freuen? Oder wartest du nur auf spektakuläre Veränderungen? Schätze die Verbesserung dort, wo sie eintritt! Feiere selbst einen kleinen Schritt nach vorne als Sieg! Nur wenn du das Positive im kleinen würdigen kannst,

wirst du reif für die großen Errungenschaften, von denen du träumst.

5. Immer der gegenwärtige Augenblick ist der wichtigste. Was du auch tust, tue es im jeweiligen Moment vollkommen. In diesem Augenblick liest du gerade in meinem Buch. Tue es vollkommen! Laß die Worte nicht an dir vorbeirauschen! Nimm wirklich auf, was ich dir sage. Denke ernsthaft nach, was du davon brauchen und umsetzen kannst! Mache auch von den Stunden deines Lesens vollkommenen Gebrauch. Wenn du träumst, dann träume vollkommen, nicht bloß halbherzig. Wenn du mit einem Menschen zusammen bist, wende dich ihm ganz zu. Was immer du tust, sei ganz dabei! Dann wird jeder Augenblick für dich zu einem Kraft- und Schwingungszentrum, das für die Gegenwart und die Zukunft heilsame Wirkungen abstrahlen kann.

5. Kapitel

# Die Kunst der Gedankenbilder

Es war ein ganz normaler Tag. Ich saß am Schreibtisch im Direktionsbüro meiner Firma und befaßte mich mit den laufenden Geschäften. Da meldete mir meine Sekretärin, daß mich Raymond, ein junger Mitarbeiter, dringend sprechen wollte. Obwohl ich sehr beschäftigt war, ließ ich den ernsthaften jungen Mann eintreten.

Verzweifelt saß er nun vor mir. Am liebsten hätte er gekündigt. Sein Abteilungsleiter hatte ihn mit dem Auftrag einer schwierigen Geschäftsanbahnung zu einem Mann geschickt, den wir hier Gusty Sepunsky nennen wollen. Auf keinen Fall, so sagte mir Raymond nun, wolle er Sepunsky sehen. Er könne aus persönlichen Gründen diesen Auftrag nicht annehmen. Er ließ keinen Zweifel daran, daß er sich lieber von mir fristlos herauswerfen lassen würde, als zu diesem Mann zu gehen.

Ich selbst kannte den von ihm gefürchteten Mann von einigen Sitzungen und Gesellschaftsabenden des Unternehmerverbandes. Gusty Sepunsky war ein Mensch, der sich selbst aus bescheidensten Verhältnissen nach oben gearbeitet hatte. Dafür genoß er meine Anerkennung. Eine kleine Gärtnerei, die er von seinem Schwiegervater erbte, baute er mit zähem Fleiß zu einem großen Unternehmen für Landschaftsgestaltung aus. Inzwischen legte seine Firma im ganzen Bundesstaat öffentliche Parks und Golfplätze an. Kaum ein Meter Autobahn wurde gebaut, dessen Seitenstreifen nicht von seinem Unternehmen begrünt wurde. Er hatte es geschafft, das große Geld zu machen, obwohl er vor seiner Heirat mit der Gärtnerstochter ein schlecht bezahlter Dreher in einer Metallfabrik gewesen war.

Doch seine armen Tage hatte er längst vergessen. Geld war zu seinem einzigen Wert geworden, und er verachtete im Grunde jeden, der weniger hatte als er. Er hatte sich völlig verhärtet und war bei vielen Leuten sehr gefürchtet. Was man ihm auch sagte, durch die Selbstherrlichkeit, in die er sich hineingesteigert hatte, war er meist ablehnend. Sein Lieblingsausdruck lautete: »Alles Quatsch!« Auch wenn ich verstand, daß zaghafte Naturen vor diesem ungehobelten Burschen Angst haben konnten, bedauerte ich ihn im Grunde. Obwohl er es einem sicherlich leichtmachte, ihn zu verachten, denn er tyrannisierte seine Familie und die Angestellten, wäre vielleicht doch eher Mitleid am Platz gewesen.

All dies wußte ich zwar, aber ich konnte mir dennoch nicht vorstellen, weshalb Raymond mit einer solchen Panik reagierte, wenn er mit dem Auftrag einer Geschäftsanbahnung zu ihm geschickt wurde. Ich sollte es erfahren: Vor Jahren war Raymond mit Sepunskys Tochter enger befreundet gewesen. Natürlich war Sepunsky gegen diese Verbindung, was zur Folge hatte, daß Raymond alles versuchte, um ihm zu imponieren. So versuchte er sogar den Aufbau eines eigenen Unternehmens, was allerdings schiefging. Sepunsky konnte den jungen Mann daraufhin verhöhnen. Schließlich ging auch seine Verbindung mit der Tochter des reichen Mannes in die Brüche.

Interessiert hatte ich mir die Geschichte des jungen Mannes angehört. Dann sagte ich ihm: »Wenn Sie wollen, entbinde ich Sie von der Aufgabe, mit Sepunsky zu verhandeln. Aber hören Sie sich zunächst an, was ich Ihnen zu sagen habe. Vielleicht werden Sie dann diesen Auftrag sogar mit Freuden annehmen.«

### *Was ein Gedankenbild vermag*

Unschwer hatte ich erkannt, daß der Vater seiner ehemaligen Freundin für meinen jungen Mitarbeiter zu einem Symbol seiner unbewußten Ängste geworden war. Wenn es ihm gelingen würde, das Bild der Furcht, in dem ihm jener unangenehme Mensch erschien, zu durchbrechen und diesem Mann tatsächlich gegenüberzutreten, könnte er mit einem unabgeschlossenen Kapitel seiner Vergangenheit in positiver Weise abrechnen. Zugleich würde er an Selbstsicherheit zunehmen, wenn er sich etwas zutraute und dann tatsächlich meistern würde, was ihn zuvor noch erzittern ließ. Davon wollte ich ihn überzeugen.

»Sie haben sich in der Vergangenheit«, erklärte ich ihm, »ein bestimmtes Bild von diesem Menschen gemacht. Dieses Bild beherrscht Sie noch heute. Aber bedenken Sie: Damals waren Sie noch jünger. Der Vater ihrer Freundin war für Sie Autorität und Herausforderung zugleich. Sie haben es nicht geschafft, gleich ihm ein selbständiges Unternehmen aufzubauen. Schließlich ging auch die Beziehung zu seiner Tochter auseinander. Dieser Mann verkörpert für Ihr Unbewußtes das ganze scheinbare Versagen von damals. Seine rauhe und stets ablehnende Haltung trägt noch dazu bei, daß sich dieses Gefühl in Ihnen verfestigt. Wenn Sie es schaffen würden, das für Sie beängstigende Bild von ihm durch ein harmloseres auszuwechseln, dann könnten Sie ihm auch gegenübertreten. Und wenn Sie es schaffen, unsere Geschäfte ihm gegenüber in angemessener Weise zu vertreten, dann hätten Sie einen großen Sieg errungen, der Ihnen zeigt, was Sie wirklich wert sind.

Lassen Sie mich Ihnen ein Beispiel geben: Übermorgen kommt der Steuerprüfer vom Finanzamt hier in unsere Firma, um unsere Bilanzbücher zu überprüfen. Wenn ich daran denke, mir vorstelle, wie er unsere Akten durchsieht, kann ich dabei ganz ruhig bleiben, denn ich weiß, daß wir unsere Steuern stets korrekt deklariert haben. Ein anderer Unternehmer jedoch bekannte mir gegenüber kürzlich: ›Wenn ich auch nur an den Steuerprüfer denke, bekomme ich ein flaues Gefühl im Magen, Gänsehaut, und meine Hände werden feucht mit Angstschweiß. Ich brauche mir nur vorzustellen, wie er meine Geschäftsbücher durchblättert, und zu all dem beginne ich noch am ganzen Leib zu zittern.‹ Es mag grotesk klingen, aber dieser Unternehmer ist einer der ehrlichsten Menschen, die man sich vorstellen kann: Niemals würde er auch nur einen Pfennig, der dem Staat als Steuer zusteht, für sich zurückbehalten. Trotzdem bereiten ihm das innere Bild des Steuerprüfers und der Gedanke an seine Autorität solches Unbehagen, das sich sogar körperlich auswirkt. Nehmen wir an, der

Steuerprüfer würde tatsächlich plötzlich in seinem Büro stehen. Das ganze Bild der inneren Panik dieses Geschäftsmannes müßte dem Steuerprüfer verdächtig vorkommen. Je mehr sein Gegenüber zittert, um so mehr wird der Finanzbeamte suchen, denn er wird denken, daß für diese Furcht ein Grund vorhanden sein muß. Wer sucht, der findet. Und so wird auch der Steuerprüfer, weil er denkt, es müsse eine Spur geben. Auch wenn das Ganze später im Sande verläuft, weil man dem ehrlichen Geschäftsmann nichts nachweisen kann, weil er auch tatsächlich nichts getan hat, kann die innere Angst fatale Folgen haben: Der Betrieb des Büros ist länger als nötig gestört; ein Untersuchungsverfahren, auch wenn es zu nichts führt, schadet dem Ruf des Unternehmens; die Behörden werden auch künftig ein strengeres Auge auf die Firma werfen. All dies wegen eines negativen inneren Bildes, das eigentlich völlig unbegründet ist!

Sie sind augenblicklich in der gleichen Lage. Obwohl Sie nichts von Sepunsky zu befürchten hätten und als Vertreter unserer Firma bei ihm vorsprechen, malen Sie sich bereits im Inneren Bilder des Schreckens von dieser möglichen Begegnung aus. Aber Sie sind ein Mensch mit freiem Willen! Wenn Sie nur wollen, entscheiden Sie selbst darüber, welche Bilder Ihr Inneres beherrschen! Tauschen Sie den furchterregenden Sepunsky in sich gegen das Bild eines anderen Sepunsky aus, vor dem Sie keine Angst mehr zu haben brauchen! Stellen Sie sich vor, wie dieser Mann, der da im Maßanzug und mit kostbaren Ringen herausgeputzt vor Ihnen sitzt, sich hinter seinem negativen Gehabe und der zur Schau getragenen eigenen Großartigkeit nur versteckt. Stellen Sie sich vor, er säße als das vor Ihnen, was er einmal war: Dreher in einer Metallfabrik, ein Mensch mit schmutzigem Arbeitskittel und von der Arbeit zerfurchten Händen. Er mag jetzt vergessen, wer er einmal war, und auf andere herabblicken. Aber gerade das ist seine Schwäche, daß er im Grunde mit seinem Aufstieg nicht fertig geworden ist. Sehen Sie diese Tatsache vor sich! Auch er hat Schwächen, und er besitzt keinerlei Macht über Sie, die Sie ihm nicht geben!«

Raymond gab mir im Grunde recht. Gerne würde er versuchen, das Bild der Angst in ein positives Bild der Wirklichkeit so zu verwandeln. Aber er hatte Zweifel, ob er es schaffen würde. Schon in der Vergangenheit nahm er sich vor, diesem Mann in einem Bewußtsein der Ebenbürdigkeit gegenüberzutreten. Doch immer wieder siegte die Furcht. Stets kam da plötzlich das Gefühl auf, daß er sich vor diesem Mann bewähren oder rechtfertigen müßte, daß er irgendwie vor ihm zu bestehen hätte.

»Gut«, sagte ich, »nehmen Sie das als Herausforderung an. Aber gehen Sie dabei in ganz anderer Weise vor als bisher. Eine scheinbare Schwierigkeit oder Niederlage kann der sicherste Weg zum Gewinn sein. Manchmal müssen Sie nachgeben, um zu siegen. Sagen Sie sich eines immer wieder ganz deutlich: Es macht nichts, wenn ich eine Runde verliere. Es gibt immer eine nächste Runde.

Es gibt eine lehrreiche Geschichte aus dem Mittelalter: Einst kamen zwei Räuber an einem Galgen vorbei. Da sprach der eine von ihnen: ›Ach, wäre unser Beruf doch schön, wenn es keinen Galgen gäbe!‹ Doch da sagte der andere: ›Du Dummkopf! Gerade der Galgen macht unseren Beruf doch so ergiebig. Wenn es keine Galgen gäbe, wäre jeder Mensch ein Räuber.‹ Diese Geschichte drückt eine Wahrheit aus, die auch für jeden anständigen Beruf und jede Art der Tätigkeit zutrifft: Besonders die Schwierigkeiten und Gefahren sind wichtig. Sie scheiden die Spreu vom Weizen. Wer wirklich etwas schaffen will, der tut es den Gefahren, Schwierigkeiten und Niederlagen zum Trotz. Wenn die erste Runde verloren ist, glaubt er an die zweite. Ist auch die zweite Runde vertan, plant er für die dritte. Sepunsky ist in Ihrem Falle das, was der Galgen für die Räuber war. Der Gedanke an ihn kann Sie abschrecken. Er kann Ihnen aber auch zur großen Chance werden. Entscheiden Sie sich, zu jenen zu gehören, die eine Hersusforderung annehmen! Sie können insgesamt nur gewinnen, wenn sie sich der Herausforderung stellen, auch wenn der erste Kampf verlorengeht. Denken Sie stets daran: *Manchmal müssen wir nachgeben, um zu siegen.*

Wie viele hochbegabte Persönlichkeiten sind der Menschheit dadurch verlorengegangen, daß Sie niemals in die wunderbare Situation kamen, gegen Probleme ankämpfen zu müssen. Nur wenn wir die Herausforderung des Lebens allen vorübergehenden Niederlagen zum Trotz annehmen, können wir wachsen. Kein Lehrgeld ist zu hoch, wenn wir dadurch auch nur ein Stückchen auf unserem Wege vorankommen.

In diesem Sinne sind wir unseren Widersachern zu höchstem Dank verpflichtet. Was immer uns zum Hindernis wird, wer sich auch in unsere Bahn stellen mag, nur die hierdurch verursachten Probleme geben uns die Chance, darüber hinauszuwachsen. Wir schaffen dies entweder durch direkte Konfrontation oder durch zeitweiliges kluges Nachgeben, um endgültig zu siegen. Niemals jedoch reifen wir, wenn wir einem scheinbaren Problem ausweichen und ewig davonlaufen.

Sagen Sie sich: ›Wenn es in dieser Runde nicht geht, dann geht es ein nächstes Mal. Ich stelle mich unter keinen Erfolgsdruck. Aber ich weiche auch nicht aus. Ich kann es schaffen, wenn ich das innere Bild der Furcht gegen ein positiveres Bild auswechsle. Ich habe dann gute Chancen, es zu schaffen. Ich werde es schaffen!‹«

Einige Zweifel hatte ich bei Raymond noch auszuräumen. Doch nach einem einstündigen Gespräch war er entschlossen: Er wollte dem gefürchteten Mann gegenübertreten. Fest nahm er sich vor, ihn innerlich nicht als den Allmächtigen zu sehen, den Sepunsky gerne spielte, sondern als den einfachen Menschen, der er eigentlich war. Auch wenn die Unterredung schiefging, was sollte dem jungen Mann schon passieren? Eine Niederlage ist eine neue Herausforderung!

### *Das innere Bild schafft äußere Wirklichkeit*

Zwei Tage später hatte ich das Gespräch mit dem jungen Mitarbeiter fast wieder vergessen. Es war eine turbulente Zeit, wie so oft im Wirtschaftsleben. Neben der laufenden Steuerprüfung hatten sich plötzlich einige interessante Geschäftsverbindungen angebahnt, und ich hatte alle Hände voll zu tun, die neuen Möglichkeiten zum größten Nutzen meines Unternehmens auszuschöpfen. In Gedanken ganz mit den diesbezüglichen Verhandlungen beschäftigt, kam ich eines Morgens in die Firma. Im Vorzimmer meines Büros empfing mich meine Sekretärin völlig außer sich: »Sepunsky wartet schon seit einer Stunde in Ihrem Büro, Herr Bristol. Er ist wie von Sinnen einfach hineingegangen. Ich konnte ihn nicht aufhalten. Ich weiß nur, daß er Sie unbedingt sprechen möchte.« Nachdem ich meine Sekretärin beruhigt hatte, ging ich ins Büro.

Sichtbar wütend saß Sepunsky an einem kleinen Konferenztisch neben meinem Arbeitsplatz. Er hatte so die Kontrolle über sich verloren, daß er sich mit dem Tischtuch den Schweiß von Stirn und Lippen wischte. Seine Hände zitterten vor Zorn. Tatsächlich hatte er einige Schwierigkeiten, mir zu erklären, was ihn in mein Büro führte. Doch dann brach es mit einem Male aus ihm heraus:

»Raymond, dieser Bursche! Sie haben ihn zu mir geschickt. Wie hat er das geschafft? 150000 Dollar. Dieser Kerl, der sich an meine Tochter herangemacht hat, früher. Ausgerechnet dieser Bursche.«

Während er noch sprach, sah ich rasch auf meinem Schreibtisch die Unterlagen durch, die meine Sekretärin bereitgelegt hatte. Da sah ich es schwarz auf weiß: Raymond war mit dem Auftrag zu Sepunsky gekommen, ihn für eine Investment-Einlage in der Höhe von 20000 Dollar zu interessieren. Tatsächlich hatte er schon beim ersten Gespräch einen festen Vertragsabschluß über 150000 Dollar zustande gebracht.

Ich fragte meinen aufgebrachten Gast: »Stimmt etwas nicht? Wollen Sie den Vertrag rückgängig machen? Glauben Sie mir, Sie haben sich für eine erstklassige Kapitalanlage entschieden!«

Sepunsky antwortete: »Das ist es nicht, Herr Bristol. Die von Ihnen angebotenen Papiere sind sicher das Risiko einer Anlage wert. Es geht um diesen Mistkerl, den Sie mir geschickt haben, diesen Erbschleicher, der einmal unbedingt meine Tochter haben wollte. Sie wissen, wen ich meine, diesen Versager. Als mir meine Sekretärin Ihren Verteter ankündigte, freute ich mich auf die Verhandlungen. Ich wollte ursprünglich höchstens 25000 Dollar anlegen. Dann sah ich, wer da zur

Tür hereinkam, und bei mir war aus. Niemals im Leben, sagte ich mir, unterschreibe ich dem einen Vertrag, nicht einmal dann, wenn es nur um einen halben Dollar ginge. Doch dieser Bursche setzt sich mir gegenüber und spricht ganz frech und selbstverständlich mit mir, als ob ich seinesgleichen wäre. Und plötzlich fühlte ich mich auch so. Alles erschien mir ganz plausibel: Er war für mich nicht mehr der Mistkerl, der er ist, sondern jemand, der mir tatsächlich einen guten Rat geben kann. Ich unterschrieb den Vertrag und war noch so blöd, ihm danach etwas zu Trinken anzubieten. Kaum war er draußen, überkam mich eine mordsmäßige Wut. Ich habe meine Sekretärin hereingerufen und sie beschimpft, weil sie diesen Idioten zu mir vorgelassen hat. Bristol, ich weiß, Sie beschäftigen sich mit Telepathie und solchen Dingen und schreiben auch Bücher darüber. Was haben Sie mit mir und diesem dummen Burschen getan?«

Ich gestehe, daß ich mich über das, was ich da hörte, sehr gefreut habe. Und ich gebe zu, fast noch glücklicher als das gute Geschäft machte mich die Tatsache, daß Raymond es geschafft hatte, sein negatives und angsterfülltes Bild von Sepunsky gegen ein anderes auszutauschen, das der objektiven Gegebenheit mehr entsprach, wodurch er seinen Plan verwirklichen konnte und an Selbstsicherheit und Persönlichkeit gewann.

Auf Sepunsky Frage entschloß ich mich, die Wahrheit zu sagen: Es gibt keine geheimnisvolle Zauberei oder einen telepathischen Zwang, der einem Menschen den freien Willen nimmt, um ihn zu Unterschriften zu zwingen, die er bei klarem Bewußtsein niemals gegeben hätte. Es war ein Naturgesetz, das hier wirkte: Das klare geistige Bild meines jungen Mitarbeiters, eine innerliche Wirklichkeit, die die äußere Wirklichkeit widerspiegelte, setzte sich völlig selbstverständlich durch. Ich erklärte Sepunsky die Wirkungen dieser geistigen Gesetzmäßigkeiten und sagte ihm bei dieser Gelegenheit auch alles, was ich mit Raymond über ihn gesprochen hatte. Nachdem er damit meine ehrliche Einschätzung gehört hatte, was ich über ihn dachte, standen ihm plötzlich Tränen in den Augen. Endlich fand dieser so selbstherrliche Mensch die Kraft, sich mit einem anderen auszusprechen. Dabei erfuhr ich, daß er sich sehr wohl bewußt war, wie er im Laufe der Jahre verhärtete. Immer dachte er nur ans Geld: Aber das Geld bedeutete für ihn kein Mittel mehr, das Leben zu genießen und für sich und andere damit zu arbeiten. Es war für ihn zum Selbstzweck geworden.

Nachdem ich mir die ganze Tragik dieses Lebens angehört hatte, war mir klar, daß jetzt nicht der rechte Moment wäre, diesem Mann zu sagen, was er konkret anders machen sollte. Darauf müßte er selbst kommen. Aber er war in diesem Augenblick offen, einige positive Gedanken zu empfangen. Spontan griff ich auf meinem Schreibtisch nach einem Manuskript des von mir sehr geschätzten Orison Swett Marden und begann einfach laut vorzulesen:

### *Ein warmes Herz*

Es gibt eine Geschichte von einem König, der einen kleinen Sohn hatte, den er übermäßig liebte. Alles, was Reichtum und Liebe gewähren können, besaß der Junge, kein Wunsch war ihm versagt, und doch war er nicht glücklich, sein Gesicht zeigte immer einen Zug von Unzufriedenheit. Eines Tages kam ein Zauberer in das Schloß des Königs und versprach, er wolle seinen Sohn glücklich machen. Der König sprach zu ihm: »Wenn du das fertig bringst, so darfst du fordern, was du willst.« Der Zauberer führte den Jungen in ein einsames Zimmer und schrieb etwas mit weißer Tinte auf ein Blatt Papier, gab es dem Jungen und befahl ihm, es in einem dunklen Raum über ein angezündetes Licht zu halten und zu warten, was geschehe. Dann ging er fort. Der Königssohn tat, wie ihm geheißen war, und das weiße Papier zeigte in dem Licht in blauen Buchstaben die Worte: »Erweise jeden Tag einem Menschen eine Freundlichkeit.« Der Königssohn befolgte diese Anweisung und wurde bald der glücklichste Mensch im ganzen Reich.

Niemand kann wahrhaft glücklich sein, wenn er nicht sein Glück darin findet, anderen Gutes zu tun und Freude zu machen. Wir können nur dann festhalten, was wir haben, wenn wir uns selbst an andere geben.

Ein Philosoph stellte einst seinen Schülern die Frage: »Was ist das Begehrenswerteste auf Erden?«

Nach vielen Antworten kam schließlich diese: »Ein warmes Herz.«

»Das ist wahr«, sagte der Philosoph, »du hast alles, was die anderen gesagt haben, in zwei Worte zusammengefaßt, denn wer ein warmes Herz hat, der wird ein zufriedener Mensch, ein guter Kamerad und Nachbar sein und wird leicht sehen, wie er sich nützlich machen kann.«

Ein Herz voll Wohlwollen und Güte, ein freies, herzliches, offenes, mitteilendes Wesen ist ein Reichtum, neben dem das Geld eines vielfachen Millionärs nichts bedeutet, und wer es hat, der kann soviel Gutes tun wie der reichste Mann.

Es ist erstaunlich, wie schnell ein Mensch sich entwickelt, wenn er aus sich herausgeht und sein Leben mit aller Kraft unter das Zeichen der Liebe stellt. Nichts hilft unserem eigenen Leben so sehr, als wenn wir uns schon früh daran gewöhnen, Gutes zu denken und zu tun und freundlich über unsere Mitmenschen zu reden.

Wieviel wir auch von uns selber hergeben, wieviel Hilfe, Ermutigung und Freude wir auch spenden, so ist doch nicht bloß keine Abnahme unseres inneren Reichtums zu spüren, sondern er nimmt zu, je mehr wir davon austeilen. Je mehr Leben wir aussenden, desto mehr Hilfe, Mut und Hoffnung kommen zu uns zurück.

Der Grund, daß viele von uns so karge Früchte ihrer Lebensarbeit ernten, ist der, daß sie mit sich selbst, ihrer Teilnahme und Freundschaft nicht freigebiger sind. Wir müssen mehr geben, um mehr zu bekommen. Wer mit seiner Teilnahme, seiner Hilfsbereitschaft, seinem Lob und seiner Anerkennung geizt, der legt seiner eigenen Natur Fesseln an und läßt sie darben und verschmachten.

Die Gewohnheit, mit und von unseren Mitmenschen freundlich zu sprechen und immer ihre guten Seiten herauszufinden, ist ein Vorgeschmack des Himmels.

Das Schlimme ist, daß wir einander falsch einschätzen. Wir beurteilen die Menschen zu sehr nach ihren schlechten Seiten, ihren Fehlern, Mängeln und Eigentümlichkeiten. Wie schnell würde eine paradiesische Zeit anbrechen, wenn wir imstande wären zu erkennen, daß selbst in dem scheinbar minderwertigsten Menschen noch etwas Göttliches wohnt, daß in dem schäbigsten Geizhals ein Menschenfreund schlummert und in dem erbärmlichsten Feigling ein Held verborgen ist, der vielleicht nur auf eine große Not wartet, um sich zu offenbaren.

Viele von uns werden durch einseitige Gewinnsucht, die kalten Regeln und Gebräuche des Geschäftslebens, die unser Herz mit einer Kruste von Selbstsucht umgeben, so blind, daß wir das Gute im Menschen überhaupt nicht mehr erkennen können. Wenn wir es aber lernen, stets nach dem Guten in ihnen statt nach dem Schlechten zu suchen, so werden wir auch das Gute statt des Schlechten aus ihnen herausholen, denn je höher wir sie einschätzen, desto mehr werden wir ihre Selbstachtung heben. Wer sich aber selbst nur das Schlechteste zutraut, kann seine guten Seiten nicht entwickeln. Hätten wir eine gütige, liebevolle Meinung voneinander, so würden wir dadurch zu einer völligen Umwandlung der Verhältnisse beitragen.

Mit warmem Herzen andern wohltun, das kann jeder, und es ist unendlich viel wertvoller, hier Erfolge zu erzielen, wenn uns in unserem Beruf auch einmal etwas fehlschlägt, als große Reichtümer anzuhäufen, dabei aber zu versagen, wenn es sich um Hilfsbereitschaft, um freundliche, herzliche Anteilnahme im Verkehr mit unseren Mitmenschen handelt.

## *Gedankenbilder schaffen Wirklichkeit*

Als ich diese Gedanken über die Warmherzigkeit zu Ende gelesen hatte, sah ich zu Sepunsky hinüber. Er war sehr ernst und nachdenklich geworden. »Ja«, sagte er leise, »ich möchte so gerne mein Leben ändern. Alles könnte schöner, wärmer und verständnisvoller sein. Aber die anderen lassen mir keine Wahl. Wenn Sie meine Frau kennen würden, meine Söhne, meine Tochter und meinen Schwiegersohn, wenn Sie meine Arbeiter und Angestellten sehen könnten, dann würden Sie verstehen, daß ich hart und kompromißlos durchgreifen muß.« Aber in seinen Worten war schon Zweifel. Die positiven

Gedanken, die ich laut vorgelesen hatte, sprachen tief in seinem Unbewußten den in jedem Menschen vorhandenen Sinn für die Wahrheit an.

Ich fragte nach, was er denn an seiner Familie und seinen Mitarbeitern konkret auszusetzen hätte. Seiner Frau warf er vor, sie würde sich ständig von ihm verletzt fühlen und immer nur weinen. Sein ältester Sohn ärgerte ihn, weil dieser schon seit zwei Jahren mit der Tochter eines reichen Bauunternehmers befreundet war, aber noch keine Anstalten traf, sich mit ihr zu verloben oder sie zu heiraten. Den jüngeren Sohn, der in schulischer Hinsicht nicht den Erwartungen des Vaters entsprach, hielt er für einen Schwächling und Versager. Besonders verbittert war er wegen seiner Tochter. Gegen den Willen des eifersüchtigen Vaters unterhielt sie mit siebzehn Jahren eine Freundschaft mit meinem heutigen Mitarbeiter Raymond, einem lieben Menschen, der keinesfalls der schlimme Bursche war, den Sepunsky in ihm sehen wollte. Heute war seine Tochter mit einem jungen Wissenschaftler verheiratet, dem es in seiner Tätigkeit, von der Sepunsky nichts verstand, mehr auf den Forschungserfolg als auf den finanziellen Gewinn ankam. Sepunsky hielt ihn deshalb für einen Taugenichts, wobei es ihn nicht interessierte, daß sein Schwiegersohn in Fachkreisen große Anerkennung genoß. Seine Arbeiter und Angestellten schließlich hielt er für faul, selbstsüchtig und von der Gewerkschaft aufgewiegelt und verblendet.

In seinen Worten spiegelte sich die ganze Bitternis eines Menschen, der nur in den anderen die Quelle alles Schlechten und Negativen sieht und sich selbst dadurch völlig aus dem Auge verloren hat. Ich mußte ihm in einer Sprache antworten, die er verstehen konnte. So fragte ich ihn: »Sepunsky, wir beide sind Unternehmer und stehen oft vor den gleichen Problemen. Darf ich ein offenes Wort an Sie richten?« Er nickte: »Ich habe heute schon viel einstecken müssen. Sagen Sie, was Sie mir zu sagen haben. Ich bitte Sie sogar darum.«

»Sie haben sich völlig in negative Gedankenbilder verstrickt. Und durch die Brille dieser negativen Bilder sehen Sie die äußere Wirklichkeit, Sie gestalten sogar die äußere Wirklichkeit entsprechend diesen negativen Bildern. Überall sehen Sie nur Taugenichtse, Versager,

Faulenzer und Leute, die Ihnen schaden wollen. Von Ihrer Frau und Ihrer Tochter erwarten Sie nurmehr Enttäuschungen. Weil Sie die Wirklichkeit innerlich auf diese Bilder festgelegt haben, treten Ihnen auch nur scheinbare Taugenichtse und Versager gegenüber, und Ihre Familie scheint Sie zu enttäuschen. Aber die Wirklichkeit ist umfassender als Ihr negatives Bild davon. Niemals gibt es nur schlimme Dinge und schlechte Menschen, immer ist auch irgendwo Positives vorhanden. Aber Sie haben die Menschen und Dinge auf bestimmte Rollen festgelegt. Und so sehen Sie nur das, was der jeweiligen Rolle entspricht.

Ihre Kinder sind für Sie nicht Menschen, die Sie lieben und an denen Ihnen etwas liegt. Sie betrachten Sie vielmehr als Mosaiksteine eines großen Bildes, nach dem Sie das Leben Ihrem Willen gemäß gestalten wollen. Sie fragen sich nicht, ob Ihr ältester Sohn eine gute Partnerwahl fürs ganze Leben trifft; Sie sehen nur die gute Partie, die er Ihnen nicht rasch genug an sich bindet. Von Ihrem jüngeren Sohn erwarten Sie, daß er bestimmte Schulen mit Erfolg abschließt, die Sie selbst niemals besucht haben, nur weil das in Ihr Bild von jenem Prestige paßt, das Sie sich durch Ihren Aufstieg errungen haben. Ob Ihr Sohn dabei glücklich ist oder ob ein anderer Weg vielleicht besser zu seiner Persönlichkeit paßt, fragen Sie sich nicht. Wahrscheinlich sehen Sie die Persönlichkeit Ihres Sohnes nicht einmal. Bei Ihnen zählt nur das, was Sie wollen und erwarten. Und wer dem nicht entspricht, wird auf die Rolle des Versagers festgelegt.

Und Ihre Tochter: Wahrscheinlich hat sie in diesem jungen Wissenschaftler die Liebe Ihres Lebens gefunden. Daß es ihm mehr um seine Forschung und seine Ideale geht als um das, worauf es gerade Ihnen im Leben ankommt, macht ihn nicht zu einem schlechteren oder besseren Menschen, als Sie oder ich es sind. Verschiedene Menschen haben ganz unterschiedliche Ideale: Wir sind Geschäftsleute. Uns sollte es daher darum gehen, für uns, unsere Mitarbeiter und zum Nutzen der gesamten Gesellschaft den höchstmöglichen Umsatz zu erzielen. Das ist unsere Aufgabe und unser Ziel. Der Wunsch, reich zu werden, den wir beide hatten, als wir vor vielen Jahren im Geschäftsleben begonnen haben, war wie ein Motor, der uns zum Wahrnehmen dieser Aufgaben geführt hat. Aber wir dürfen unsere Ideale und Wünsche nicht auf alle anderen Menschen übertragen. Was für Sie gut ist und was Sie sich wünschen, ist nicht für jeden gut. Ihrem Schwiegersohn geht es nicht ums Geschäft, er sieht den Sinn seines Lebens in der wissenschaftlichen Erkenntnis. Wenn er in seiner Arbeit ein Stück vorangekommen ist, bedeutet es für ihn das gleiche Glück wie für uns der Abschluß eines lukrativen Vertrages. Seine Frau wird sich ebenso mit ihm freuen und stolz auf Ihren Mann sein, wie sich Ihre Frau freut und stolz ist, wenn Ihnen ein gutes Geschäft gelang. Daß sich seine Arbeit nicht im gleichen Maße auf dem Bankkonto niederschlägt wie die unsere, sagt nichts über ihre Qualität aus. Auch gibt es Ihnen und mir kein Recht, Dinge zu beurteilen, von denen wir tatsächlich nichts verstehen. Jeder Mensch, der seine Aufgabe entsprechend seinen Wünschen und Träumen wahrnimmt, kann ein glückliches und sinnvolles Leben führen: Für den einen Menschen steht der Erwerb von Besitz und Geld im Mittelpunkt, ein anderer sucht Wissen und Erkenntnis, wieder ein anderer sieht seine Bestimmung darin, in Ruhe sein Feld zu bestellen und die Ernte einzubringen. Die Menschheit braucht sie alle, wenn sie fortbestehen und sich weiterentwickeln soll. Wenn der Bauer den Geschäftsmann verachtet, weil er nicht mit den Jahreszeiten lebt und seinen Acker pflügt, dann wäre dies ebenso lächerlich, wie wenn Sie eine wissenschaftliche Tätigkeit oder den Gewinn daraus nach Maßstäben Ihrer eigenen Vorstellungen und Aufgaben beurteilen. Sie sind nicht der Nabel der Welt! Sie sind einer unter anderen. Warum meinen Sie, weint Ihre Frau so häufig? Sie bemerken nur, daß Ihnen das furchtbar lästig ist. Aber haben Sie einmal versucht zu ergründen, welche Probleme der Mensch, mit dem Sie zusammenleben, wirklich hat?

Was nun Ihre Mitarbeiter betrifft, da habe ich ganz andere Erfahrungen in meinem Betrieb gemacht. Sicher, es kommt ab und zu einmal vor, daß jemand tatsächlich faul und nur selbstsüchtig ist. Zuweilen stellt ein Angestellter oder Arbeiter auch einmal überzogene Forderungen. Doch bei mir bleiben das immer Einzelfälle. Wenn sich hier jemand, der sich um eine Stelle bemüht, bei mir vorstellt, dann überlege ich mir zunächst, was dieser Mensch wohl Positives zu bieten hat. Ich sehe ihn mir an, beobachte ihn während unseres Gesprächs und frage ihn auch nach seiner eigenen Selbsteinschätzung. Dann entsteht in mir ein Bild davon, ob und wo ich diesen Bewerber brauchen könnte. Es geht mir dabei von Beginn an weniger darum, die Schwächen und Mängel des neuen Mitarbeiters herauszufinden. Ich will wissen, wo seine positiven Anlagen, Begabungen und Fähigkeiten liegen. Über Mängel und Schwächen, die jeder Mensch hat, kann man hinauswachsen, wenn die positiven Anlagen gefördert werden. Sobald ein Angestellter merkt, daß es mir in meinem eigenen Geschäftsinteresse darauf ankommt, ihn zu fördern, dann wird er auch das ihm Mögliche tun, mein Geschäftsinteresse zu fördern. Wir sitzen in einem Boot. Eine Hand wäscht die andere. Ich habe gemerkt, daß man von einem Mitarbeiter selbst das Äußerste verlangen kann, wenn dieser sich bewußt ist, daß es im beiderseitigen Interesse liegt. Wichtig ist dabei, das Positive und die besten Anlagen jedes Menschen zu sehen und vor allem selbst mit gutem Beispiel voranzugehen, indem man in sich positiven Kräfte und Anlagen aktiviert. Ganz selten erlebe ich es, daß ein Mitarbeiter dieses System nicht akzeptiert und faul und träge bleibt. Wenn er dann trotz einer Verwarnung sich nicht auf das Prinzip eines gegenseitigen Förderns einlassen will, müssen wir uns trennen. Aber das kommt bei mir kaum einmal vor. Ich bin mir stets bewußt, daß ich mit meiner eigenen positiven Grundeinstellung dem ganzen Betrieb ein Vorbild sein muß. Aber dazu brauche ich ein positives Gedankenbild von mir selbst.

Wie steht es mit Ihrem Bild von sich selbst, Sepunsky? Wer in anderen nur das Negative sieht, der hat zumeist auch ein negatives Bild von sich selbst. Darum muß derjenige, der zu anderen gut sein möchte, der auf andere angenehm und sympathisch wirken will, zunächst zu sich selbst gut sein. Er muß sein eigenes Wesen sympathisch finden. Hand aufs Herz: Finden Sie sich sympathisch? Leben Sie gerne mit sich? Sind Sie der Mensch, der Sie sein wollen?«

Sepunsky war immer nachdenklicher geworden, während ich ihm das gesagt hatte. Jetzt schüttelte er den Kopf. Leise sprach er: »Nein, ich fühle mich sicher nicht so, wie ich mich gerne fühlen würde. Vielleicht haben Sie recht, und ich sehe die anderen so negativ und ablehnend, weil ich mich im Grunde selbst ablehne. Aber wie schaffe ich es, mich selbst mehr zu mögen?«

»Indem Sie so werden, wie Sie eigentlich sein wollen. Sie müssen nur versuchen, tief in sich zu erforschen, wo Ihre Wünsche liegen und wie Sie sich wirklich am liebsten sehen würden. Wenn es Ihnen gelingt, das anzustreben, dann brauchen Sie nicht mehr nach außen den harten Mann zu spielen. Man wird Sie lieben, weil Sie selbst gelernt haben, sich und andere zu lieben.

Horchen Sie tief in sich hinein! Irgendwo gibt es geheime Wünsche und Träume, die Sie von Ihrem Leben haben. Nehmen Sie diese bewußt auf, und gestalten Sie daraus das Gedankenbild jenes Menschen, der Sie sein wollen. Es wird sicher funktionieren. Es hat sich in Ihrem Leben schon früher einmal bewahrheitet. Damals, als sie in der Metallfabrik gearbeitet haben und dann die kleine Gärtnerei des Schwiegervaters erbten, da haben Sie in sich den Wunsch nach Reichtum und geschäftlichem Erfolg entdeckt. Bewußt oder unbewußt gab es damals in Ihnen ein schöpferisches Gedankenbild, in dem Sie sich als ein reicher Geschäftsmann sahen. Nun haben Sie Ihr Ziel erreicht, aber Sie haben dabei andere Bilder, Träume und Wünsche in sich unterdrückt. Darum hat sich Ihr Charakter verhärtet. Ich bin sicher, daß Sie genau wissen, was Sie sich einmal neben dem Reichtum auch noch wünschten. Es sind vielleicht Dinge, die sie zu bestimmten Zeiten aus Gründen der Konzentration beiseite ließen, die Sie aber weiterhin gerne in Ihrem Leben hätten. Entdecken Sie diese Dinge wieder! Malen Sie sich im Geiste aus, wovon Sie träumen, womit Sie Ihr Leben schöner, bunter, angenehmer und liebevoller gestalten wollen. Sie werden sehen, wie diese Gedankenbilder Ihre Wirklichkeit neu erschaffen. Malen Sie sich aus, daß Sie freundlich und offen zu den Menschen sind und wie die Menschen auch Ihnen daraufhin liebevoll und warmherzig begegnen. Stellen Sie sich bildhaft vor, wie Sie Ihre Frau und Ihre Kinder nicht nur durch die Brille Ihrer negativen Erwartungen sehen, sondern wie Sie sich tatsächlich im Gespräch und in der Beobachtung darum bemühen, etwas von deren Träumen, Wünschen, Vorstellungen und Leben zu erfahren. Wenn es im Gedankenbild gelingt, wird es mit der Zeit auch in Wirklichkeit gelingen.

Gedankenbilder schaffen Wirklichkeit. Ihr Leben wird neu und großartig werden! Bisher ungeahnte und unvorstellbare Dimensionen werden Ihnen auch in scheinbar unwichtigen Angelegenheiten und Begegnungen plötzlich erschlossen.«

Ich hielt inne. Sepunsky nickte stumm. Nach einigem Schweigen meinte er: »So hat noch niemals jemand mit mir reden dürfen. Aber ich habe Sie sogar dazu aufgefordert. Ich kann etwas einstecken. Aber das muß Konsequenzen haben. Herr Bristol, danke, Sie werden von mir hören.« Dann verließ er mein Büro.

Lange habe ich nichts von ihm gehört. Nach einigen Monaten erhielt ich ganz überraschend eine Einladung zum Abendessen. Sie kam von Familie Sepunsky. Ich entschloß mich, diese Einladung anzunehmen. Es erwartete mich ein netter Abend im Kreise der ganzen Familie. Alle wirkten gelöst und heiter, und ich ahnte schon, daß Sepunsky die geistigen Prinzipien verstanden und umgesetzt hat. Doch ich traute meinen Augen nicht, als nach mir noch ein anderer Gast eintraf: Raymond. »Ich habe ihn aus Dank für die gute Beratung eingeladen«, sagte unser Gastgeber und fügte hinzu: »Ich hoffe, Sie schicken mir auch das nächste Mal diesen fähigen Mann, wenn es um Geschäfte geht. Die Papiere, die ich damals kaufte, haben mich inzwischen ein beachtliches Stück reicher werden lassen.«

Nach einem ausgezeichneten Essen zog ich mich mit Sepunsky kurz in dessen Büro zurück. Dort erzählte er mir, daß unser Gespräch, wie vermutet, nicht ohne Folgen geblieben war. Er hatte sich ehrlich gefragt, welche Träume er sich selbst versagte. Viele kleine Dinge hatte er dabei herausgefunden, die jedoch in der Summe schwer wogen. Als junger Mensch hatte er zum Beispiel gerne gezeichnet und gemalt. Er erinnerte sich daran, wie es ihm die schönste Befriedigung bedeutete, wenn er ein durch eigene Hand entstandenes Bild nach Fertigstellung betrachtete.

Er schaffte sich nun eine Staffelei an und alles, was er zum Malen brauchte, wobei er diese Dinge in sein Büro brachte. Immer dann, wenn er etwas Zeit hatte oder nach hartem Arbeitsstreß ein wenig Ruhe brauchte, malte er an einem Bild. Früher war er in solchen Zeiten hastig durch den Betrieb gelaufen, um seine Mitarbeiter mißtrauisch zu beobachten. Heute merkte er, wie er von Bild zu Bild ein zufriedenerer Mensch wurde. Seit er etwas mehr Vertrauen zu seinen Mitarbeitern hatte, trauten auch diese sich mehr zu, und jeder arbeitete effektiver. Am glücklichsten aber war Sepunsky darüber, daß sich zu allen Mitgliedern seiner Familie eine ganz neue und ungeahnt tiefe Verbindung anbahnte. Er merkte plötzlich, daß er zuvor immer einsam gewesen war.

Lächelnd zeigte Sepunsky dann auf ein Dokument, das gerahmt über seinem Schreibtisch hing: Es war der Vertrag über die 150000 Dollar, den er durch Raymonds Vermittlung vor Monaten geschlossen hatte. »Damit hat alles angefangen«, sagte er. »Durch diesen Vertrag bin ich schließlich zu Ihnen gekommen. Immer dann, wenn ich zweifle, ob ich meinen Weg zum Positiven durchhalten kann, sehe ich diesen Vertrag an, und das macht mir Mut. Ich glaube, daß dieses Stück Papier mir Glück bringt.«

### *Wichtige Hilfsmittel zur Konzentration positiver Gedankenbilder*

Er hatte damit von selbst ein wichtiges Gesetz des positiven Glaubens entdeckt. Ich war in den persönlichen Büros vieler der bedeutendsten Wirtschaftskapitäne, Bankdirektoren und Industriellen. Und lange noch bevor ich die Gesetze des Glaubens vollkommen verstanden hatte, war ich davon beeindruckt, daß sich in den Büros häufig Statuen, Büsten, Fotos oder Tafeln mit einem Motto befanden. Nicht selten sah ich auf dem Schreibtisch einer bedeutenden Persönlichkeit eine Buddhastatue oder eine Büste von Napoleon. In manchen Büros entdeckte ich Wahlsprüche wie: »Wir schaffen das Unmögliche, wann und wo auch immer.« – »Tu es jetzt!« – »Gehe selbst voran, warte nicht auf andere.« Ich habe gehört, daß das Büro des Warenhauskönigs F. W. Woolworth, der zum Napoleon des Handels wurde, eine genaue Nachbildung des Arbeitszimmers Napoleons war. Vielleicht hast auch du schon Ähnliches gehört oder gesehen. Aber ist dir auch klar, was das bedeutet?

Es kann dafür nur eine Antwort geben: Alle diese Dinge dienen als

Instrumente ständiger Erinnerung. Sie halten dem Benutzer des entsprechenden Raumes immer wieder vor Augen, daß andere vor ihm bereits etwas geschafft haben und daß er es auch schaffen kann. Oder ein Symbol eines eigenen früheren Erfolges wird zum Ansporn künftigen Aufstiegs. Wenn der Blick vom Schreibtisch auf die Wand fällt, wird unbewußt ein Motto oder ein Symbol aufgenommen. Man sieht die Augen eines Großen, etwa Napoleons, auf sich ruhen, oder eine religiöse Statue spendet einen aus dem spirituellen Bereich gespeisten Antrieb. Mit anderen Worten: Viele erfolgreiche Menschen bedienen sich bewußt oder unbewußt der Technik, durch sie umgebende Symbole eine Beeinflussung zum Positiven herbeizuführen. Manchmal findet man im Behandlungsraum eines Arztes das Bild oder die Büste eines großen Arztes der Vergangenheit. Wahrscheinlich sind sich viele Ärzte dessen nicht bewußt, welche große Kraft daraus fließt, die sie selbst zu besserem Handeln bewegt.

Wenn du davon ausgehst, daß das Unbewußte all die vielen Eindrücke, die uns umgeben, aufnimmt, verarbeitet und unser Leben danach ausrichtet, kannst du dir vielleicht vorstellen, welche Bedeutung Dinge erlangen, auf die unser Blick häufig fällt. Hier wirkt das bereits besprochene Gesetz der Wiederholung.

Die Symbole, von denen dabei die beste Wirkung ausgeht, sind keinesfalls für jeden Menschen gleich. Auch der berühmte Erfinder Thomas A. Edison war ganz offensichtlich mit diesen geistigen Prinzipien vertraut. Als an seinem einhundertsten Geburtstag sein Schreibtisch geöffnet wurde, der am Todestag versiegelt worden war, fand sich darin unter anderem das Motto: »Wenn du in den Schlund fällst, denke daran, daß Jonas heil herausgekommen ist.« Edison muß in diesem Spruch einen besonderen Ansporn erfahren haben, sonst hätte er ihn sicher nicht in seinem Schreibtisch so aufbewahrt, daß er ihn täglich sehen konnte.

Oft habe ich die Technik dieser Beeinflussung in Gesprächen mit den Prozessen verglichen, die beim Wachstum einer Pflanze ablaufen: Auf seiner Suche nach Luft und Sonnenschein treibt der Keim aus einem Samenkorn heraus und strebt in die Höhe. Jedes Hindernis überwindet er dabei. Wenn ein Stein zu groß ist, um beiseite geschoben zu werden, wird er umwachsen. Wenn nicht eine noch größere Kraft dem Wachstumswillen dieses Keimes ein Ende bereitet, wird er mit Sicherheit eine Pflanze hervorbringen, die ihre Früchte trägt. Wenn wir die Geheimnisse der Natur nicht kennen, erscheint es uns, als würde der Samen in der Erde lange Zeit untätig eingeschlossen sein, bis er plötzlich ans Licht kommt, wo etwas Schönes und Nützliches daraus wird, das man nun pflegen und kultivieren kann.

Manche Menschen sehen ihre eigene Entfaltung nun so, daß sie meinen, sie könnten nur das, was ans Licht ihrer Erkenntnis kommt, kultivieren und pflegen. Doch unser Unbewußtes ist wie die Erde, in der die Samenkörner stecken: Lange bevor etwas ans Tageslicht kommt und erkennbar wird, ist es bereits im Unbewußten als Same enthalten. Wir können diese unbewußten Samen zum Keimen bringen. Es sind zahlreiche Samen zum Guten und Heilsamen. Doch wenn die Wahrnehmungen, denen wir uns aussetzen, immer negative sind, dann wirken sie auf die unbewußten Keimlinge wie Frost: Niemals finden sie zum Licht. Umgeben wir uns aber mit positiven Symbolen, dann wirken diese wie warmer Sommerregen. Das Positive bricht aus der Samenkapsel, tritt ins Licht unseres Lebens, wo wir es nun bewußt pflegen und weiter kultivieren können, bis es die gewünschten Früchte trägt.

Deine Wünsche, an die du bewußt oder unbewußt glaubst, sind die Samen, die aufgehen können, um zur Erfüllung zu gelangen. Jene Dinge, die wir uns immer wieder sagen, die wir immer wieder sehen und hören, sind wie der Regen und die Wärme, die den Samen zum Keimen anregen. Die Kraft und die Macht deines Glaubens an das, was du dir wünschst, entscheiden über die Qualität deiner Samen und das, was aus ihnen werden kann, wenn der Keimling zur Pflanze wird.

### *Die Karten-Methode*

Im 4. Kapitel habe ich dir ein Verfahren beschrieben, nach dem du selbst erforschen kannst, was dir im Leben wichtig ist. Du solltest durch dieses Vorgehen feststellen, welches deine wesentlichen Wünsche sind und in welcher Reihenfolge du sie anstreben möchtest. Ich hoffe, du ziehst den größten Nutzen aus diesem Buch, indem du es nicht nur passiv liest, sondern vor allem auch die darin enthaltenen Vorschläge zu deinem Nutzen umsetzt. Wenn das so ist, liegt jetzt die Liste deiner Ziele vor dir.

Nimm nur drei oder vier kleine Karteikarten und ziehe dich an einen Ort zurück, an dem du einigermaßen ungestört sein kannst. Setze dich still nieder und wähle dir einen deiner Wünsche aus, dessen Verwirklichung nun für dich ansteht. Male dir im Geiste aus, wie es wäre, wenn du dieses Vorhaben schon gemeistert hättest, denke an möglichst alles, was du damit verbindest. Es ist wichtig, daß in deinem Inneren ein möglichst lebendiges Bild dessen entsteht, worauf du hinaus möchtest. Fühle dich deines Zieles sicher, indem du es in einem schöpferischen Gedankenbild tatsächlich siehst und erlebst.

Nun überlege dir ein symbolisches Wort, das jenes Ziel, das du erreichen möchtest, für dich ausdrückt. Schreibe dieses eine Wort auf den Karteikarten nieder. Nun stecke die eine Kartei in deine Brieftasche, Handtasche oder den Geldbeutel, die andere an deinen Spiegel im Badezimmer, die nächste lege auf deinen Nachttisch am Bett und die andere an deinen Arbeitsplatz. Dies sind nur Vorschläge, die du entsprechend deinen Möglichkeiten auch abwandeln kannst. Wichtig ist, daß du immer wieder mit diesem Symbolwort konfrontiert bist. Du wendest damit genau das gleiche Gesetz an wie jene erfolgreichen Wirtschaftskapitäne, die sich Napoleon oder ein Motto an die Wand hängen. Doch viele von diesen wissen nicht, was sie eigentlich damit tun. Bei dir ist jener Vorgang ein bewußter, denn du hast zuvor klar das schöpferische Gedankenbild dessen aufgebaut, worauf du hinauswillst.

Lasse jetzt den Dingen ihren Lauf. Denke und grüble nicht übermäßig darüber nach, auf welche Weise dieses Symbolwort nun wirkt. Sicher ist, daß dieser ständige Reiz auf das Unbewußte die verschiedenen Zonen dieses mächtigen Kraftzentrums zur Aktivität anregt. Auf welcher Ebene sich die Wirkung zuerst zeigen wird, läßt sich im Einzelfall nicht voraussagen.

Wichtig ist nur, daß du gelernt hast, offen zu sein, sogenannte

Zufälle aufzugreifen kannst und in der Lage bist, einem plötzlichen Impuls nachzugeben. Vielleicht kommt völlig unerwartet etwas oder jemand auf dich zu, ohne daß es vorhersehbar war, und du bist mit einem Male deinem Ziel ein großes oder kleines Stückchen näher. Vielleicht spürst du den plötzlichen Drang, nach langer Zeit wieder mit jemandem Kontakt aufzunehmen, dir eine Zeitung zu kaufen, Radio zu hören oder irgendeinen Ort aufzusuchen. Wenn es möglich ist, folge jenen Impulsen. *Hier spricht deine innere Stimme zu dir!* Es ist die Antwort des Unbewußten auf die stets wiederholte Anregung des Symbolwortes der Karten.

Manchmal erscheinen die Eingebungen des Unbewußten zu Zeiten, in denen wir nicht damit rechnen. Es ist nicht schlecht, beim Anwenden dieser Methode für den Fall einer unerwarteten Inspiration gerüstet zu sein. Halte neben deinem Bett Bleistift und Papier bereit! Bei vielen Menschen kommen diese Eingebungen in der Nacht. Nach dem plötzlichen Erwachen glaubt man dann, die gute Idee wäre auch noch am nächsten Tag festzuhalten. Doch zumeist ist sie dann am Morgen schon wieder ins Unbewußte gesunken. Greife dann zu, wenn sich dir etwas bietet! Du kannst nie sicher sein, daß dieselbe Gelegenheit ein zweites Mal erscheint! Dieser Grundsatz gilt in allen Lebenslagen. Wer gelernt hat, aus dem jeweils Möglichen auch das Beste zu machen, aktiviert damit zusätzlich sein Unbewußtes.

Wichtig ist, daß du diese Karten-Methode über einen längeren Zeitraum durchhältst. Es nützt in der Regel wenig, wenn du dein Unbewußtes nur zwei oder drei Tage mit dem Symbolwort konfrontierst. Wenn du vorankommen möchtest, brauchst du Geduld und Ausdauer. Doch ich weiß sicher, daß diese Methode zum Ziel führen kann. Meine eigene Erfahrung mit den Karten hat das immer wieder bestätigt. Meine Angewohnheit, eine Zeitlang das Dollar-Zeichen auf weiße Papierflächen vor mir zu malen, hat in diesem Sinne mit Sicherheit dazu beigetragen, mein Unbewußtsein in Richtung meines Wunsches nach Reichtum auszurichten.

*Die Weisheit des Schweigens*

Vor einiger Zeit bewarb sich einer meiner Freunde um eine Stellung als Schiffsarzt bei der Marine. Es war immer sein Herzenswunsch gewesen, zur See zu fahren. So sah man ihn auch überglücklich, als die Marine sein Ansuchen positiv beantwortete. In absehbarer Zeit, so hieß es, wollte man ihn zu einem ersten Einsatz auf See heranziehen. Der Termin sollte ihm noch rechtzeitig mitgeteilt werden.

Kaum hielt mein Freund diese Nachricht in Händen, überwältigte ihn ein Freudentaumel. Er rief alle Verwandten und Bekannten an, sagte, daß er nun bald über den Ozean fahren werde, und lud alle zu einem großen Abschiedsfest ein. Alle Angehörigen und Freunde waren bei diesem schwungvollen Fest zugegen. Man hielt Reden auf ihn, trauerte ein wenig, ihn nun nur noch selten zu sehen und überreichte ihm Andenken, Erinnerungsfotos und Abschiedsgeschenke.

Aber der erste Einsatz auf See ließ auf sich warten. Zwei Jahre blieb mein Freund in einem Marinekrankenhaus unserer Stadt eingesetzt, bis man ihn auf ein Schiff rief. Diese zwei Jahre waren eine äußerst peinliche Zeit für ihn. Immer wenn er einen Verwandten oder Freund traf, empfand er, daß er sich dafür rechtfertigen mußte, daß er noch nicht auf dem Ozean segelte. Manch grober Witz wurde in aller Freundschaft über ihn gemacht, und obwohl ihm niemand böse gesonnen war, fühlte er sich in diesen beiden Jahren sehr unbehaglich. Als schließlich eintraf, worauf er gewartet hatte, sagte er mir: »Jetzt wäre immer noch Zeit gewesen, den Abschied zu feiern. Hätte ich nur geschwiegen!«

Was sich schon im praktischen Leben empfiehlt, gilt insbesondere für die Arbeit mit dem Unbewußtsein: Schweige gegenüber anderen darüber, was du anstrebst. Natürlich gilt das nicht für Dinge, die du gemeinsam mit einem Partner anstrebst. Aber hüte dich davor, deine konkreten Wünsche, Vorhaben und Pläne allzu leichtfertig an Unbeteiligte zu verraten. Wenn du auch erste Erfolge für dich behalten kannst, steigerst du die Kraft, mit der dein Unbewußtes wirkt.

Wenn sich die ersten Erfolge durch dein Experimentieren mit den Karten einstellen, dann feiere selbst kleine Schritte für dich als großen

Sieg. Freue dich darüber. Aber sage niemals Unbeteiligten, daß du auf dem Wege zu diesem oder jenem Ziel bist und nun den ersten Erfolg errungen hast. Es gibt viele Gründe, weshalb du diese Dinge bei dir behalten sollst. Manche davon wirst du im Laufe deiner Experimente mit Sicherheit selbst entdecken. Hier nur drei wichtige Aspekte:

1. Wenn viele Menschen wissen, worauf du hinaus willst, setzt du dich damit unter einen sozialen Erfolgsdruck: Du glaubst dann, daß du dein Ziel verwirklichen mußt, um die Erwartungen, die andere Leute nun in dich setzen, zu erfüllen. Damit hört aber dein Ziel auf, dein eigenes Ziel zu sein. Das, was du tust, tust du nun auch um anderer willen. Dies schwächt den Antrieb des Unbewußten, etwas für dein Vorhaben zu tun, denn es verfälscht die Qualität deines Wunsches, indem andere Motive hinzutreten.
2. Unterschätze nicht den Neid deiner Mitmenschen, die dir das Verwirklichen deiner Wünsche mißgönnen! Gedanken sind Kräfte. Auch dann, wenn jemand Mitfreude heuchelt, können seine negativen Gedanken des Neides und daraus entspringende Reaktionen für dich von Nachteil sein und deine Pläne durchkreuzen. Es reicht, wenn die Neider von deinem Triumph dann erfahren, wenn du am Ziel bist. Spreche also nur mit solchen Menschen über die Natur und Beschaffenheit deiner Gedankenbilder, von denen du weißt, daß sie dich lieben, schätzen oder fördern wollen.
3. Gerade weil Gedanken Kräfte sind, ist eine Konzentration der Kräfte auf das Ziel angeraten! Sage *dir* immer wieder, worum es geht, und teile es jenen mit, die dir helfen und dich unterstützen. So kommst du sicher schneller ans Ziel.

Viele Menschen erzählen die Wünsche, die sie in sich empfinden, überall weiter. Ihre Rede ersetzt die Tat. Wenn man aber etwas, wovon man meint, die ganze Welt müsse sich mit einem freuen, geduldig für sich behalten kann, bis die Zeit reif ist, bedeutet dies einen erheblichen geistigen Fortschritt. Man vollbringt dann erst die notwendigen Taten und läßt danach die Worte folgen. Es war Goethe, der einst schrieb:

»Der Worte sind genug gewechselt.
Laßt mich auch endlich Taten sehn!
Indes ihr Komplimente drechselt,

Kann etwas Nützliches geschehn.
Was hilft es viel von Stimmung reden?
Dem Zaudernden erscheint sie nie...
Was heute nicht geschieht, ist morgen nicht getan.
Und keinen Tag soll man verpassen,
Das Mögliche soll der Entschluß
Beherzt sogleich beim Schopfe fassen,
Er will es dann nicht fahren lassen
Und wirket weiter, weil er muß.

Und es steckt eine tiefe Wahrheit darin: Sei achtsam, daß bei dir nicht die Worte die Taten ersetzen. Schweige lieber über ein Vorhaben, bevor es ausgeführt ist, als daß das Gerede darüber, die Komplimente, die du dir selbst vor anderen machst, die Tat nicht folgen läßt. Oft ist es die Angst, die Menschen dazu führt, viel Worte um nichts zu machen. Man hat eine gute Idee, fürchtet sich vor der Ausführung und begnügt sich mit dem Reden darüber. Wenn du wirklich Erfolg möchtest, dann denke daran: »Keine Eigenschaft ist wichtiger für den Erfolg als Mut, Mut und wieder Mut. Der Untrainierte wird im entscheidenden Moment einen guten Gedanken ebenso linkisch aus dem Hirn fallen lassen, wie den Zirkel aus den Händen. Denn Mut im Denken ist ebenso wichtig wie Mut im Handeln. Es geht darum, einen neuen Gedanken lange genug halten zu können, bis der erste Schock über seine Neuheit vorüber ist, und, statt ihn fallen zu lassen, lieber der Zeit eine Chance zu geben, ob es sich nicht lohnt, nach Wegen der Verwirklichung zu suchen, gerade weil er so kühn und neu ist.« Dieser Gedanke von Prentice Mulford ist es wert, daß du wiederholt über ihn nachdenkst. Mut ist eine wichtige Eigenschaft, vielleicht manchmal die wichtigste. Wenn du es schaffst, so mutig zu sein, daß du im entscheidenden Augenblick zu schweigen verstehst, bist du auf deinem Weg ein großes Stück vorangekommen.

*Praktische Konsequenzen*

1. Übe dich in der Kunst der Gedankenbilder! Versuche immer wieder, die Ziele deiner Pläne, Wünsche und Hoffnungen bildhaft vor dir zu sehen. Lerne aber auch, diese Kunst der Imagination dort zu gebrauchen, wo Ängste und Befürchtungen dich die Wirklichkeit verzerrt sehen lassen. Wenn du weißt, daß du vor einem Menschen oder einer Situation im Grunde unnötige Scheu und Furcht hegst, dann nimm dies als Herausforderung an dich an. Versuche, dir ein inneres Bild von der tatsächlichen Situation zu machen. Probiere dann aus, ob sich dieses innere Bild im wirklichen Umgang bewährt. Sei geduldig, und lasse dich nicht von anfänglichen Mißerfolgen oder Rückschlägen entmutigen. Denke daran: Was auch immer dir zum Hindernis wird, was auch immer sich dir in die Bahn stellt, bietet dir eine Chance zu reifen und darüber hinauszuwachsen. Niemals jedoch reifst du, wenn du einer Schwierigkeit davonläufst. Sage dir: »Wenn ich es in dieser Runde nicht geschafft habe, klappt es ein nächstes Mal. Ich stelle mich unter keinen Erfolgszwang, aber ich weiche auch nicht aus. Ich kann es schaffen, wenn ich das innere Bild der Furcht gegen ein positiveres Bild auswechsle. Ich habe dann gute Chancen, es zu schaffen. Ich werde es schaffen!«
2. Bemühe dich darum, echte Warmherzigkeit zu entfalten, indem du über deine eigenen Wünsche und Erwartungen hinaus Anteil an anderen nimmst. Nur so wirst du wirkliche Freunde finden. Orison Swett Marden riet einmal in diesem Zusammenhang: »Du mußt lernen, anderen etwas Angenehmes zu sagen, indem du das Gute in ihnen siehst und nicht, wie so viele, bloß Augen hast für ihre Fehler. Hüte dich vor Menschen, die fortwährend andere herabsetzen, tadeln und bekritteln oder geheimnisvolle Andeutungen machen, es sei doch nicht so ganz richtig mit dem und dem. Solche Menschen sind geradezu gemeingefährlich und verdienen nicht das geringste Vertrauen.
   Ein Mensch, der andere immerfort herabsetzt, ist innerlich ungesund und beschränkt, er kann das Gute gar nicht mehr sehen, und wenn er es doch einmal nicht leugnen kann, dann wird er noch

versuchen, es mit allerlei ›Wenn‹ und ›Aber‹ zu verdunkeln. Ein gesunder und natürlicher Mensch dagegen sieht das Gute an anderen viel eher als das Schlechte.

Der beste Weg, die Menschen anzuziehen, besteht darin, daß man zeigt, man nimmt Anteil an ihnen. Aber natürlich darf man diese Anteilnahme nicht heucheln, ja man darf sie nicht einmal bloß zu dem Zweck empfinden, um Menschen anzuziehen, sondern man muß sie wirklich fühlen und empfinden.«

*Benütze diesen Rat nun nicht, um andere Menschen zu beurteilen! Prüfe dich und dein eigenes Handeln auf der Grundlage dieser Aussage!*

3. Deine innere Einstellung, deine Gedankenbilder erschaffen die äußere Wirklichkeit. Mache dir immer wieder die Konsequenzen dieser Wahrheit in positiver und in negativer Hinsicht klar: Wer über sich und andere vornehmlich Negatives, Schlimmes, Trauriges und Enttäuschendes denkt, der legt damit den Grundstein, all diese Dinge eintreffen zu sehen. Und jetzt frage dich ganz ehrlich und konkret: Welche Denkgewohnheit muß ich zuerst ändern? Laß es nicht beim Vorsatz bewenden! Beobachte dich und handle!
4. Die Dinge, mit denen du dich umgibst, wirken stetig auf dein Unbewußtes. Worauf fällt dein Blick beim Aufstehen, beim Essen, bei der Arbeit? Das, was du immer wieder zu Gesicht bekommst, prägt deine Ausrichtung. Gib dich daher nicht passiv den vorgegebenen Wahrnehmungsmöglichkeiten hin! Entscheide, soweit es geht, selbst, womit du dich umgibst. Die Dinge deiner Umgebung sollten für dich Symbole des Positiven sein, Inspirationen zum Erfolg.
5. Übe das Aktivieren deiner unbewußten Kräfte mit Hilfe der in diesem Kapitel genau erklärten Karten-Methode. Wähle hierzu zunächst nur eines deiner wichtigen Vorhaben aus, und bleibe mit Geduld bei der Sache. Wirf die Flinte nicht ins Korn! Oft stellen sich im Leben die gewünschten Ergebnisse erst dann ein, wenn man schon drauf und dran war, aufzugeben.
6. Ersetze nicht Taten durch Worte. Schweige gegenüber Unbeteiligten über deine Wünsche, Träume und Hoffnungen Wenn du dein Ziel erreicht hast, ist immer noch Zeit genug, jedem davon zu

berichten. Behalte für dich, woran du im Geiste arbeitest, und hüte deine schöpferischen Gedankenbilder, bis sie Wirklichkeit geworden sind.

6. Kapitel

# Die Spiegel-Methode zur Anregung des Unbewußten

Da mich mein eigener Weg vom Journalismus ins Geschäftsleben geführt hat, bin ich häufig mit Menschen zusammen, deren Denken und Tun um das Thema »Geld« kreist. Es scheint eine unbestreitbare Tatsache zu sein, daß fast alle Menschen glauben, ihre Probleme gingen auf einen Mangel an Geld oder Reichtum zurück. Ein richtiges Anwenden der geistigen Prinzipien und der Macht des Glaubens kann hier wesentliche Veränderungen zum Positiven bewirken.

Wer sein Glauben und Denken, Wünschen und Hoffen auf den Erwerb von Reichtum ausrichtet, wer im Denken reich geworden ist, der hat damit den wichtigsten Grundstein zum Erwerb tatsächlicher Reichtümer gelegt. Emerson faßte dieses Gesetz in seinem Aufsatz über Reichtum in den knappen Worten zusammen: »Der Mensch ward geboren, um reich zu sein, oder vielmehr: er muß unvermeidlich reich werden, sobald er seine Fähigkeiten gebraucht, sowie sein Geist sich mit der Natur in Verbindung setzt. Aller Besitz ist geistiges Produkt. Dieses Spiel erfordert einen kühlen Kopf, klares Denken, raschen Entschluß und viel Geduld.«

Es reicht also nicht, naiv anzunehmen, man müsse nur den Wunsch nach Reichtum in sich bewegen, und schon fände man die Bündel mit den Tausend-Mark-Scheinen auf der Straße. Wirklicher Reichtum entsteht aus einer Kombination des Gebrauchs geistiger Prinzipien und kraftvoller Taten.

Immer läuft es nach den gleichen Methoden ab, gleichgültig, was du dir wünschst: Erschaffe dir ein klares inneres Bild von dem, was du möchtest. Sage dir immer wieder, daß du dein Ziel erreichen kannst und wirst. Doch glaube nicht, daß sich deine Wünsche nun ganz automatisch erfüllen, wenn du dich auf die faule Haut legst und nichts anderes tust, als nur hoffnungsfroh zu warten. Schöpferischer Glaube und kraftvolle Tat: Nur wo diese beiden Aspekte Hand in Hand gehen, darfst du ganz sicher sein, dein Ziel zu erreichen.

### *Die Sache mit dem Reichtum*

Wenn du wohlhabend werden möchtest, verhält es sich ebenso: Fasse dein Ziel ganz klar ins Auge. Der bloße Wunsch, reich zu werden, genügt dabei nicht. Lege eine genaue, für dich auch tatsächlich vorstellbare und realistische Größenordnung fest. Dann mache dich ans Werk, wobei du immer dein Ziel vor Augen hast. Notwendigerweise mußt du dabei klein und deinen Verhältnissen entsprechend beginnen. Und hier liegt die erste scheinbare Hürde.

Viele Menschen meinen nämlich, die ersten Schritte zum Reichtum beginnen dann, wenn man erst einmal ein großes Einkommen hat, von dem man dann hohe Summen regelmäßig zurücklegen kann, bis auf diese Weise ein Vermögen zusammenkommt. Wer sich auf diesen Glauben einläßt, begeht einen tragischen Fehler, jenen des passiven Wartens. Der Weg zu jedem Ziel beginnt jetzt und heute, hier und in diesem Augenblick. Wer mit dem Sparen warten möchte, bis er ohnehin genug hat, der wird vermutlich sein ganzes Leben warten.

Beginne zunächst, deinen Verhältnissen entsprechend zu sparen. Jeder, der will, kann sparen! Wenn du ein paar tausend Mark im Monat hast, kannst du vielleicht einige hundert davon zurücklegen. Doch auch wenn du nur ein paar hundert Mark zur Verfügung hast, wird es dir möglich sein, einige Mark davon gezielt und regelmäßig zu sparen. Vielleicht mußt du dafür auf etwas verzichten. Aber wenn du Reichtum erwerben willst, muß ein Verzicht in Kauf zu nehmen sein. Ich kenne einen Mann, der mir allen Ernstes sagt, er könnte nichts von seinem Einkommen zurücklegen. Derselbe Mann jedoch raucht im Monat für hunderte Mark Zigaretten. Dazu ist nur festzustellen, daß für ihn der Wunsch nach Startkapital zum Erwerb des erträumten Vermögens weniger stark ist als sein Verlangen, für hunderte Mark Rauch in die Lungen zu ziehen und in die Luft zu blasen.

Wem es ernst mit einem Traum ist, der wird dafür manche Durststrecke in Kauf nehmen. Ein Gelehrter und Forscher, dem es um seine Studien und Forschungen geht, wird auf viele Annehmlichkeiten und manchen Luxus gerne verzichten, weil er sein Ziel vor Augen hat, dem er zustrebt. Und so ist es immer: Ob du es wirklich ernst meinst mit einem Traum oder einem Wunsch, das erkennst du daran, ob du auch bereit bist, dafür auf etwas zu verzichten.

Je mehr du nun zurücklegen kannst, um so besser ist es. Doch auch dann, wenn es am Anfang nur zehn, zwanzig oder fünfzig Mark im Monat sind, ist es positiv. Die Höhe ist zunächst weniger entscheidend als die Tatsache, daß du endlich beginnst!

Es gibt Millionäre und Großindustrielle, die ihren Status erlangten, indem sie bereits als Kinder jene zehn Pfennige, die sie fürs Einkaufen erhielten, nicht für Süßigkeiten ausgaben, sondern sparten. Mancher fing bescheiden an, und legte durch das Sparen die Grundlage erheblichen Wohlstands. Denke etwa an den berühmten österreichischen Gastronomen Jahn, der unter anderem die bekannten Wienerwald-Restaurants begründete. Mit einer Art Würstchenbude hat er begonnen und seine Ausgaben auf das Nötigste beschränkt, um für das eigene Lokal zu sparen. War dieses erste Ziel erreicht, wurde am Sparen festgehalten, um weitere Betriebe zu erwerben. Heute gehören ihm Restaurantketten und andere Firmen in der ganzen Welt. Du siehst, daß es möglich ist. Aber du brauchst dein klares Ziel vor Augen und mußt deine geistigen und materiellen Kräfte auf dieses Ziel konzentrieren.

Auch wenn du am Anfang nur kleine Beträge zurücklegen kannst, tu es! Beobachte, wie die Summe langsam wächst, und überlege dir, wie du sie gewinnbringend anlegen kannst. Vielleicht kaufst du dir Wertpapiere oder investierst in ein Geschäft. Vielleicht wählst du zunächst auch nur eine Sparform, die dir einen guten Zinssatz bringt. Auch wenn du nur einen kleinen Betrag erspart hast, er ist durch rechte Anlage grundsätzlich vermehrbar. Beherzige das Prinzip, stets auch das Wenige zu vermehren. Du lernst viel dabei und erteilst deinem

Wunsch einen klaren Auftrag. Nur wenn es dir gelingt, aus zehn Mark den größten Nutzen zu ziehen, bist du auch reif, mit zehntausend Mark gewinnbringend umzugehen.

Einen wichtigen Rat möchte ich dir dazu jedoch unbedingt geben: Mißtraue allen Marktschreiern, die hinter deinem Geld her sind und dir für deinen Einsatz in kürzester Zeit ohne viel Arbeit höchste Gewinne versprechen. Wenn diese Leute, die oft in Zeitungsanzeigen werben, tatsächlich Wundersysteme kennen würden, nach denen man mit wenig Aufwand sein Geld verdoppelt und verdreifacht, hätten sie es nicht nötig, dir dein Geld aus der Tasche zu ziehen. Wenn du deine ersparten Summen nicht in eigene Ideen und Geschäftspläne investierst, gehe Scharlatanen und Glücksspielern aus dem Weg und frage statt dessen einen Berater deiner Bank.

Ist durch die Gewohnheit des Sparens und Vermehrens und den Wunsch nach Reichtum erst dein Unbewußtes aktiviert, beginnen auch solche Kräfte für dich zu arbeiten, die außerhalb deiner Wahrnehmung liegen. Auch hier heißt es wieder: Offen sein, ein Gespür für scheinbare Zufälle entwickeln, der inneren Stimme lauschen! Großartige Möglichkeiten werden sich dir bieten. Doch du selbst mußt den ersten Schritt setzen, indem du im Rahmen deiner Möglichkeit den Beweis erbringst, daß du bereit bist, dich einzusetzen, deinen Traum festzuhalten und dafür auch auf Nebensächliches zu verzichten.

## *Spare nicht am falschen Platz!*

Wenn du dich nun dazu entschließt, zugunsten deines Zieles auf etwas anderes zu verzichten, dann mußt du dabei klug vorgehen. Jener Raucher, von dem ich dir vorhin erzählt habe, hätte weise gehandelt, wenn er seinen Zigarettenkonsum abgestellt oder zumindest eingeschränkt hätte. Aber er sparte am falschen Platz.

Weil er doch etwas aus sich machen wollte, entschloß er sich am Beginn eines Jahres, ab sofort weniger Geld auszugeben. Seine Einsparungen begannen bei der Kleidung. Ursprünglich hatte er vorgehabt, sich ein paar neue Schuhe und einen neuen Anzug zu leisten. Doch dann meinte er, die alte Kleidung wäre noch gut genug und sollte zunächst abgetragen werden. Das dafür vorgesehene Geld trug er zur Bank.

So löblich sein Entschluß zur Sparsamkeit war, er hatte sich im falschen Bereich eingeschränkt. Knapp nach dem Jahreswechsel bekam er einen Tip: In einem großen Betrieb war eine sehr gut bezahlte Stelle neu zu besetzen. Es war dies eine Aufgabe, die er sich immer gewünscht hatte. Zweifellos war er auch der Mann, der die Fähigkeiten zur Bewältigung dieser Aufgabe besaß.

Mit den höchsten Erwartungen ging er zum Termin seines Vorstellungsgespräches. Er war guter Dinge, hatte er doch genaue Kenntnisse des Arbeitsgebietes und gute Vorschläge, wie die erhoffte Tätigkeit anzugehen sei.

Doch seine Hoffnungen zerschlugen sich. Der Personalchef hatte ein ungutes Gefühl, weil die abgetragenen Schuhe und der lange getragene Anzug nicht ganz zum dynamischen Auftreten des Bewerbers paßten. Er entschloß sich für einen anderen Anwärter, bei dem ihm alles zu stimmen schien.

Es ist dies eines von vielen Beispielen dafür, wohin Sparsamkeit am falschen Ort führen kann. Wenn du sparen möchtest, vermeide derartige Fehler. Beobachte dich und dein Leben! Es gibt Unnötiges, ja sogar Schädliches, wofür du Geld ausgibst. Finde diese Dinge heraus und ziehe die Konsequenzen. Aber es gibt Dinge, an denen du nicht unnötig sparen solltest: Repräsentative Kleidung, ausreichende Nahrung, Fortbildungskurse oder ein inspirierendes Buch sind keine unnützen Ausgaben sondern die besten Investitionen in deine Zukunft.

Wenn du nicht faul bist, wenn du wirklich hart arbeitest, dann brauchst du auch Ausgleich und Erholung. Das hierfür aufgewendete Geld ist keinesfalls zum Fenster hinausgeworfen. Es ist gleichfalls eine notwendige Investition für die Zukunft eines glücklichen Lebens.

Nicht nur beim Streben nach Reichtum, bei grundsätzlich allen gewünschten Erfolgen ist es für die Verwirklichung notwendig, die rechte Mitte zwischen Sparen und Investition zu finden. Denn Sparen und Investieren gibt es nicht nur auf der finanziellen Ebene. Auch Zeit oder Kraft muß man wohl zu sparen und investieren lernen.

Vielleicht geht es dir in den Plänen und Zielen deines Lebens nicht um Wohlstand. Nehmen wir an, du bist Sportler. Wenn du wirklich große Siege erringen willst, mußt du Zeit und Kraft richtig einsetzen. Du wirst sie in dein Training investieren und alle anderen Möglichkeiten der Energieverschwendung und Zerstreuung vermeiden. Nehmen wir an, es geht dir um bestimmte Entdeckungen oder Erkenntnisse: Auch dann wirst du dein ganzes Leben auf den Weg dorthin ausrichten und alles ausscheiden, was dich anderweitig bindet.

In der *Konzentration auf das Wesentliche* liegt der Schlüssel zum Erfolg. Beobachte dein Leben einmal kritisch, wie es in dieser Hinsicht bei dir aussieht! Orison Swett Marden rät dir: »Blicke einmal auf den verflossenen Tag zurück und sieh, wo deine Energie hingegangen ist. Wieviel hast du mit Kleinigkeiten verloren, vielleicht mit Kritteln und Tadeln oder den vielen kleinen Reibungen, bei denen gar nichts herauskommt, als daß du dir deine Nerven aufreibst, reizbar, leistungsunfähig und matt wirst.

Vielleicht hast du mehr Nervenkraft in einem Zornesausbruch verausgabt, als bei deiner ganzen Arbeit, vielleicht bist du in deinem Geschäft umhergegangen wie ein brüllender Löwe, der sucht, wen er verschlingen kann, wie es in der Bibel heißt. Dabei standen alle Klappen und Sicherungen deines Energievorrates offen, und alles, was du in der Nachtruhe gesammelt hattest, strömte aus.

Was hat dir aller Ärger, alles Tadeln und Schimpfen geholfen? Gebracht hat es dir nichts, aber genommen hat es dir viel von deiner Energie, deiner Selbstbeherrschung und Selbstachtung und ebensoviel von der Achtung und Zuneigung deiner Mitmenschen.

Viel wird auch falsch gemacht, indem wir in unnützen Sorgen, in der Vorausnahme alles Schlimmen, in ewigem Bedenken dessen, was wir tun sollten, unsere ganze Kraft schon verbrauchen, ehe wir noch zu arbeiten anfangen, und dann haben wir natürlich keine mehr, wenn wir sie am nötigsten brauchen.

Du mußt alles loszuwerden versuchen, was deine Energie unnütz verzehrt. Wenn du einen falschen Schritt getan hast, tu ihn zurück. Wenn es noch möglich ist, mache ihn wieder gut, soweit es in deiner Macht steht. Aber wenn du das Deinige getan hast, dann laß die Sache auf sich beruhen und schleppe sie nicht als Totengerippe mit dir herum. Was vorbei ist, ist vorbei und soll nicht als Gespenst ewiger Selbstvorwürfe deine Kräfte aufzehren.

Halte dich von allem fern, was deine Lebenskraft mindert, und frage dich bei allem, was du tust, ob es dich stärker und kräftiger macht, um etwas für dich und andere zu leisten.

Willst du es in der Welt zu etwas bringen und das Deine beitragen zum Fortschritt der Menschheit, so überwinde in deinem Leben alles, was deine Kraft vergeudet und dir den Erfolg raubt.

### *Trainiere dein Unbewußtes auf Sieg*

Wie schaffst du es, alles Verschwenden von Energie zu vermeiden? Es gibt nur eine Antwort darauf: Durch das Aufbauen schöpferischer Gedankenbilder, in denen sich deine Ziele so klar und erstrebenswert darstellen, daß du wie von einem beschwingten Automatismus getragen ihnen entgegengehst.

Hierzu mußt du immer wieder bewußt solche Gedankenbilder erzeugen, um deinem Unbewußten deutlich zu zeigen, worauf du hinaus möchtest. Besonders kraftvoll ist es nun, wenn du deine eigene Erscheinungsform, deinen Körper und dein Gesicht, in das Gedankenbild einbeziehst.

Dafür bietet sich in hervorragender Weise eine Übung an, die ich als *Spiegel-Methode* bezeichnen möchte. Bevor ich dir dieses Erfolgsgeheimnis praktisch erkläre, will ich die bemerkenswerte Geschichte erzählen, wie ich darauf stieß.

Vor vielen Jahren war ich im Hause eines wohlhabenden Industriellen zu Gast. Er hatte einige Bankiers, Journalisten und andere Unternehmer eingeladen, um ein neues Verfahren, das in seiner Firma entwickelt wurde, vorzustellen. Der Alkohol floß in Strömen, und bald war selbst der Gastgeber angetrunken.

Kurz bevor das Essen serviert wurde, sah ich ihn in den Vorraum schwanken. Da ich glaubte, ich könnte diesem Mann helfen, folgte ich ihm. Ich beobachtete, wie er sich im Vorraum vor den Spiegel stellte, wobei er sich mit beiden Händen an einer niedrigen Kommode festhielt. Ich hörte, wie er vor sich hinmurmelte, was für einen Betrunkenen ja nichts Ungewöhnliches ist. Doch dann verstand ich plötzlich seine Worte. In den Spiegel starrend sagte er: »John, altes Haus, sie wollen dich betrunken machen. Aber das können sie lange versuchen. Du bist nüchtern, nüchtern, vollkommen nüchtern. Das ist dein Fest, und du mußt ganz nüchtern sein.«

Als er diese Worte wiederholte, während ich ihn aus einigem Abstand heimlich beobachtete, bemerkte ich mit einem Male, daß eine eigentümliche Verwandlung stattfand. Sein Körper wurde aufrechter, seine Gesichtsmuskeln wirkten kontrolliert, und sein Schwanken hörte auf. Es dauerte keine fünf Minuten, da machte er tatsächlich einen vollkommen nüchternen Eindruck.

In meiner Zeit als Zeitungsreporter konnte ich zahlreiche betrunkene Menschen beobachten. Doch ich habe niemals eine derart rasche Veränderung bemerkt. Weil ich nicht wollte, daß jener Mann merkte, wie ich ihm zugesehen hatte, zog ich mich wieder in die Gesellschaft zurück. Als auch er kurz darauf wieder hereinkam, wirkte er völlig frisch. Nur wenn man ganz genau hinsah, konnte man bemerken, daß seine Gesichtszüge etwas angestrengt wirkten. Doch nach dem Essen hielt er eine beeindruckende Rede, in der er seine Pläne mit dem neuen Verfahren in klarer und mitreißender Form darstellte.

Seit dieser Zeit begann ich mich für die erstaunlichen Möglichkeiten eines Experimentierens mit Spiegeln zu interessieren. Dabei stieß ich auf viele bemerkenswerte Hinweise. Bedeutende Politiker wie Winston Churchill hielten niemals eine wichtige Rede, die sie nicht zuvor vor dem Spiegel probiert hätten. Dabei hatten sie ihr eigenes Bild vor

Augen und konnten sich so sehen, wie auch die späteren Zuhörer sie sehen würden. Nicht nur Politiker, auch erfolgreiche Verkäufer, Manager, ja sogar bedeutende Prediger haben sich dieser Methode bedient.

Es liegt eine intensive Wirkung darin, sein eigenes Bild zu sehen und sich dabei wichtige Dinge zu vergegenwärtigen. Mehr als einmal habe ich seither manchem meiner eigenen Mitarbeiter geraten, der vor einer wichtigen Aufgabe kapitulieren wollte, sich in Lebensgröße vor einen Spiegel zu stellen, sich zu mustern und zu fragen: »Wer bin ich? Ein Feigling oder ein Kämpfer?« Erfahrung hat gezeigt, daß dieses Vorgehen seine Wirkung auf das Unbewußte nicht verfehlt.

Ich ging sogar so weit, im Garderobenzimmer der Vertreter meiner Firma einen großen Spiegel aufzuhängen. Jeder, der diesen Raum betrat oder verließ, war gezwungen, automatisch einen Blick in diesen Spiegel zu werfen. Am Spiegel wurde nun jeden Tag ein neues Motto angebracht: »Nichts ist einem wollenden Geist unmöglich« – »Ich zeige der Welt, was ich kann« – »Wirst du dich auch heute wieder selbst übertreffen?«

All diese Sprüche waren so ausgesucht, daß sie motivierend auf die Vertreter wirken sollten. In Verbindung mit ihrem eigenen Bild führte die Anregung der entsprechenden Worte zu nachweisbar überwältigenden Ergebnissen. Als während Krisenzeiten alle gleichartigen Unternehmen der Stadt über erhebliche Umsatzeinbußen klagen mußten, brachten meine Vertreter sogar überdurchschnittliche Verkaufssteigerungen zustande. Vielleicht klingt es unglaublich für dich. Aber ich versichere, daß es wahr ist. Ich bekam unzählige Briefe von Menschen, die in meinen Vorträgen von derartigen Methoden gehört haben und mit etwas Übung die gleichen erstaunlichen Ergebnisse erlangten.

### *Wie du die Spiegelmethode anwendest*

Stelle dich vor einen Spiegel. Es muß nicht unbedingt ein solcher sein, in dem du deine ganze Körperlänge sehen kannst. Doch dein Oberkörper sollte zumindest darin erscheinen.

Stehe aufrecht und diszipliniert vor dir selbst. Lasse dich nicht hängen, sondern nehme ganz bewußt Haltung ein, wie ein Soldat vor seinem Vorgesetzten eine gewisse Haltung einnimmt. Nun nimm drei oder vier tiefe Atemzüge, bis du ein gewisses Empfinden der Kraft, Stärke und Entschlossenheit in dir spürst. Nun sieh dir tief in die Augen und sprich laut aus, daß du bekommen wirst, was du dir wünschst. Nenne das, worum es dir geht, laut beim Namen. Höre deine Worte, und nimm die Bewegungen deiner Lippen wahr.

Mache aus diesem Vorgang ein regelmäßiges Ritual: Verfahre mindestens zweimal täglich, am Morgen und am Abend, auf diese Weise. Die Ergebnisse werden dich in Erstaunen versetzen. Du kannst das Symbolwort, das sich auch auf den Karten befindet und stellvertretend für das Ziel steht, an dem du gerade arbeitest, zusätzlich mit Seife auf den Spiegel schreiben, bevor du diese Übung vornimmst. Innerhalb weniger Tage wirst du ein Gefühl des Selbstvertrauens haben, das du vielleicht niemals für möglich gehalten hättest.

Wenn du mit jemandem reden mußt, vor dem du dich fürchtest, sage dir selbst vorher am Spiegel ins Gesicht, was von dieser Sache zu halten ist. Wenn du vor dem Spiegel arbeitest, kannst du auch Gesten aller Art verwenden, die das, was du dir zu sagen hast, unterstützen. Laß diese Gesten auf ganz natürliche Weise kommen und sträube dich nicht dagegen.

Sage dir vor dem Spiegel, daß du außergewöhnlichen Erfolg in deinen Vorhaben erlangen wirst, daß nichts auf der Welt dich aufhalten kann. Findest du das kindisch? Vergiß nicht, daß jeder Impuls, der von unserem Unbewußten aufgenommen wird, eine Rückwirkung auf unser äußeres Alltagsleben hat. Dein Unbewußtes nimmt durch deine Augen mehr auf, als du bemerkst. Du selbst wirst dir zu einem schöpferischen Gedankenbild und richtest dich so auf große Erfolge aus. Doch erzähle niemanden von deinen Experimenten mit der Spiegel-Methode! Behalte auch hier für dich, was du anstrebst. Zweifler würden dich belächeln und damit dein Selbstvertrauen erschüttern, besonders dann, wenn du erst noch dabei bist, diese Methoden zu erlernen.

Wenn du jedoch selbst Geschäftsmann bist, kannst du deinen

Mitarbeitern diese Methode beibringen. Sie und das Wohlergehen der ganzen Firma werden es dir danken.

Es ist schon viel über die Kraft der Augen geschrieben worden. Man sagt, die Augen wären das Fenster zur Seele, der lebendige Ausdruck der Gedanken. Tatsächlich sagen die Augen mehr, als du dir vorstellen kannst. Wenn du die Spiegel-Methode anwendest, wirst du merken, wie deine Augen an Ausdruckskraft gewinnen. In einer Rückwirkung wird die neue Kraft deiner Augen auch dein Selbstbewußtsein positiv beeinflussen. Emerson hat einmal gesagt, daß jeder Mensch seine Stellung in der Gesellschaft durch seine Augen ausdrückt. Auch in deinen Augen lesen deine Mitmenschen ab, wie sie dir begegnen sollen. Je stärker dein Selbstvertrauen, um so klarer wird auch der Ausdruck deiner Augen sein. Der Spiegel kann dir dabei wesentliche Hilfestellung leisten.

Wenn du etwas experimentierst, wirst du rasch merken, daß die Möglichkeiten des Spiegels fast unerschöpflich sind. Ist etwa dein Gang unsicher oder erscheint dir deine Haltung zu schüchtern, dann kann dir das Üben vor einem lebensgroßen Spiegel wertvolle Dienste leisten. Im Spiegel siehst du dich so, wie dich andere Menschen sehen. Auch das Unbewußte nimmt wahr, wie es durch die äußere Erscheinung mit dem Unbewußten anderer Menschen korrespondiert. Es kann sich darauf einstellen, unbemerkte Korrekturen vornehmen und in noch vielerlei Hinsicht davon profitieren.

### *Mißbrauche diese Methoden nicht!*

Die Spiegel-Methode ist eine kraftvolle Waffe in deinem persönlichen Kampf um Glück und Erfolg. Doch gerade weil dies so ein kraftvolles Mittel ist, solltest du dich davor hüten, es zu negativen Zwecken zu verwenden.

Denke stets an den Grundsatz beim Anwenden geistiger Prinzipien: *Nur das, was mir nützt und anderen nützt, oder zumindest andere nicht schädigt, wenn es mir nützt, ist ein wahrhaft erstrebenswertes Ziel.* Die Kraft des Unbewußten ist eine ungeheuerliche Macht. Edle und unedle Ziele können dadurch angestrebt werden. Doch in unserem Universum wirken klare Gesetzmäßigkeiten: Du kannst nichts tun, was nicht auch Rückwirkungen auf dein Wesen und dein künftiges Leben hätte. Du kannst nicht in Harmonie leben, wenn du die Harmonie anderer störst.

Wenn du die Spiegel-Methode benutzen wolltest, um Macht über andere Menschen zu erlangen, deine Eitelkeit und Überheblichkeit zu steigern oder andere zu schädigen, würde die Wirkung eines schmerzhaften Bumerangs nicht ausbleiben.

Da dein Unbewußtes in seiner tiefsten Zone mit der harmonischen Natur und den universellen Gesetzmäßigkeiten verbunden ist, wird es mit deinen negativen Absichten in Konflikt geraten. Nur das kann ein erstrebenswertes Ziel für dich sein, was keinen anderen Menschen leiden läßt.

### *Liebe und Lieblosigkeit*

Am sichersten gehst du bei deinen Vorhaben, wenn du sie vom Prinzip der Liebe leiten läßt. Mary Poutz fand hierzu in der Zeitschrift *The Theosophist* einige inspirierende Worte: »Während langer Jahre rätselte ich an dem Problem von Recht und Unrecht. Fragen drängten in mein Bewußtsein, die ich nicht zum Schweigen bringen konnte: Gibt es wirklich so etwas wie Recht und Unrecht? Hat Moral einen Platz im göttlichen Plan für das Universum?

Diese Fragen waren um so quälender, als sie auftauchten, während ich meine Gedanken denen zuwandte, die über das Menschentum hinausgeschritten waren; denn sie schienen das zu verzeihen, was die Gebote einiger von ihnen den Menschen verbieten; ja es schienen sogar diejenigen, die sie in ihre Reihen aufnahmen, dieses Vorrecht durch offenkundige Fehler und Missetaten erlangt zu haben. Wir lesen, daß Christus die Sünderin Maria Magdalena segnete und daß er Martha zurechtwies, deren treue Arbeit es ihrer Schwester Maria ermöglichte, zu Füßen ihres Herrn zu sitzen. Wurden die Moralgesetze also den Menschen nur gegeben, um für Ruhe und Ordnung zu sorgen? Mein

Weg wurde undeutlich in dieser Finsternis, ein überwältigendes Mitleid mit den so Geknebelten erfüllte mein Herz, und eine grimmige Entschlossenheit, alles, wenn nötig selbst mein Gewissen zu opfern, um ihnen zu helfen.

Aber eines Tages kam mir in der Meditation das Licht; ich hörte in meinem Innersten die folgenden Worte: Wenn die Menschen vor ein moralisches Problem gestellt werden, konzentrieren sie sich noch auf die Ego-Frage: *Ist es Recht?* Jene aber, die über das Ego-Bewußtsein hinausgeschritten sind, fragen: *Ist es Liebe?*

Als ich die Bedeutung dieser Worte zu entfalten begann, erkannte ich, wie die höhere Schau moralische Probleme nicht mehr nach den Begriffen von Recht und Unrecht beurteilt, sondern nach den Begriffen Liebe und Lieblosigkeit. Der Moralkodex der Menschen trifft eine horizontale Einteilung: das Reine oben, das Unreine unten. Aber der göttliche Moralkodex macht eine vertikale Teilung: Das Reine *und* das Unreine auf der Seite der Liebe, und das Reine *und* das Unreine auf der Seite der Lieblosigkeit.

Du brauchst viel Selbstaufrichtigkeit, um dir das zur Richtschnur zu machen. Wie oft halten wir für Liebe, was doch in Wahrheit verlogene Eitelkeit und Selbstsucht ist. Aber tief in jedem Menschen, verborgen im Unbewußten, gibt es die sichere Instanz des Gewissens. Vor dieser inneren Instanz gibt es keinen Zweifel, ob unser Tun und Wollen von Liebe geleitet oder von niedrigen Motiven getrieben wird. Durch deine Beschäftigung mit dem Unbewußten und das Wecken der inneren Stimme wird dir auch die ehrliche Sprache des Gewissens mehr und mehr zugänglich. Höre darauf in deinem eigenen Interesse. Dein Erfolg wird nur vollkommen sein, wenn du nicht lieblos andere schädigst.

### *Praktische Konsequenzen*

1. Gleichgültig ob du reich und wohlhabend werden möchtest oder nach Erkenntnissen strebst, ob du sportliche Erfolge oder Anerkennung in der Welt der Kunst erstrebst: Immer geht es darum, daß du

es lernst, wie man spart und am richtigen Ort investiert. Ob es sich um Geld, Kraft oder Zeit handelt, stets wirken dieselben Gesetzmäßigkeiten.

Nachdem du dir klar gemacht hast, worum es dir im Leben geht, erstelle deinen Plan des Sparens und Investierens. Beginne im Kleinen! Deine jeweiligen Möglichkeiten entscheiden, ob du in großem, mittlerem oder kleinem Stile beginnst. Aber egal wieviel am Anfang möglich ist, du mußt beginnen! Dem Untätigen können die Kräfte des Unbewußten nicht helfen. Den Tätigen fördern sie stets zunehmend im Ausmaß seines Einsatzwillens.

2. *Spare nicht am falschen Platz!* Richte deine Aufmerksamkeit im täglichen Leben darauf, das Notwendige vom Verzichtbaren zu unterscheiden. Wer hohe Ziele anstrebt, muß zumindest zeitweise auch auf Angenehmes verzichten können. Wie ernst es dir mit einem Traum oder Wunsch ist, erkennst du unmittelbar daran, was du dafür einzusetzen bereit bist. Daran kannst du die jeweilige Kraft deines Glaubens ermessen.

   Denke nicht, daß du Zeit, Kraft und Geld ohnehin schon den Notwendigkeiten entsprechend einsetzt. Du würdest dieses Buch nicht lesen, wenn es in deinem Leben nichts positiv zu verändern gäbe. Lüge dich nicht selbst an! Du weißt genau, wo du ansetzen mußt. Du kennst deine Laster und Schwächen. Du weißt, was du aufgeben solltest, und du weißt, was du beginnen solltest. Entschließe dich jetzt dazu! Wer weiß, was morgen ist; jetzt kannst du beginnen!

3. *Spüre die Kraftverschwendungen deines Alltags auf*: Ist es dauernder Ärger? Sind es Wut- und Zornausbrüche? Ist es Trägheit? Ist es ein Davonlaufen vor irgend etwas? Gestehe dir ehrlich ein, was du ohnehin weißt! Nimm es als Herausforderung an, und besiege es, indem du positive schöpferische Gedankenbilder den negativen Gewohnheiten entgegenstellst.

4. *Übe mindestens zweimal täglich nach der Spiegel-Methode!* Mache dir diese Übung zu einer Gewohnheit wie das Waschen und Zähneputzen! Stets gilt bei der Anwendung geistiger Gesetzmäßigkeiten, daß nur die Regelmäßigkeit zum Ziele führt. Wenn du nach

zwei Tagen aufgibst, weil du glaubst, die Erfüllung deiner größten Wünsche müßte sofort eintreten, bist du noch nicht reif, das entsprechende Ziel zu erlangen. Nur wenn du bereit bist, etwas für deinen Wunsch einzusetzen, kann er sich auch erfüllen. Ein wichtiger Einsatz dabei ist die *Geduld*.

5. Mißbrauche die in diesem Buch mitgeteilten Methoden nicht dazu, anderen Menschen zu schaden! In unserem Universum wirken klare Gesetzmäßigkeiten: Du kannst nichts tun, was nicht auch Rückwirkungen auf dein Leben hätte. Wenn du anderen absichtlich Schaden zufügst, wird der Erfolg dabei nur von beschränkter Dauer sein. Früher oder später kehrt jeder Bumerang zurück. Wenn du Positives ausstreust, wirst du positive Früchte ernten. Steckst du negative Samen in die Erde deines Unbewußten, wächst mit Bestimmtheit auch die entsprechende Frucht heran.
6. Du gehst mit Sicherheit nicht fehl, wenn du dich von der Liebe leiten läßt. Doch sei selbst ehrlich, um nicht deine Eitelkeiten, egoistischen Wünsche und Bosheiten hinter einer Maske scheinbarer Liebe zu verbergen.
   Fürchte dich nicht vor der Liebe! Lieben heißt nicht, daß du deine Pläne, Ziele und Wünsche in gezwungener Selbstlosigkeit aufgeben mußt. Ganz im Gegenteil! Wenn deine Wünsche und Träume wirklich positiv sind, dann dient ihre Verwirklichung letztlich der ganzen Menscheit, auch wenn ihr Inhalt rein persönlicher Natur ist.

7. Kapitel

# Gedanken-Projektion

In der amerikanischen Zeitschrift *Sunrise* beschäftigte sich W. Dougherty mit aufsehenerregenden wissenschaftlichen Experimenten. Er berichtete von den Forschungen des Lügendetektor-Experten Cleve Backster. Dieser schloß einmal sein Gerät an das Blatt einer Pflanze, »um zu sehen, ob es möglich ist, an Hand des Diagramms festzustellen, wie lange das auf die Wurzel gegossene Wasser braucht, um das Blatt zu erreichen. Aber in der erwarteten Zeit war kaum eine Reaktion zu bemerken.

Er beobachtete jedoch sehr bald, daß das Diagramm des Blattes manchem menschlichen Diagramm glich, das er in den vergangenen achtzehn Jahren studiert hatte. Er war gespannt, was passieren würde, wenn er etwas tat, was das Wohlbefinden der Pflanze bedrohte. Er beschloß, ein brennendes Streichholz an das Blatt zu halten. Doch im selben Augenblick, als der Gedanke an das Streichholz in ihm aufkam, schlug die aufzeichnende Nadel seines Gerätes aus. Für Backster war dies eine tiefgreifende und grundlegende Erfahrung. Eine Pflanze hatte ganz offensichtlich reagiert nicht auf etwas, was er *tat*, sondern direkt auf sein Denken. Da dieses Ergebnis völlig überraschend kam, beschloß er, nach verläßlichen wissenschaftlichen Methoden der Forschung mit dem Experiment fortzufahren. Er veranlaßte seine Mitarbeiter, das gleiche Experiment mit derselben und mit anderen Pflanzen vorzunehmen. Das Ergebnis war immer das gleiche. Somit war es also ausgeschlossen, daß er etwas beobachtete, was speziell mit ihm oder mit einer bestimmten Pflanze zu tun hätte. Dieses Phänomen war höchstwahrscheinlich zwischen Pflanze und Mensch ganz grundsätzlich festzustellen.

Es sollte natürlich noch darauf hingewiesen werden, daß die Pflanzen bei den weiteren Experimenten in abgeschirmten Behältern standen und von den üblichen, der Wissenschaft bekannten Energien und Impulsen völlig isoliert wurden. Dadurch konnte festgestellt werden, daß die in diesem Reaktionsphänomen wirkenden Kräfte und Energien von den zur Zeit bekannten restlos verschieden waren.«

### *Erstaunliche Wirkungen menschlicher Gedanken*

Cleve Backster forschte auf diesem Gebiet unaufhaltsam weiter: »Wurden eine Reihe mit Krabben gefüllter Schalen in unregelmäßigen Abständen in kochendes Wasser geschüttet, so konnte er feststellen, daß die Reaktion einer Pflanze nach und nach an Stärke nachließ, während sie immer mit der gleichen Stärke auf einen menschlichen Anreiz reagierte, ganz gleich wie oft das Experiment wiederholt wurde. Außerdem entdeckte er, daß eine Pflanze gleich stark wie beim Experiment reagierte, wenn er nur daran dachte oder einen Bericht darüber niederschrieb.

Diese Forschungen führen zu manchen interessanten Schlüssen. Vor allem, daß Mensch, Tier und Pflanze, überhaupt alles Leben, durch Gedankenübertragung miteinander verbunden sind. Wahrscheinlich haben diese Kraftfelder schon immer existiert, wurden aber der Wissenschaft erst jetzt bekannt, weil sie außerhalb der materiellen Bereiche liegen, die bisher für die wissenschasftliche Forschung hauptsächlich in Betracht kamen. Die gegenwärtigen Untersuchungen erfordern auch eine Technologie, die unmöglich war, solange man nicht wenigstens bis zu einem gewissen Grad imstande war, mit den Elektronen zu manipulieren, die erst am Ende des vorigen Jahrhunderts entdeckt wurden und in der ersten Hälfte unseres Jahrhunderts umfassend studiert werden konnten.

*Wenn aber die Gedanken eines Menschen eine so erstaunliche Wirkung auf Pflanzen ausüben, wie können wir nur annehmen, daß die Qualität unserer Gedanken keine direkte Wirkung auf uns selbst und auf andere hätte?*

Die Beweise deuten jedenfalls entschieden darauf hin, daß, was an Empfindungsvermögen oder Fähigkeiten bei Pflanzen festgestellt wird, im Menschen in weit höherem Maße vorhanden ist. Dieses Heraufdämmern einer neuen wissenschaftlichen Wahrheit wird uns anspornen, die grundsätzliche Einheit allen Lebens anzuerkennen. Wie können wir, angesichts dieser Tatsache, noch selbstsüchtige und zerstörerische Motive gegeneinander hegen? Die Worte der alten Weisen gewinnen tatsächlich immer mehr an Bedeutung – wo einer leidet, leiden alle. Wo ein Mensch sich bemüht, seinem Bruder zu helfen, freut sich die ganze Schöpfung.«

### *Gedanken prägen den menschlichen Umgang*

Der klare Schluß, den wir aus diesen wissenschaftlichen Erkenntnissen ziehen können, ist jener, daß weit über das Gesagte und Gezeigte hinaus unsere Gedanken auf andere Lebewesen wirken. Auch dann, wenn du Freundlichkeit heuchelst, deine Gedanken aber voller Groll sind, wird das Unbewußte deines Gegenüber diese Impulse aufnehmen. Eure Beziehung wird dadurch in erheblichem Maße belastet. Vielleicht weiß der andere zu seiner eigenen Verwunderung nicht, weshalb er dir skeptisch gegenübersteht, denn er sieht bewußt nur deine äußere Höflichkeit, die du zur Schau trägst. Die tieferen Schichten seines Wesens aber sind empfänglich für die Schwingungen deiner wahren Gedanken.

Emerson schrieb einmal: »Der beste Weg, Freunde zu finden, ist selbst ein Freund zu sein.« Damit ist die Konsequenz aus diesen Erkenntnissen deutlich ausgedrückt. Wenn in dir freundschaftliche Gedanken lebendig sind und wirken, dann werden andere Menschen dir automatisch freundlich begegnen.

Der bekannte Physiker Sir William Crookes gab von seinem naturwissenschaftlichen Weltbild ausgehend seinen Erkenntnissen über die tieferen Aspekte der menschlichen Verständigung Ausdruck: »Üblicherweise übermitteln wir einander Nachrichten durch die Sprache. Dabei rufen wir zunächst in unserem Denken das Bild der Szene hervor, welche wir zu beschreiben wünschen. Alsdann wird in der Vorstellung unserer Partner ein entsprechendes Bild dieser Szene hervorgebracht. Die Übertragung geschieht durch Schallwellen, welche von unseren Stimmbändern erzeugt werden und durch den Mund von uns ausgehen.

Ist die Szene, die wir der Vorstellung des Empfängers einprägen möchten, kompliziert oder in der Vorstellung des Senders nicht klar, wird die Übertragung mehr oder weniger unvollständig sein. Wollen wir bei einem Zuhörer verhältnismäßig simple Vorstellungen hervorrufen, wie zum Beispiel die Gestalt von Dreiecken oder Kreisen, so wird eine ziemlich vollständige Übermittlung unserer Vorstellung möglich sein und diese dem Empfangenden deutlich werden. Bei diesem Vorgang bedienen wir uns der Schwingungen der Moleküle der Atmosphäre, um von einem Gehirn zum anderen gedankliche Nachrichten zu übermitteln.« Sir Crookes anerkennt aber neben der Übertragung unserer Gedanken durch Sprache auch eine solche durch direkte Gedankenwellen.

Dabei stellt er fest, »daß Gedankenwellen genauso wie andere Wellen physikalischen Gesetzen gehorchen müssen. Infolgedessen muß die Übermittlung von Gedanken um so leichter und sicherer vonstatten gehen, je näher Sender und Empfänger einander sind, und sie wird schwieriger im Verhältnis der Vergrößerung des Abstandes.

Es kann auch gesagt werden, daß Gedankenwellen, wenn sie sich nach allen Richtungen zerstreuen, im Bereich ihrer Wirkung alle Empfänglichen beeinflussen. Der elektrische Telegraf ist kein Parallelfall, denn beim Telegrafen vermittelt ein Draht, das ist eine grobstoffliche Materie, die Leitung der Energie zum Ort ihrer Bestimmung.«

Es ist gleichgülitg, ob wir uns die Wirkung der Gedanken-Energie in Form feinstofflicher Schwingungen vorstellen oder als Schwingung noch völlig unerforschter und unbeschreibbarer Art. Wesentlich ist nur, daß wir erkennen, wie diese beeinflussende Schwingung existiert und wie wir sie in jedem Augenblick ausstrahlen. Wenn wir dies bewußt als Möglichkeit im Umgang mit Menschen einsetzen, kann sehr viel Positives entstehen.

Wenn du dieses Gesetz kennst und beherzigst, kannst du deine Feinde in Freunde verwandeln. Es ist selten, daß ein Mensch keine Feinde hat. Damit meine ich nicht unbedingt solche Leute, die dir nach dem Leben trachten oder dich direkt schädigen wollen. Auch Neid, Haß oder Konkurrenzdenken kann manchmal Menschen dazu bringen, feindselige Gefühle gegeneinander zu hegen, auch wenn es nicht zum offenen oder versteckten Kampf kommt. Doch welche Energieverschwendung ist das!

Du grollst einer Person bewußt oder unbewußt. Diese fängt deinen Groll auf dem geheimnisvollen Weg der Gedankenwellen auf und grollt nun auch dir. Ein Teufelskreis negativer Gefühle, die vielleicht ganz unbewußt bleiben, setzt ein und hindert dich an positiven Wirken. Sei du derjenige, der diesen unheilsamen Kreislauf negativer Gedanken-Projektionen durch positive Gedankenbilder ersetzt.

Vor längerer Zeit habe ich mir einen Mann in diesem Sinne zum Feind gemacht. Er war damals ein Manager in einer Firma, über deren Geschäftspolitik ich in einer Diskussion kritische Gedanken geäußert hatte. Der Mann bezog das, was ich über das Unternehmen sagte, auf sich persönlich. In den folgenden Monaten benutzte er jede sich bietende Gelegenheit, mich auf geschäftlicher Ebene anzugreifen oder vor anderen unmöglich zu machen. Natürlich war meine erste Reaktion die, daß ich den offenbar erklärten Krieg aufnehmen soll und ihn im Gegenzug bekämpfen. Doch dann durchdachte ich die Vorfälle nüchtern, um mir zu sagen: »Er hat das, was ich über seine Firma sagte, ganz persönlich aufgefaßt. Letztlich habe ich die gegenwärtige Situation mitverursacht. Eigentlich ist er ein guter Kerl, und das will ich ihm in irgendeiner Weise mitteilen.«

Knapp eine Woche später traf ich ihn in einem Klub, in dem wir beide Mitglieder sind. Wahrscheinlich wäre er mir gleich aus dem Weg gegangen, doch als wir uns direkt gegenüberstanden, sprach ich ihn von mir aus an: »Wie geht es dir, Charlie?« Er fing aus meinen Worten dieses »Etwas« auf, was sich als Gedankenbild in mir formiert hatte, als ich mich entschloß, ihm mitzuteilen, daß ich ihm positiv gegenüberstehen möchte. Er lächelte, antwortete mir in freundlicher Weise, und wir unterhielten uns in der Folge ausgezeichnet miteinander. Heute sind wir sehr enge Freunde.

Du solltest daran denken, daß es vielleicht auch in deinem Leben Menschen gibt, die du verärgert hast. Möglicherweise grollen sie dir deswegen, und sie versuchen bewußt oder unbewußt deine Pläne zu durchkreuzen. Wenn du positive Gedanken über sie faßt, kannst du den Teufelskreis gegenseitigen Übelwollens durchbrechen. Es kann dann vorkommen, daß dich jene fördern und unterstützen, die dir zuvor im Wege standen. Deine positiven Gedanken, auf andere Menschen projiziert, können wahre Wunder wirken.

### *Die Wirkung der Gedanken-Projektion*

Vor vielen Jahren war in meinem Haus ein Wasserrohr defekt. Ich mußte einen Klempner rufen. Nicht weit von der Straße, in der ich wohnte, gab es eine Klempnerei. Doch der Besitzer war bekannt dafür, daß er meist unfreundlich und abweisend wirkte.

Mehrfach versuchte ich, ihn dazu zu bewegen, sich mein Rohr anzuschauen. Aber er war jedesmal zu beschäftigt. Das letzte Mal, als ich ihn anrief, meinte er, ich hätte zu warten, bis ich an die Reihe käme. Vielleicht könnte er in einigen Wochen etwas für mich tun. Ich fragte ihn, ob er mir die Namen anderer Klempner nenne würde, denn ich benötigte dringend Hilfe. Doch er war dazu nicht bereit. Seine Unfreundlichkeit führte bei mir zu einer negativen Einstellung gegenüber Klempnern im allgemeinen. Ich stellte sie mir alle rauh und abweisend vor und erwartete auch von anderen Klempnern die gleiche unhöfliche Behandlung.

So ist es nicht verwunderlich, daß einige andere Klempner, die ich nun rasch aus dem Telefonbuch herausgesucht und angerufen hatte, auch nicht zu mir kommen wollten. Jeder von ihnen erfüllte wie bei einer Verschwörung jene Erwartungen, die ich in ihn pojizierte.

Plötzlich bemerkte ich, was falsch lief: Meine negative Einstellung, der unsinnige Glaube, alle Klempner wären rauhe und böse Zeitgenossen, rief eine automatische Wirkung hervor. Ich mußte meine Haltung und mein Gedankenbild ändern, wenn sich auch in der Wirklichkeit etwas ändern sollte. Bestimmt sagte ich mir: »In der Regel sind Klempner liebe Menschen wie alle anderen auch. Wenn einer davon ein unhöflicher Kerl ist, vergesse ich ihn einfach.«

Mit dieser Einstellung wählte ich die nächste Nummer und bat den Klempner Jones, er möge mir helfen. Er sagte mir, daß er zwar sehr beschäftigt sei, doch müßte ein dringender Fall selbstverständlich vorgezogen werden.

Etwa fünfzehn Minuten nach meinem Anruf war der Handwerker zur Stelle. Schon beim Eintreten in mein Haus spürte er meine Dankbarkeit für sein rasches Kommen, und er reagierte seinerseits sehr freundlich. In weniger als zwei Stunden hatte der flott arbeitende Mann das Rohr repariert. Ich war sehr zufrieden mit seiner schnellen und guten Arbeit und sagte ihm dies, und er freute sich natürlich darüber.

Als ich einige Zeit später ein Problem mit der Heizung hatte, rief ich wieder Herrn Jones an. Er erinnerte sich an mich und versprach, so bald wie möglich zu kommen, doch würde es wahrscheinlich ein paar Stunden dauern. Zehn Minuten nachdem ich den Hörer aufgelegt hatte, erschien ein Mann an meiner Haustür und fragte, ob ich den Klempner bestellt hätte.

Verwundert wollte ich wissen, wie er so schnell zu mir kommen konnte. Er sagte: »Mein Chef, Herr Jones, hatte gerade Ihren Anruf erhalten, da kam ich in den Laden. Sofort sagte er mir, ich soll bei Ihnen nachschauen, bevor ich meine anderen Arbeiten wieder aufnehme.«

Ich war sehr glücklich über diese zuvorkommende Behandlung, was ich natürlich den Klempner spüren ließ. Auch er war dadurch gleich positiv gestimmt. Mit meiner Hilfe brachte er die Heizung innerhalb weniger Minuten wieder in Gang. Ich erzählte ihm von meinen Erfahrungen mit dem unfreundlichen ersten Klempner, der nie kommen wollte, und mit seinem eigenen Chef, Herrn Jones.

Er antwortete: »Mein Chef ist ein liebenswürdiger Mensch. Er ist immer bemüht, anderen Leuten zu helfen. Dadurch hat er es zu einem großen Kundenstamm und einem gutgehenden Geschäft gebracht. Ich hatte niemals einen besseren Chef.«

Diese kleine und unbedeutende Geschichte aus meinem Leben illustriert eine große und bedeutende Wahrheit: *Wie dir die anderen Menschen begegnen, ist zum großen Teil eine Reflektion deiner eigenen Gedankenprojektion.*

Weise diese wichtige Erkenntnis nicht zurück! Wenn du sie nicht glauben kannst, probiere es doch einfach! Die Resultate werden dich dann mit Sicherheit in großes Erstaunen versetzen. Entscheide dich, von nun an das Positive in die Welt zu säen! Denke etwas Positives über den stets unfreundlichen Busfahrer, begegne ihm entsprechend, und sein Verhalten wird sich dir gegenüber ändern. Vielleicht wandelt es sich nicht sofort oder am ersten Tag, doch wenn dein Gedankenbild sich stärkt, kann es nicht auf Dauer ohne Einfluß bleiben.

### *Die Gedanken-Projektion wirkt auch auf Umstände*

Vor einiger Zeit beschloß ich, die Grundprinzipien der Gedanken-Projektion in einer kleinen Broschüre zu erklären, die ich an die Mitarbeiter meiner Firma ausgeben wollte. Meine Absicht dabei war diese, jeden einzelnen zu motivieren, alle Mittel im Bemühen um unser gemeinsames Wohlergehen anzuwenden.

Ein paar Tage nachdem ich das Manuskript der Broschüre in die Druckerei getragen hatte, kam der Leiter dieses Unternehmens aufgeregt in mein Büro. Er hatte die Blätter, die ich ihm gebracht hatte, überflogen, den Inhalt interessant gefunden und den Text am Abend zum Lesen mit heim genommen.

In dieser Broschüre behauptete ich, daß man durch die Kunst der Gedanken-Projektion auch Umstände beeinflussen kann. Wenn das geht, meinte nun der Drucker, dann müßte ich morgen früh vor meinem Geschäft einen Parkplatz finden, wenn ich mir das jetzt vornehme.

Die Druckerei liegt in einer Hauptverkehrsstraße, in der auch die Anlieger selbst am frühen Morgen kaum einen Parkplatz finden.

Meine Ratschläge auf den Straßenverkehr übertragend, nahm sich der Drucker nun vor, er würde direkt vor seinem Laden einen freien Platz finden. Nachdem er es sich intensiv gewünscht hatte und sich auch bemühte, einen freien Parkplatz bildhaft vor sich zu sehen, vergaß er die Sache wieder. Auch am nächsten Morgen dachte er nicht mehr daran.

Dann am Morgen fuhr er mit dem Auto zur Arbeit und traute seinen Augen nicht: Direkt vor dem Eingang zu seinem Betrieb war eine Parklücke. Warum war dieser Platz frei geblieben? Plötzlich erinnerte sich der Drucker an seine Lektüre vom Vorabend. Sollte das tatsächlich ein Ergebnis seiner Konzentration auf den Wunsch nach einer Parklücke und seines Gedankenbildes sein?

Da er an diesem Tage einige Erledigungen in der Stadt hatte, nahm er sich vor, dieses Verfahren jedesmal anzuwenden. Immer bevor er losfuhr, stellte er sich seinen Zielort vor und baute kurz ein Gedankenbild auf, in dem er sich in unmittelbarer Nähe seines Zielortes einparken sah. Es funktionierte in jedem Fall.

Aufgeregt war er daraufhin zu mir gekommen, um sich das Geheimnis dieser Methode erklären zu lassen. Doch ein Geheimnis konnte ich ihm im Zusammenhang mit dieser Praxis nicht bieten. Es handelt sich um natürliche Gesetze. Zwar ist ihre genaue Natur noch wenig erforscht, aber ihre Wirkungsweise ist ganz offensichtlich.

Jedermann kann sich mehr oder weniger intensiv von den erregenden Wirkungen bei der Anwendung geistiger Prinzipien überzeugen. Die Begabung der einzelnen Menschen scheint dabei auf den ersten Blick unterschiedlich groß. Doch denke ich nach meiner Erfahrung mit einer Unzahl von Menschen, daß jeder mindestens eine besondere Begabung auf einem besonderen Gebiet geistiger Methodik hätte. Leider wird diese natürliche Besonderheit von den wenigsten aufgespürt, denn wer experimentiert schon in dieser Richtung?

Wenn jemand jedoch beginnt, einmal die scheinbaren Zufälle und Häufungen eigentümlicher Erfahrungen in einem bestimmten Lebensbereich zu erforschen, dann wird er vielleicht auf seine besondere Begabung stoßen. Nicht jeder muß dabei die gleichen Ergebnisse wie unser Drucker zutagefördern. Die eigene Begabung kann auf ganz anderem Gebiete gefunden werden.

Du selbst kommst der Sache näher, wenn du meinen wichtigen Hinweis aus dem 4. Kapitel beachtest: Da sind die vielen kleinen sogenannten Zufälle, die sich als Vorahnung, plötzliche Begegnung, unmittelbare Eingebung täglich ereignen. Da sind jene telepathischen Übereinstimmungen mit Menschen, mit denen wir häufig Umgang haben: Ungesagt weiß man gegenseitig, was man denkt, unmittelbar ist da plötzlich ein Einverständnis, als ob geheimnisvolle Fäden die Wesen verbinden.

Versuche diese Dinge zu erkennen, wenn sie sich ereignen. Sieh das Geheimnisvolle und Wunderbare in den Vorkommnissen, die ein oberflächlicher Geist als bloßen Zufall abtut. Das Erkennen dieser Dinge ist ein erster Schritt zu ihrer systematischen Entwicklung. Ja, sie entfalten sich mehr und mehr wie von selbst, automatisch, wenn sie beachtet und gepflegt werden.

Auch spektakulär geltende Dinge, wie die sogenannte Telekinese, ereignen sich häufiger, als man annehmen möchte. Viele Menschen besitzen Anlagen zur Fähigkeit, durch bloße Gedankenkraft feste Gegenstände zu bewegen. Doch wer probiert es schon aus? Ereignet sich etwas Derartiges, wird es dann leicht als Täuschung abgetan oder auf eine andere Weise rasch hinwegerklärt. Viele Menschen fürchten sich auch vor solchen unerklärten Phänomenen. Doch es ist nichts Gefährliches daran! Viele heute noch als phantastisch geltende Möglichkeiten liegen im menschlichen Unbewußten verborgen. Doch alle diese Dinge sind völlig natürlich und ebenso selbstverständlich wie die menschlichen Fähigkeiten des Sprechens und des abstrakten Denkens.

Ein Urmensch vor hunderttausend Jahren wäre sicherlich verängstigt vor einem Wesen zurückgewichen, das sich durch klar artikulierte Sprache verständlich machen wollte und in all seinem Tun durchdachten Prinzipien folgte. Für uns heute sind Denken und Sprache, die sich die Menschheit über Jahrtausende erobern mußte, ganz selbstverständliche Dinge, doch wir weichen vor Phänomenen zurück, die vielleicht in einigen hundert Jahren zum Allgemeingut der Menscheit gehören werden. Es liegt grundsätzlich nichts Böses in den natürlichen Anlagen des Menschen, auch wenn er sie heute noch nicht versteht. Alles kann zum Positiven oder zum Negativen verwendet werden. Dies entspricht dem freien Willen des Menschen. Doch er sollte sich nicht aus Furcht vor dem Unbekannten oder aus Angst, andere könnten neue Erkenntnisse mißbrauchen, von seinen wunderbarsten Entwicklungsmöglichkeiten abhalten lassen.

### *Unbewußte Gedanken-Projektion*

Alles, was der Mensch nicht begreift und was ihm geheimnisvoll erscheint, drängt er in die Ecke des Furchterregenden. So hat man über lange Zeit die Wirkungen des Unbewußten mit dem Tod in Verbindung gebracht. Der Spiritismus schreibt zum Beispiel die Wirkung der Gedanken-Projektion vielfach dem Tun der Geister Verstorbener zu. Doch in den meisten Fällen läßt sich ganz natürlich und diesseitig erklären, was man für das Werk Jenseitiger hält.

Thomas Jay Hudson weist anhand zahlreicher Fälle in seinem Werk *Das Gesetz der psychischen Erscheinungen* nach, daß die Phänomene des Spiritismus sich durch Telepathie und Gedankenprojektionen unbewußter Art erklären lassen.

Aus vielen der von ihm untersuchten Fälle greife ich einen repräsentativen heraus. Auf einem im chinesischen Meer stationierten Kriegsschiff beschäftigte sich die ganze Mannschaft zum Zeitvertreib mit dem spiritistischen Tischrücken. Sie entschlossen sich eines Tages, den Geist eines zwei Jahre zuvor verstorbenen Leutnants zu zitieren. Als einige Matrosen um einen runden Tisch saßen, die Hände so aneinandergelegt hatten, daß sich die kleinen Finger berührten, schien der Geist des ehemaligen Seemanns tatsächlich zu nahen. Durch vorher vereinbarte Klopfzeichen wurde folgende Botschaft übermittelt: »Ich bitte euch inständig, dem Kapitän die Summe (er nannte sie), die ich ihm schulde, zurückzuzahlen. Leider bin ich vor meinem Tode nicht mehr dazu gekommen.«

Niemand wußte etwas davon. Der Kapitän selbst hatte die kleine Summe vergessen. Aber als er in seinem Buche nachschlug, fand er die Schuld des Leutnants genau so verzeichnet, wie angegeben worden war.

Nachdem Hudson den Fall genau untersucht und durchleuchtet hat, kommt er zu dem Schluß, daß es sich hier um ein typisches Beispiel von Gedanken-Projektion oder Telepathie von Seiten des Kapitäns handelte.

Telepathisch wurde hier übermittelt, was im Unbewußten des Kapitäns gespeichert war. Unzweifelhaft hatte der Kapitän das Darlehen in seiner bewußten Erinnerung längst vergessen. Schließlich war es eine sehr geringe Summe und der Leutnant schon zwei Jahre tot. Aber das Unbewußte, welches alle Dinge erinnert, konnte es nicht vergessen und sandte die Forderung automatisch an das Unbewußte des Mediums.

Das menschliche Unbewußte ist immer bemüht, im Sinne der jeweiligen Persönlichkeit zu arbeiten. Stets geschieht dies durch unbewußte Gedenken-Projektion. Nicht immer sind die Umstände dabei so spektakulär wie im eben geschilderten Fall. Doch auch dein Unbewußtes ist ständig dabei, im Kontakt mit anderen Lebewesen durch Gedanken-Projektion deine Interessen zu vertreten.

Was dein Unbewußtes dabei für deine Interessen hält, ist nicht zuletzt davon abhängig, welche bewußten Impulse und Samen du ihm als schöpferische Gedankenbilder und Zielvorgaben zukommen läßt.

### *Wie du bewußt auf das Unbewußte anderer wirkst*

Die klarste Weise dein Unbewußtes zu lehren, was in deinem Interesse liegt, besteht darin, daß du *auch ganz bewußt* stets im Sinne deiner Interessen handelst. Natürlich mußt du dazu erst einmal herausfinden, worum es dir im Leben wirklich geht.

Dieses Buch und meine Ratschläge können dir nur hilfreich sein, wenn du diese wichtige Frage zunächst klären möchtest! Im 4. Kapitel habe ich dir eine wichtige Frage gestellt: *Worauf wartest du noch?*

Dabei habe ich dir erklärt, wie du Schritt für Schritt deine Ziele und Wünsche erforschen kannst, um sie in der Reihenfolge ihrer Wichtigkeit zu erkennen und zu untersuchen, wie sie miteinander zusammenhängen und kombiniert werden können.

Wenn du dieses 4. Kapitel nur überlesen hast, ohne den praktischen Hinweis auszuführen, dann gehe jetzt zurück, und hole das Versäumte nach. Auch wenn du diese Art der Selbsterforschung vorgenommen hast, solltest du bedenken, daß es klug wäre, sie von Zeit zu Zeit zu wiederholen oder sich das einmal Entdeckte wieder ins Gedächtnis zu rufen.

Glaube nicht, daß du schon genau und erschöpfend weißt, worum es dir im Leben geht. Die schwachen Ahnungen, worauf du hinaus willst, sind nicht genug. Wenn du deine Wünsche wirklich nach der angegebenen Methode erforschst, aufschreibst und sie dann in eine sinnvolle Ordnung bringst, wirst du erkennen, wie undeutlich du vorher deine Ziele vor Augen hattest. Was du dir schwarz auf weiß vor Augen hältst, kann durch keine vage Überlegung ersetzt werden. Wer sich aber seine Ziele bewußt gemacht und geordnet hat, kann seinem Unbewußten die klare Aufforderung zur Unterstützung seiner gewählten Richtung erteilen, und ungeahnte Kräfte aus der Tiefe werden ihm zur Verfügung stehen.

Die härteste Arbeit nutzt wenig, wenn sie nicht auf der Grundlage eines klaren Konzeptes steht. Die meisten Menschen gleichen der Gestalt des Sisyphos aus der griechischen Sage. Die Götter verurteilten diesen dazu, stets einen schweren Felsblock einen Berg hinaufzuwälzen. Doch vom Gipfel des Berges rollte dieser Stein von selbst wieder herunter, und Sisyphos mußte sich erneut abmühen. Ein Sinn dieser Geschichte besteht darin, daß sich die Menschen bewußt machen sollten, daß eine unnütze und nicht zielstrebige Arbeit die schrecklichste Strafe bedeutet. Warum willst du dich selbst bestrafen?

Erschaffe den Plan deines Lebens, erkenne worauf du hinauswillst, und alle deine Bemühungen und Anstrengungen können sinnvoll in ein Gesamtkonzept eingegliedert werden. Steine, die ohnehin wieder den Berg hinabrollen, kannst du dann getrost unten liegen lassen.

Stehen Plan und Ziel für dich fest, kannst du dein ganzes Leben bewußt danach ausrichten, indem du durch ehrliche Selbstbeobachtung nach und nach jeden Bereich deines Daseins in eine harmonische Übereinstimmung mit deinem Ziel bringst. Du kannst dich fragen, ob deine Kleidung, dein Auftreten, deine Haltung, deine Gewohnheiten, dein Sprechen und Denken mit deinem Ziel harmonieren. Wenn du Abweichungen feststellst, wirst du sie bewußt korrigieren. Dabei können die *Karten-Methode* und die *Spiegel-Methode* dir die notwendigen Hilfestellungen geben. Hast du jedoch kein Ziel, an dem du dich harmonisch ausrichten möchtest, wird selbst ein stundenlanges Stehen vor dem Spiegel zu keinen nennenswerten Ergebnissen führen.

Richtest du dich aber bewußt auf dein Ziel aus, dann leistet auch das Unbewußte sein Teil. Mehr und mehr wirst du zu einer lebendigen Verkörperung deines Zieles, und so wirkst du auch auf deine Mitmenschen. Ganz bewußt wirkst du nun derart auf ihr Unbewußtes, daß jedermann automatisch zu einem Förderer deiner positiven Wünsche wird.

## *Du brauchst ein Ziel*

Sicherlich hast du schon bemerkt, daß die gesamte Methodik, die ich dir in meinem Buch vorstelle, davon abhängt, ob du eine Ausrichtung gefunden hast, nach der du dein Leben gestalten möchtest. Es spielt keine Rolle, wie du es nennen möchtest: »Sinn des Lebens«, »Ausrichtung«, »Ziel«, »Ideal« oder »Grundmotiv«. Wichtig ist, daß es etwas Derartiges für dich gibt!

In früheren Zeiten haben verbindliche religiöse Vorstellungen jedem Menschen eine Zielrichtung über das beschränkte Leben hinaus vorgegeben. Doch die Art und Weise, wie die religiösen Ideale formuliert wurden, stieß bei immer mehr Menschen angesichts der raschen wissenschaftlichen Entwicklung auf Kritik und Unverständnis. Zwar könnte bei richtiger Interpretation der alten Überlieferung immer noch eine zeitlose Wahrheit darin gefunden werden, doch zeitgemäße Interpretationen der ewigen Wahrheiten sind selten. Die Folge ist eine große Unsicherheit im Leben der heutigen Gesellschaft.

Alte und ehemals verbindliche Werte scheinen zerbröckelt zu sein. Neue Werte aber, die von einzelnen Philosophen, religiösen Lehrern und auch Politikern vertreten werden, finden zwar die Anerkennung einiger Menschen, können sich aber nicht so durchsetzen, daß sie für jedermann zur verbindlichen Ausrichtung werden. So leben heute viele Menschen in einem ständigen Zweifel. Sie suchen heute hier und morgen dort; glauben zunächst an das eine Ideal, laufen aber dann einem Verkünder des Gegenteiles nach, wenn dieser seine Meinung halbwegs überzeugend vorträgt. In meiner Zeit als Fachjournalist für religiöse Angelegenheiten habe ich viele tragische Schicksale erlebt, wie Menschen durch ein andauerndes Hin-und-Her im geistigen Bereich immer unsicherer wurden.

Ich habe aber auch gesehen, wie Menschen an ihren Idealen und Zielen tatsächlich reiften, wenn sie sich klar und bewußt auf das entsprechende Ideal ausrichteten. Es war dabei nicht so wichtig, was und woran sie glaubten; *es war wesentlich, daß sie glaubten!*

Daraus sollten wir eine wesentliche Lehre ziehen: Auf unterschiedlichen Wegen streben die Menschen ihrem Ziel zu, unterschiedliche Überzeugungen dienen ihnen dabei. Wenn jeder auf seinem positiven Weg einer positiven Überzeugung voranschreitet, treffen sich alle am gleichen Ziel der Harmonie. Es ist so sinnlos, mit anderen Menschen über die Formulierung des Zieles und den Glauben zu streiten. Wenn du wirklich an das von dir gefundene Ziel und den von dir erkannten Sinn glaubst, dann hast du es nicht nötig, jemanden zu überzeugen, der anders glaubt. Was für den Menschenverstand in seiner heutigen Entwicklung unterschiedlich formuliert ist, mag am Ziel seine Gegensätzlichkeit verlieren.

Bedenke ein Gleichnis: Alle Menschen streben im Grunde danach, den Gipfel eines Berges zu erreichen, von dem aus sie das Dasein überblicken und der wirkliche Sinn sich ihnen erschließt. Doch der Berg ist an jeder Seite verschieden: Im Osten führt der Aufstieg durch einen Wald, im Westen über karge Felsen, im Süden über Geröll, und im Norden des Berges gibt es vielleicht Almen und Wiesen. Wenn nun der eine Mensch dem andern sagt, er wäre auf dem falschen Weg, weil er Felsen und nicht Wiesen sieht, und beide geraten daraufhin in Streit, verschwenden sie ihre Energie und vergessen den Aufstieg. Von oben aber würden sie sehen, daß jeder Weg je nach dem unterschiedlichen Ausgangspunkt seine Berechtigung hatte.

Mit den Idealen, Religionen und Weltanschauungen verhält es sich da nicht anders wie mit den verschiedenen Berufen: Wie unsinnig wäre es, wenn sich Bäcker und Klempner darüber streiten würden, ob man Teig oder Rohre als Arbeitsgrundlage verwenden soll. Jeder von beiden geht im Leben der Gesellschaft einen anderen Weg: Der eine bäckt das Brot, das der andere zum Existieren braucht; jener legt das Wasserrohr, ohne welches der Bäcker keinen Teig machen könnte. Indem jeder seine Aufgabe so vollkommen wie möglich erfüllt, legt er damit die Grundlage des harmonischen Daseins aller Menschen.

Unter diesem Blickpunkt betrachtet, liegt in der heute vielfach herrschenden Unsicherheit vielleicht ein großer Segen, möglicherweise sogar der Beginn einer neuen Stufe in der Höherentwicklung der Menschheit: Jedermann ist aufgefordert, ganz bewußt *seine* Ziele, *seine* Ideale und *seinen* Sinn des Lebens zu entdecken. Vielleicht findet er seine Orientierung in den alten und bewährten Werten der Tradition; vielleicht findet er seine Ausrichtung in Werten, die seiner Herkunft nicht entsprechen; oder er entdeckt für sich völlig neue Werte, mit denen ein anderer wenig anfangen kann. Doch auf dem Gipfel der Harmonie treffen sich alle, die ihren Weg konsequent gingen.

So wie die verschiedenen Berufsgruppen durch das Verfolgen der ihnen eigenen Tätigkeit auf der Ebene des Handels und Austausches dazu beitragen, daß alle Menschen mit dem Notwendigen versorgt sind und gesellschaftliche Harmonie besteht, wird auch das konsequente Verfolgen seines Ideals durch jeden Menschen eine ganz neue Harmonie erschaffen.

Denke daran, wie zerstörerisch politische Systeme in der Vergangenheit waren und auch leider heute noch sind, die alle Menschen zu geistigem Gleichschritt in dieselbe Richtung zwingen wollen und die Vielfalt der Ideale und des Glaubens verbieten. Millionen Menschenleben hat solche Engstirnigkeit schon gefordert, und alle derartigen Versuche, diktatorisch den Glauben und das Denken der Menschen zu reglementieren, sind irgendwann zerbrochen. Doch wenn alle Menschen die Möglichkeit erhalten und auch damit beginnen, den ihnen entsprechenden Glauben zu leben, wird jeder auf seinem Weg zum Gipfel der Harmonie gelangen.

Darum unterschätze diesen Hinweis nicht: Finde deinen Glauben, und gehe konsequent deinen Weg! Du tust es dann zum Nutzen aller. Aber lasse auch jeden anderen, der *seinen* Weg zur Harmonie gefunden hat, diesen gehen. Auch er geht ihn letztlich zum Nutzen aller, auch zu deinem. Dies trifft selbst dann zu, wenn du den Weg des anderen nicht begreifen kannst. Menschen, die an Gott glauben, blicken oft auf jene herab, die sich als Atheisten bezeichnen. Ich kenne zwei Brüder, der eine ist Pfarrer, der andere Biologe. Beide streiten oft: Der Pfarrer hat ein ganz von der Bibel geprägtes Gottesbild, während der Biologe sagt, daß er Atheist sei und nur an die Natur glaube. Ich verstehe mich mit allen beiden sehr gut und denke, daß sie nur mit ihren jeweils unterschiedlichen »Werkzeugen« der Erkenntnis dem Höheren entgegenstreben.

Du brauchst *dein* Ideal! Du brauchst das, woran du glaubst. Aber du kannst ein wirkliches Ideal nicht finden, indem du die Ideale anderer bekämpfst und bestreitest. Ob du wirklich dein Ideal gefunden hast, wirst du auch daran merken, daß du anderen gegenüber tolerant und offen werden kannst. Wer seinen Weg fand, braucht sich vor dem Weg des anderen nicht mehr zu fürchten. Man kann sich dann zuhören, gegenseitig raten, und dann schreitet jeder auf seinem Wege fort, bis der Gipfel der Harmonie uns alle wieder vereint.

Was Orison Swett Marden für den Beruf feststellt, gilt auch für die Ideale des Menschen: »Ich kenne junge Leute, die scheinbar ganz eifrig in ihrem Berufe sind, aber man könnte sie in vierundzwanzig Stunden soweit bringen, daß sie ihn aufgeben. Sie fragen sich ständig, ob sie auf der rechten Spur sind und verlieren sofort den Mut, wenn sie auf ein Hindernis stoßen. Wenn sie von jemanden hören, der auf einer anderen Bahn Erfolg gehabt hat, so fragen sie sich zweifelnd, ob sie nicht am Ende besser täten, auch jene Bahn einzuschlagen. Wenn einer aber so lose mit seinem Beruf verknüpft ist, dann darf man wohl annehmen, daß er noch nicht das rechte Ziel gefunden hat.

Das, was deinem Leben seinen wahren Inhalt gibt, das ist die Aufgabe, die dir, gerade dir gestellt ist. Diese mußt du erkennen, angreifen und allen Mühen und Opfern zum Trotz durchführen.« Dies ist der einzige Weg, um in der Welt wirklich glücklich zu werden. Es gibt auf dieser Erde kein zweites Wesen, das dir vollständig gleicht. Du bist ein völlig einzigartiges Teilchen einer großen und umfassenden Entwicklung. Finde deine Stellung darin! Du mußt sie selbst finden! Deine Träume, Wünsche und Hoffnungen können dir sagen, wozu du berufen bist. Schiebe sie nicht weg, höre hin!

*Praktische Konsequenzen*

1. Deine Gedankenschwingungen wirken selbst auf Pflanzen in unmittelbarer Weise. Aus derartigen wissenschaftlichen Erkenntnissen kannst du schließen, welchen unvorstellbaren Einfluß deine eigene Gedanken auf dich selbst und auf deine Umgebung haben. Ändere deine Denkgewohnheiten deshalb überall dort, wo es nötig ist.
   Du kannst hierzu nach einem Plan vorgehen: 1. Versuche durch ehrliche Selbsterforschung und Beobachtung deine negativen Gedankenbilder zu entlarven. 2. Finde für jede der negativen Denkgewohnheiten ein positives Gedankenbild. 3. Nimm dir in der Reihenfolge der Wichtigkeit jeweils Woche für Woche ein Gedankenbild vor. Entschließe dich, immer dann, wenn du das negative Denken bemerkst, mit dem gewählten positiven Gedankenbild zu antworten. Lasse dies nicht zu einem inneren Kampf ausarten! Es geht ganz zwanglos: Wenn du negatives Denken in dir spürst, sage innerlich einfach das entsprechende Positive zu dir selbst.
2. Wie dir die anderen Menschen begegnen, ist zum großen Teil eine Reflektion deiner eigenen Gedanken-Projektionen. Hast du Feinde oder Menschen, die dir übelwollen? Hegst du selbst Groll gegen andere? Du solltest die unnötige Energieverschwendung eines solchen Denkens erkennen.
   Setze selbst den Anfang, aus dem sinnlosen Teufelskreis von Haß

und Gegenhaß auszubrechen. Bemühe dich, die positiven Seiten deiner Mitmenschen zu sehen und nicht nur die Fehler. Wer hauptsächlich das Gute sucht, wird das Gute finden. Wer nur Streit und Feindschaft erwartet, wird sicher auch die Frucht seiner Erwartungen ernten.

3. Gedanken-Projektion wirkt auch auf Gegenstände und Umstände. Nimm eine Haltung positiven Erwartens ein! Sage dir nicht: »Ich finde ohnehin keine Parklücke« – »Es hat alles keinen Sinn« – »Ich bin nicht begabt, mit diesem Werkzeug umzugehen« – »Pflaumenkuchen gelingen mir nie« etc. Wer so denkt, der übersieht jene Chancen, die ohnehin bestehen. Darüber hinaus erschafft er sich auch keine zusätzlichen Möglichkeiten, die aus der Projektion schöpferischer Gedanken-Bilder entstehen können.
4. Alles kommt darauf an, daß du *dein* Ziel findest! Erforsche das, was dir im Leben wichtig ist, falls du es bisher versäumtest. Bediene dich dazu der Methode, die im Abschnitt »*Worauf wartest du noch?*« des 4. Kapitels erläutert wurde.
5. Die Ziele der Menschen weichen voneinander ab. Da unterschiedliche Menschen eine unterschiedliche Ausgangsposition besitzen, müssen sie auch verschiedene Ideale haben. Jeder Mensch strahlt unbewußt seine Ideale ab und trägt damit, wenn diese positiv sind, zur geistigen Harmonie unter allen Lebewesen bei.
   Stelle den Sinn, den du in deinem Leben siehst, nicht über das, was andere Menschen für sich gefunden haben. Wer den Glauben und die Ideale anderer bekämpft, ist sich in der Regel seiner eigenen Sache nicht sicher. Wenn du deinen Weg auch dann weitergehen kannst, wenn du siehst, wie andere zu ihrem Glück einer anderen Bahn folgen, spricht dies für die Sicherheit der von dir gewählten Richtung. Ob du einem positiven Weg folgst, siehst du nicht zuletzt auch daran, daß du dabei toleranter und offener werden müßtest. Das einzige, das man auf keinen Fall dulden darf, ist die eigene Unduldsamkeit.

8. Kapitel

# Frauen und die Macht des Glaubens

Grundsätzlich haben die in diesem Buch dargelegten Prinzipien nichts mit dem Geschlecht des Menschen zu tun. Frauen wie Männer können die diesen Prinzipien zugrundeliegenden Gesetzmäßigkeiten zu ihrem Nutzen anwenden. Doch ein weit verbreitetes Vorurteil zwingt mich, einige Worte zu diesem Thema zu sagen.

Jahrhundertelang galt der Mann als derjenige, der die Geschichte der Menschheit prägte. Wir alle kennen die diesbezüglich üblichen Denkgewohnheiten: Schon bei den urtümlichen Menschen, so meint man, wäre der Mann zur Jagd in die Wildnis ausgezogen, während die hilflose Frau in der Höhle mit den Kindern zurückblieb. Ob das wirklich so war, hat keiner gesehen. Die heute so oft zitierten Beispiele aus der Tierwelt zeigen eher, daß auch der weibliche Partner seinen Teil zur Ernährung und der männliche den seinen zur Aufzucht der Nachkommen beiträgt. Natürlich bestehen biologische und psychologische Unterschiede, die nicht wegdiskutiert werden sollen. Aber man hat von diesen offensichtlichen und natürlichen Unterschieden auch auf weitergehende Trennungen geschlossen, die im Grunde nichts damit zu tun haben.

Aus der zeugenden Funktion des Mannes und der gebärenden der Frau auf die Zuweisung ungleicher Rechte und Pflichten in ganz anderen Lebensbereichen zu kommen, ist ein großer Irrweg. So, wie man nicht allen Menschen dieselben Ideale und Ziele vorschreiben kann, sind auch pauschale Urteile über die Geschlechter und deren Rollen eigentlich eine Unmöglichkeit. Eine Aussage, die mit den Worten beginnen würde »Alle Männer sind ...« oder »Es ist das Wesen und die Bestimmung der Frau ...«, gerät alleine deshalb bereits in den Verdacht der Intoleranz.

Das, was ein Mensch aus seinem Leben machen soll, ist einzig und allein das Vorrecht seiner eigenen Entscheidung. Wer nun allgemeine Gesetze aufstellen wollte, wie sich alle Menschen oder Angehörigen einer bestimmten Rasse, eines Geschlechtes oder einer Nation im Leben einrichten sollten und welches ihre jeweiligen vorbestimmten Aufgaben wären, der gebärdet sich damit wie ein Diktator. Jeder Mensch hat *seine* Wünsche, *seine* Träume und *seine* Hoffnungen.

Würde ich als Mann nur *einer* Frau sagen wollen, wonach sie streben sollte, wäre dies vollkommen unsinnig. Noch unsinniger wäre es, wenn ich es pauschal für alle Frauen sagen wollte. Es wäre schon bedenklich, wenn ich als Mann Aussagen für und über alle Männer treffen würde.

Ein Mensch, der geistigen Prinzipien folgen möchte, muß allen anderen Menschen das Recht auf freie Entscheidung über das eigene Leben überlassen. Wer anderen Menschen ihre Freiheit nimmt (und sei es auch nur in Gedanken oder Vorstellungen!), der stellt damit nach dem Gegensatz der Rückwirkung seine eigene Freiheit in Frage. Wenn ein Mann also sagt, daß Frauen grundsätzlich in die Küche gehören, vertritt er damit ein ebenso negatives Gedankenbild der Freiheitsberaubung wie eine Frau, die sagt, jede Frau, die freiwillig ausschließlich eine Rolle als Hausfrau anstrebt, wäre rückständig und unterentwickelt.

*Wenn du selbst frei über dein Tun und Lassen entscheiden willst, mußt du auch jedem anderen diese Freiheit zugestehen, solange er damit nicht die Rechte anderer beschneidet.*

Die Geschichte der Menschheit wurde von Anbeginn von Männern und Frauen gestaltet. Ein rein männliches Handeln ohne weibliches Handeln ist undenkbar. Doch geschrieben wurde die Geschichte in der Vergangenheit hauptsächlich von Männern. Es würde in unserem Zusammenhang zu weit führen, die Gründe dafür zu untersuchen, aber meist wurden die Frauen dabei in der Geschichtsschreibung vergessen. Viele Männer hegten bewußt oder unbewußt ein Geschichtsbild, in welchem ausschließlich sie sich als die harten Gestalter des menschlichen Schicksals betrachteten. Leider hat diese Auffassung gewollt oder ungewollt lange Zeit die Frauen beschränkt.

Es hat sie ferngehalten von Berufen und wichtigen Entscheidungsfunktionen.

Doch ein Blick in die Wirklichkeit zeigt selbst jenen, die noch verbissen an überkommenen Vorurteilen festhalten wollen, daß Frauen alle wesentlichen Funktionen in der Gesellschaft wahrnehmen können. Wenn die Männer in Kriege zogen, oblag der Frau nicht nur allein die Erziehung der Kinder, sie mußte auch Industrie, Transport und Versorgung aufrecht erhalten. Höchste Staatsämter werden und wurden von Frauen verwaltet: Man denke nur an die philipinische Präsidentin Aquino oder die britische Regierungschefin Thatcher. Schon legendäre Gestalten sind Golda Meir und Indira Gandhi. Wer möchte, wenn er sich offenen Auges in der Welt umsieht, behaupten, daß es irgendeine Funktion gibt, die grundsätzlich nicht von Frauen wahrgenommen werden kann?

### *Das Zeugnis einer beachtlichen Frau*

Als ich noch für Zeitungen schrieb, habe ich mich immer besonders für die Frauenbewegung interessiert, deren Kampf ich nun in Amerika seit vierzig Jahren aufmerksam verfolge. Viele wichtige Reformen in den Vereinigten Staaten gingen direkt oder indirekt auf das Wirken von Frauen zurück. Frau R. E. Bondurant gehörte dabei zu den aktivsten Mitstreiterinnen der amerikanischen Frauenbewegung. Ungezählte Gesetzesinitiativen gehen auf sie zurück, in denen es auf die Gleichstellung und Befreiung der Frau ankam. Neben vielen anderen Arbeitsbereichen betätigte sie sich insbesondere auch in der Resozialisierung von Mädchen.

Im Alter war Frau Bondurant auch in der Behindertenarbeit aktiv. Für ihren Plan eines Aufbaus von Werkstätten, in der behinderte Menschen ihren besonderen Bedingungen gemäß arbeiten konnten, suchte sie Kontakt zu Geschäftsleuten, die bereit waren, mit Rat und Tat zu helfen. Ich fühlte mich geehrt, von dieser großen alten Dame, deren Verdienste mir aus meiner Zeit als Journalist wohl bewußt waren, eingeladen zu werden. Den Nachmittag in ihrem Arbeitszimmer zwischen all ihren Büchern und Pflanzen werde ich niemals vergessen. Nachdem meine Mitarbeit bei ihrem Behinderten-Projekt besprochen war, fragte ich sie nach ihrer Einschätzung der Macht geistiger Gesetze und des Glaubens. Frau Bondurant sagte:

»Darüber kann keinerlei Zweifel bestehen. Ich spreche jetzt aus der Erfahrung von 71 Jahren, während derer ich nicht nur meine Familie nach besten Kräften versorgte, sondern immer auch bemüht war, das gesellschaftspolitische Leben aktiv mitzugestalten. Es gibt etwas bestimmtes Großes, nennen Sie es Gott oder wie immer Sie wollen, das uns immer dann unterstützt, wenn wir es nötig haben. Diese Erfahrung hat nie versagt. Wir müssen nur daran glauben. Wenn ich zurückdenke, fallen mir alle die wunderbaren Frauen ein, mit denen ich um eine Verbesserung der Arbeitsbedingungen für Frauen und Jugendliche kämpfte. Wie viele Schwierigkeiten hatten wir durchzustehen! Wie wurden wir verlacht und herumgestoßen! Aber da war der unerschütterliche Glaube an die Gerechtigkeit und die Notwendigkeit unseres Kampfes um eine Verbesserung der sozialen Bedingungen. Schließlich haben wir unsere Gesetze und Verordnungen bekommen.

Manchmal bin ich traurig, daß nicht alle Frauen die außergewöhnlichen Kräfte und Begabungen, die in ihnen liegen, erkennen und entfalten. Ich verachte diese Frauen nicht. Niemals würde ich einen Menschen verachten. Doch es ist eine traurige Interesselosigkeit. Wenn ich vor Frauengruppen spreche, bin ich manchmal erstaunt, wie wenig man selbst dort über die großen Leistungen von Frauen in der Vergangenheit weiß. Wennn sich immer mehr Frauen ihrer Fähigkeiten und Macht bewußt werden, können sie mehr zum dauerhaften Frieden und einer Verbesserung der Welt beitragen, als alle die berühmten männlichen Helden und Möchtegern-Friedensstifter.

Alle großen Entwicklungen dieser Erde, alle wahrhaft bedeutenden Dinge, wurden von Männern und Frauen zustandegebracht, die Träumer waren und an ihre Träume glaubten. Anders ist nichts Wesentliches zu schaffen. Es ist, als ob es darum ginge, einen Berg zu besteigen, um ganz zum Gipfel zu gelangen. Wer nur ewig darüber nachdenkt, von wo er den Aufstieg beginnt, wird niemals den Gipfel sehen. Man kennt den Gipfel nicht, aber man muß an ihn glauben und den Aufstieg beginnen. So spielt es auch weniger eine Rolle, was und woran man glaubt, wenn man seinem Leben Sinn geben möchte. Es ist nur wichtig, daß man einen positiven Glauben hat.

Ich möchte nicht überkritisch erscheinen, aber oft ist der Glaube mancher Menschen zu lau. So gibt es Organisationen, in denen man sich darauf beschränkt, bestimmte Erklärungen zu verabschieden und über Anträge abzustimmen, aber dann läßt man es beim Papier bewenden. Ich habe das auch in Frauen-Organisationen erlebt. Aber das Bekenntnis oder die Willenserklärung alleine genügen nicht. Man muß etwas dafür tun.

Ich kann mir nichts vorstellen, was wunderbarer wäre, als anderen dienstbar zu sein. Bei all meinen Aktivitäten für Gesetzesvorlagen und andere Dinge, die mir wichtig waren, habe ich nach meinen Möglichkeiten immer auch finanziell dazu beigetragen. Und ich durfte erleben, daß derjenige, der gibt, auch empfängt. Während der Wirtschaftskrise verlor mein Mann 80000 Dollar. Er konnte zu jener Zeit nicht arbeiten, weil er schwer krank im Bett lag. Ich ging täglich in sein Büro, um die Post zu holen und das mir Mögliche zu leisten. Wir schienen wirtschaftlich verloren. Doch ich gab den Glauben nicht auf. Kurz bevor wir endgültig am Ende gewesen wären, geschah etwas höchst Eigenartiges: Täglich trafen Schecks mit der Post ein. Rechnungen, die wir längst aufgegeben hatten, wurden bezahlt. Menschen, denen mein Mann vor langer Zeit ausgeholfen hatte, erinnerten sich nun daran und zahlten das Erhaltene zurück. Wir waren gerettet. Dies ist nur ein Beispiel. Doch wenn mich mein langes aktives Leben eine Sache lehrte, dann ist es die Macht des Glaubens.«

## *Selbständigkeit und Verantwortlichkeit*

Viele Frauen scheuen sich noch, eigene Wege zu gehen. Aus der Abhängigkeit von den Eltern begeben sie sich direkt in die Abhängigkeit von einem Mann. Mit dieser Feststellung möchte ich keineswegs etwas gegen Partnerschaft, Ehe und Familie sagen. Im Gegenteil: Wahre Partnerschaft, glückliche Ehe und harmonische Familie vertragen sich nicht mit *Abhängigkeiten*. Dieses Wort soll hier nicht in einem äußeren, materiellen Sinne verstanden werden.

Wenn ein Partner sich um die Kinder und den Haushalt kümmert, während der andere mit der Arbeit seiner Hände oder seines Geistes die notwendigen Mittel des Lebens beschafft, ist nicht unbedingt der erste Partner vom zweiten abhängig. Abhängigkeit, wie ich sie verstehe, kann nicht aus äußeren Gegebenheiten abgeleitet werden. Sie ist vielmehr ein innerer Zustand.

Verdient ein Partner den Lebensunterhalt und kümmert sich der zweite um andere anfallende Aufgaben, wird niemals in einem der beiden das Gefühl des Abhängigseins aufkommen, wenn die jeweilige Aufgabe mit dem eigenen Ideal und der eigenen Lebensvorstellung harmoniert. Hat jedoch einer das Gefühl, für den anderen auf den Traum und die Aufgabe seines Lebens verzichten zu müssen, steht das Glück schon sehr in Frage.

Oft möchte man Frauen wegen immer noch bestehender gesellschaftlicher Vorurteile vom Ergreifen bestimmter Berufe abhalten. Noch gibt es Eltern, die es mit der Ausbildung ihrer Töchter nicht so genau nehmen, weil sie meinen, daß das Mädchen ohnehin später heiratet und sich um die Kinder kümmern wird. Doch da werden schwere Fehler begangen! Jeder Mensch hat in sich seine Träume, Wünsche und Vorstellungen, und er muß das Recht erhalten, diesen zu folgen. Das Streben eines Mädchens ist dabei ebensoviel wert, wie jenes eines Jungen.

Man schaue sich die heutigen Scheidungsraten an. Immer mehr Ehen scheitern, weil einer der beiden Partner das Gefühl hat, etwas Wesentliches versäumt zu haben. Er möchte sich selbst finden und verwirklichen, wobei er glaubt, daß ihm dies in der Abhängigkeit vom Partner nicht gelingt. Der tiefere Grund besteht regelmäßig darin, daß man sich nicht *vor* einer Bindung seine eigenen Wünsche, Träume und Hoffnungen bewußt machte.

Wer gelernt hat, zu wissen, was er will, wer seine Ziele klar vor Augen hat, wird ein unabhängiger Mensch sein. Er bleibt auch dann ein unabhängiger Mensch, wenn er eine tiefe Verbindung eingeht. Er bleibt es selbst dann, wenn er sein Ziel darin erkennt, sich ganz einem anderen Menschen hinzugeben. Wenn dies nämlich *wirklich* sein Ziel ist, lebt er damit seinen Traum, *sein* eigenstes Leben.

Am sichersten gehst du dann, wenn du dir wahrhaftig über deine Ziele klargeworden bist. Strebe dann deinen Wünschen entgegen, auch wenn andere zu dir sagen, daß du eigentlich etwas ganz anderes tun müßtest. Wer sein Ziel hat und sein ganzes Dasein harmonisch darauf ausrichtet, ist wirklich ein selbstständiges Wesen.

### *Der Fluch der Bequemlichkeit*

Eigentlich wäre jeder Mensch in der Lage, durch bewußtes Ansteuern seiner Ideale unabhängig zu sein. Daß es trotzdem nur sehr wenige sind, liegt daran, daß es in der Regel einfacher und bequemer ist, sich in vorgegebene Rollen einzufügen. Man läßt dann andere für sich denken, lehnt sich an andere an und gibt sich seiner Trägheit hin.

Tragisch an dieser Sache ist, daß die Unzufriedenheit damit schon vorprogrammiert wurde. Nichts schadet dem unbewußten und auch dem bewußten Selbstwertgefühl eines Menschen so sehr, wie die Tatsache, daß andere alles für ihn entschieden und getan haben, wodurch für die eigene Initiative nichts mehr übrig bleibt. Auch wenn es der Faulheit und Trägheit entgegenkommt, steigt zugleich das Empfinden der eigenen Minderwertigkeit.

Besonders traurig ist dabei, wenn sich ein Mensch bewußt darüber freut, daß ihm alles abgenommen wird, während das Unbewußte immer mehr Schaden nimmt, bis es schließlich zu einer unerwarteten Entladung der Unzufriedenheit kommt.

Wenn du spürst, daß du eigentlich einen bestimmten Weg gehen solltest, einer bestimmten Berufung folgen, etwas Bestimmtes aus dir machen, dann lege dir nicht selbst die Ketten der Bequemlichkeit an. Lasse nicht andere für dich das Gegenteil von dem entscheiden, worauf du selbst hinauswillst!

Verleihe dir selbst die Verantwortlichkeit für das, was du als deine Sache erkannt hast. Hole alles an Selbstvertrauen, Erfindungsgabe und Anpassungfähigkeit an Situationen und Notwendigkeiten aus dir heraus, was in dir steckt.

Leider ist es eine vielerorts verbreitete Fehleinschätzung, daß automatisch alle positiven Eigenschaften, die in einem Menschen stecken, ans Licht kommen. Doch dieser Irrtum ist fatal: Nichts auf der Welt funktioniert von selbst. Immer und überall herrschen klare Gesetzmäßigkeiten, die hinter den Erscheinungen wirken. Und so ist es in der Entwicklung des Menschen eine unumstößliche Gesetzmäßigkeit, daß niemandem etwas von selbst zufällt.

Auch dann, wenn es den Anschein hat, daß jemand völlig unverdient und ohne eigenes Bemühen bestimmte Fähigkeiten und Geistesgaben besitzt, gilt doch dieses Gesetz. Für das, was jetzt dein Wesen ausmacht, hast du früher etwas getan. Das, was dir heute ganz unvermutet als Frucht zufällt, kann ein Ergebnis längst vergessenen Denkens und lange zurückliegender Arbeit sein. Die Wirkungsweise dieser Gesetze ist für den Menschen meist schwer zu durchschauen. Aber eine Wahrheit ist sicher: *Du kannst dort kein Ergebnis erwarten, wo du nichts tust und dich passiv auf andere verläßt.* Nur aus dem, was du aus eigener Absicht und eigener Entscheidung selbstverantwortlich anstrebst, kann dir etwas erwachsen.

### *Jede Frau und jeder Mann erschafft das eigene Schicksal*

Das, was du bist, was du bekommst und was dir zustößt, ist zum wesentlichen Teil dein eigenes Werk. Wie immer du dich jetzt oder morgen auch fühlen magst, du bist im Grunde selbst dafür verantwortlich.

Wer sich schlecht fühlt, neigt in der Regel dazu, sich irgendwo außerhalb seiner selbst einen Sündenbock zu suchen, dem er die Schuld dafür gibt. Man macht dann den Ehepartner, die bösen Nachbarn, die unverschämten Arbeitskollegen oder den gierigen Chef für das eigene Unglück verantwortlich. Ich kenne einen Unternehmer, der sich seit Jahren unglücklich fühlt, wofür er immer gleichbleibend die jeweilige Regierung verantwortlich macht: Einmal glaubt er, daß die Steuergesetze seinen seelischen Zustand verschlechtern. Dann wieder ist die Wirtschaftspolitik in seinen Augen die Ursache.

Doch wer den Grund *seiner* Verstimmung, *seiner* Übellaune oder *seines* Unglückes bei anderen sucht, begeht einen schweren Fehler. Er übersieht eine Tatsache, die ihm doch ganz offensichtlich sein müßte: Zu dem von ihm erdachten System gehören immer zwei, man selbst und derjenige, dem man die Schuld gibt. Da ist der andere, und vor allem ist da die eigene Reaktion auf den anderen. Nun kann aber eine Ehe, ein Nachbarschaftsverhältnis oder eine Zusammenarbeit nicht dadurch geändert werden, daß man vom anderen Beteiligten verlangt, er müßte sich in allen Dingen so verhalten, daß es für einen selbst keinen Grund zur Verstimmung gibt. Diese Haltung wäre weltfremd und unrealistisch. Der einzige Punkt, an dem eine Veränderung einsetzen kann, ist die eigene Reaktion.

Auch jener Unternehmer, für den die Regierung an allem schuld ist, übersieht die Tatsache, daß auch die beste, weiseste und demokratischste Regierung nach menschlichem Ermessen immer Fehler begehen wird. Hier kann nicht die Wurzel des Übels liegen.

Man selbst, das eigene Verhalten, die eigene Reaktion auf das, was uns als Ärgernis oder Übel erscheint, ist das einzige, was uns unmittelbar änderbar ist. Auf die anderen können wir zwar durch unser Vorbild und die Projektion heilsamer und positiver Gedanken einwirken. Doch ist daran in einem starken Maße nicht zu denken, solange wir nicht unser eigenes Haus in Ordnung gebracht haben.

Beobachte und frage dich selbst: Wenn du anderen die Schuld für dein Schicksal und deine Stimmungen gibst, fliehst du damit nicht vor der eigenen Verantwortung? Hast du, wo dir andere für Dinge, die dich betreffen, verantwortlich erscheinen, dich selbst schon bemüht, das dir Mögliche beizutragen und zu leisten?

Anderen die Schuld geben, bedeutet eine ebensolche *Abhängigkeit*, als würde man sie für sich selbst denken und die wichtigsten Handlungen vornehmen lassen!

Du selbst baust dein Schicksal! Dein Ärger über andere ist *deine* Reaktion! Also nimm dein Leben selbst in die Hand! Du baust dein Schicksal nach dem Gesetz der Wiederholung: Was du oft tust, denkst und im Geiste bewegst, genau das wirst du! Wer einen Muskel häufig bewegt, der kann sein Erstarken fühlen. Wer ihn nie bewegt, der wird ihn schlaffer und schlaffer werden sehen. Dieses Gesetz gilt in allen Bereichen des Daseins. Denke positive Gedankenbilder der Kraft und des Erfolges, nicht solche, die dich als armes Opfer anderer und der Umstände zeigen. Du wirst und tust, was du denkst. Darum sagt Prentice Mulford:

»Wo immer man sich im Geiste sieht, ständig und dauerhaft sieht, dorthin trägt einen das Schicksal. Und wenn es nicht ganz ans Ziel führt, so doch immerhin ganz in die Nähe. Diese Position wird in jedem Falle besser sein, als ziel- und orientierungslos am Straßenrand zu stehen.

*Wer sich fürchtet, Verantwortung zu übernehmen,* und die sichere Stellung mit dem sicheren Einkommen vorzieht, kann stets mehr oder weniger eine Maschine sein, die dem Eingriff anderer preisgegeben ist und ansehen muß, wie jene den größten Nutzen aus ihren Fähigkeiten ziehen. Wer Verantwortung zu übernehmen wagt, der kommt am besten voran. Wer es nicht wagt, bleibt vielleicht der schlecht bezahlte Laufbursche derer, die es wagen. Erlaube dir wenigstens in deiner Phantasie, ein bedeutendes Unternehmen zu leiten oder beachtliche Geldsummen zu verwalten! Wenn du es zunächst ganz im stillen, in der Verborgenheit des Geistes wagst, gibst du dich nicht dem Spott anderer preis. *Übe die Kunst, Erfolg zu erwarten. Sicheres Erwarten des Erfolges bleibt die beste und gewinnbringendste Art, seine Gedankenkraft zu investieren!«*

Ob es große Summen sind, ein eigenes Geschäft, beruflicher Aufstieg, eine glückliche Familie, künstlerische Leistungen, Weisheit oder Erkenntnisse, bekenne dich zu deinen Träumen und Wünschen, gleichgültig ob du eine Frau oder ein Mann bist. Du bist ein einzigartiges Wesen auf dieser Erde. Und tief in dir, sagt dir die innere Stimme deiner Hoffnungen, welchen Platz im Leben du am besten und glücklichsten ausfüllen könntest. Bekenne dich zunächst vor dir selbst dazu! Träume deinen Traum! Und dann frage dich, wie du zur Tat schreiten kannst. Wenn du an deine Träume glauben kannst, fest und unerschütterlich glauben kannst, dann wird dein Glaube Berge versetzen und das scheinbar Unmögliche möglich machen.

Viele erregende Zeugnisse sprechen dafür, daß Frauen vielleicht noch mehr als Männer die Gabe des bewußten Hervorbringens schöpferischer Gedankenbilder besitzen. Die Ursache mag darin gesehen werden, daß man ihnen über Generationen verschiedene Aufgaben mehr oder weniger vorenthielt, wodurch sie besonderes Gewicht auf die Erforschung und Pflege der inneren Bildwelt legten. Träume, Phantasien und Wunschbilder begannen eine besondere Rolle zu spielen.

Hierin liegt ein Segen und eine Gefahr. Die Gefahr besteht darin, daß eine Frau, die sich ihrer Träume und Wünsche sehr bewußt ist, jedoch passiv auf die Erfüllung wartet und *nichts aktiv dazu tut*, leicht unzufrieden mit sich, anderen und den Umständen werden kann.

Der Segen dagegen besteht in der Tatsache, daß viele Frauen hierdurch sehr leicht einen Zugang zur Kunst schöpferischer Gedankenbilder finden, den sich mancher Mann erst durch einige Übung erarbeiten muß.

Es gibt viele erregende Zeugnisse davon, wie sich Frauen ihre Wunschbilder zur äußeren Wirklichkeit gestalteten. Von einem wahrhaft märchenhaften Beispiel möchte ich dir erzählen, um zu zeigen, daß der Macht des Glaubens nicht einmal solche Grenzen gesetzt sind, die ihr von der kritischen Vernunft gerne zugewiesen werden. Das einzige Nicht-Märchenhafte an der folgenden Geschichte ist die Tatsache, daß sie sich wirklich ereignet hat. Die genauen Umstände wurden von Ellery Sedgwick und dem Journalisten Elbert Bede, mit dem ich mich persönlich über alle diese Dinge auseinandergesetzt habe, genau untersucht und veröffentlicht.

Um die Jahrhundertwende wurde im amerikanischen Bundesstaate Oregon das Mädchen Opal Whiteley als Tochter eines Holzhackers geboren. Opal spielte viel in der Natur, hatte ihre liebsten Spielkameraden unter Tieren gefunden und lebte wie zahlreiche kleine Mädchen ganz in ihren Träumen. Es war ein eintöniges und karges Leben, das diese einfache und arme Arbeiterfamilie in Oregon führte. So war man dankbar für jede Abwechslung und interessierte sich für alle außergewöhnlichen Dinge, die sich ereigneten.

Ein außergewöhnliches Ereignis war dabei der Besuch eines leibhaftigen Prinzen in der Umgebung.

Der französische Prinz Henri von Bourbon machte auf einer Amerikareise in Oregon Station, um einen inzwischen ausgewanderten Mann zu besuchen, der ihm als Feldwebel im Deutsch-Französischen-Krieg von 1870/71 treu gedient hatte. Der Besuch des Prinzen war selbstverständlich eine aufsehenerregende Angelegenheit und wurde als Gesprächsstoff dankbar von jedermann aufgenommen.

Auch das Mädchen Opal muß davon gehört haben. Opal nahm diesen Prinzen heimlich in ihre Mädchenträume auf. Alle ihre Phantasien und Tagträume, ihre kindlichen Spielereien in der Natur müssen sich um die Gestalt ihres Märchenprinzen gedreht haben.

Sobald sie schreiben konnte, vertraute sie ihre Träume und Wünsche einem Tagebuch an, das 1920 veröffentlicht wurde und großes Erstaunen hervorrief: Opal Whiteley behauptete darin, in Wahrheit nicht Kind ihrer Eltern zu sein, sondern in geistiger Weise durch eine Art »Engelszeugung« Tochter des französischen Prinzen Henri d'Orléans. Den Jahre zurückliegenden Besuch des französischen Adligen in Oregon hatte man längst vergessen. Jedermann rätselte, wie ein Mädchen, das die meiste Zeit in der Natur gespielt hatte und unter einfachen Leuten aufgewachsen war, ein Buch mit derartigem Inhalt schreiben konnte.

Aber dieses Mädchen einfacher Eltern hatte schon bevor sie ihr Tagebuch mit 22 Jahren veröffentlichen ließ, manchen in Erstaunen versetzt. Ohne jemals eine Oberschule abgeschlossen zu haben, bewarb sie sich an die Universität von Oregon, wo sie wegen ihres außergewöhnlichen Wissens über Geologie, Astronomie und Biologie tatsächlich aufgenommen wurde. Ihre Träume und ihr Glaube, nicht in die Umgebung zu gehören, in die sie hineingeboren wurde, besaßen für sie solche Wirklichkeit, daß ihr der Erwerb von Wissen für ihren Aufstieg denkbar leicht fiel.

Bald schon bereitete sie ein naturkundliches Buch vor. Ganz selbstverständlich schrieb das unbekannte Mädchen an die Königin von Belgien, Theodore Roosevelt, John D. Rockefeller und andere prominente Persönlichkeiten, von denen sie auf ihre Bitte hin tatsächlich Unterstützung für ihr Veröffentlichungsvorhaben erhielt.

Dann plötzlich gab die zweiundzwanzigjährige Studentin ihr Tagebuch heraus, stiftete eine große Verwirrung und verließ bald darauf Amerika in Richtung England. Dabei hatte sie keinen gewöhnlichen Reisepaß. Die außergewöhnlichen Kontakte, die sie sich inzwischen aufgebaut hatte, verschafften ihr eine besondere Urkunde, welche die Unterschrift des amerikanischen Außenministers und jene von Sir Edward Grey vom britischen Außenministerium trug.

Fast war es so, als hätte Opal durch die Veröffentlichung ihres Tagebuches ein besonderes Energiefeld erzeugen wollen. Ich bin überzeugt davon, daß sie um die Kunst schöpferischer Gedankenbilder und die Geheimnisse der Telepathie besonders gut wußte. Viele Kinder, die in engem Kontakt mit der Natur und mit Tieren aufwachsen, entwickeln einen unmittelbaren Instinkt für derartige Dinge, von denen der durchschnittliche Großstadtbewohner wenig ahnt.

Die Veröffentlichung ihrer intimen Aufzeichnungen setzte in ihrer Heimat Oregon und darüber hinaus intensive Gedanken-Energien frei: Nicht nur der Mann auf der Straße spekulierte darüber, ob dieses ihrem Elternhaus völlig entwachsene Mädchen vielleicht tatsächlich geheimnisvoller Herkunft und von den Whiteleys nur angenommen sei. Auch Wissenschaftler meldeten sich zu Wort: Psychologen analysierten den Text, Literaturkritiker bewerteten ihn, Geistliche meldeten sich zu Wort, und es gab eine Diskussion in der Presse über diesen Fall.

Opal jedoch schien ihre Spuren hinter sich verwischt zu haben. Ihr weiterer Weg war für die Augen derer, die sich so intensiv Gedanken über sie machten, verborgen. Wahrscheinlich diente ihr jene starke Gedanken-Energie, die sie aufzunehmen und zu ihrer Unterstützung zu verwenden verstand, als wichtige Kraftquelle für die Meisterung ihrer weiteren Vorhaben.

1933, etwas dreizehn Jahre nach der Veröffentlichung des Tagebuches, ging ein eigenartiger Bericht durch amerikanische Zeitschriften. Eine Amerikanerin, die zu jener Zeit in Indien reiste, hatte eine bemerkenswerte Begegnung. Im indischen Fürstentum von Udaipur begegnete ihr eine prächtige Kutsche, die von einer großen Anzahl Soldaten eskortiert wurde. Die Frau in dieser Kutsche war eindeutig keine Inderin. Nachforschungen der Amerikanerin ergaben, daß diese Frau eine europäische Prinzessin wäre, die am Hofe des regierenden Fürsten von Udaipur lebte.

Genaueres Nachfragen brachte schließlich ans Licht, daß diese Prinzessin niemand anderes war als die Holzhackertochter Opal Whiteley. Ungeachtet ihrer bürgerlichen Herkunft war sie ein gern gesehener Gast an verschiedenen indischen Fürstenhöfen, wo man sie als Prinzessin Françoise ehrte und achtete.

Das Mädchen, das an seinem Kindertraum vom prinzlichen Vater festhielt, hatte es geschafft. Opal genoß als Frau die Anerkennung als Prinzessin und führte ein märchenhaftes Leben in einem fernen Land.

Eine extreme Geschichte? Sicherlich. Wahrscheinlich möchtest du nicht Prinzessin oder Prinz werden, und es entspricht nicht deinem Traum, daß Maharadschas unter tropischem Himmel exotische Feste für dich geben. Aber selbst dieser Traum war für eine wahrhaft strebende Frau, die es wagte, erfüllbar.

Glaube du an *deine* Träume! Wage es, Schritt für Schritt ihre Verwirklichung anzustreben! Vielleicht wird der erste Schritt schwer sein. Vielleicht wird er deiner Bequemlichkeit und Trägheit viel abverlangen. Aber mit jedem Stückchen, das du deinem Ziel näher kommst, wird es für dich greifbarer. Das Bewußtsein deines Zieles wird für dich selbstverständlicher, wodurch auch Sicherheit und Ausrichtung sich zunehmend verstärken.

Was anfänglich nur durch bewußte Anstrengung in Gang kommt, wird zum schwungvollen und beglückenden Automatismus werden, wenn du dich dazu entschließt, endlich ein Zeichen zu setzen und zu beginnen.

*Praktische Konsequenzen*

1. Konstruiere keine künstlichen Unterschiede zwischen den Menschen, und lasse dich nicht davon beeindrucken, wenn andere dies tun. Sobald du dich einem Vorurteil bezüglich der Rolle, die du im Leben zu spielen hast, hingibst, gibst du damit dein eigenes Leben aus der Hand.
   Frage dich: Was tust du gerne im Leben? Was empfindest du als Zwang? Tust du viele Dinge nur deshalb, weil andere dich dazu veranlassen, obwohl du selbst wenig überzeugt davon bist? Hast du manchmal selbst bessere Vorstellungen, die du nicht auszusprechen oder auszuprobieren wagst? *Worauf willst du noch warten?*
   Mache dich nicht freiwillig immer unglücklicher! Rede dir nicht künstlich ein, daß du aus der Rolle fällst, wenn du ab jetzt etwas anderes tust!
   Oft glaubst du ganz fälschlich, daß andere etwas von dir erwarten, das du dann erfüllen möchtest. Es ist aber deine eigene Furcht, die dich am Gewohnten festhalten läßt. Andere werden dich erheblich mehr schätzen, wenn du das aus dir machst, was in dir steckt und wovon du träumst!
2. Überprüfe dein eigenes Leben am Rat von Frau Bondurant:
   Alle großen Entwicklungen dieser Erde, alle wahrhaft bedeutenden Dinge, wurden von Männern und Frauen zustandegebracht, die Träumer waren und an ihre Träume glaubten. Auf eine andere Weise ist nichts Wesentliches zu schaffen. Es ist, als ob es darum ginge, einen Berg zu besteigen, um ganz zum Gipfel zu gelangen. Wer nur ewig darüber nachdenkt, von wo er den Aufstieg beginnt, wird niemals an ihn glauben und den Aufstieg beginnen. So spielt es auch weniger eine Rolle, was und woran man glaubt, wenn man seinem Leben Sinn geben möchte. Es ist nur wichtig, daß man einen positiven Glauben hat.
3. Wie steht es mit deiner Selbständigkeit und Selbstverantwortlichkeit? Fühlst du dich abhängig? *Bedenke:* Abhängigkeit ist nichts Äußeres oder Materielles. Du kannst eine sehr enge Bindung

eingehen oder für einen anderen gegen Bezahlung arbeiten, ohne dich jemals abhängig zu *fühlen*.

Wenn du dich aber in deinem Leben unselbstständig und abhängig fühlst, ist dies ein wesentliches Zeichen dafür, daß du dein Ziel noch nicht erkannt hast oder es bisher versäumtest, dein Leben im Hinblick auf dein Ziel zu harmonisieren. Gehe den Hinweisen deiner Gefühle der Abhängigkeit nach!

4. Gehörst du zu den Bequemen unter der Sonne? Bist du einer von jenen, die zwar wissen, was man tun könnte, denen es aber die Trägheit nicht erlaubt? Dann bedenke die harten Konsequenzen, die ich in meinem Buch *TNT – Eine Kraft in Dir wie Dynamit* unverblümt beschrieben habe:

   Wünschst du, dort stehenzubleiben, wo du jetzt bist? Wenn ja, dann komm um Himmels willen zu keinem Entschluß! Solange du dein Denken nicht änderst, wirst du in jener Position verbleiben, in der du dich befindest. Oder du wirst in eine niedrigere Position zurückfallen, denn es gibt keinen Stillstand im Leben. Es bewegt sich entweder auf oder ab. Metall rostet, wenn nichts getan wird, um es glänzend zu erhalten und frei von zersetzenden Kräften.

   Du kannst nicht zurückfallen in der Parade des Lebens. In jedem Alter mußt du in Bewegung bleiben, im eigenen Interesse. Die Natur verabscheut alles, was seine Nützlichkeit preisgibt. Auf alle Lebensformen, die aufgegeben haben, warten die Geier, um aufzuräumen.

   *Wenn du weißt, wohin du willst, vollziehe den kleinen Schritt zur Tat! Wenn du noch nicht weißt, wohin du willst, beginne mit der Erforschung deiner Wünsche!*

   *In jedem Falle: Fasse den Entschluß, endlich anzufangen!*

5. Suchst du bei anderen die Schuld für dein Schicksal und deine negativen Stimmungen? Begib dich nicht in eine derartige Abhängigkeit! Nur jene Person oder jener Umstand kann Macht über dein Inneres gewinnen, denen du selbst diese Macht verleihst. Lasse dich nicht von anderen bevormunden, und bevormunde du nicht andere.

   *Werde zunächst Herr im eigenen Haus!*

9. Kapitel

# Der Glaube läßt die Dinge geschehen

Ich habe versucht, dir in den vorstehenden acht Kapiteln die wichtigsten Grundzüge der Wissenschaft des Glaubens und der Kunst der Gedanken-Bilder darzulegen. Ich habe dir dazu persönliche Erfahrungen und Begegnungen aus meinem bewegten Leben berichtet, habe manchen Wissenden um diese Gesetze und Prinzipien zu Wort kommen lassen und auch neue Forschungsergebnisse angesprochen, die diese oft erstaunlichen Dinge in einem plausiblen Licht erscheinen lassen.

Da du nun das neunte Kapitel aufgeschlagen hast, nehme ich an, du hast die vorhergehenden Seiten gelesen. Zu Beginn des Buches drückte ich schon meine Hoffnung aus, daß es keine langweilige Lektüre für dich sein sollte. Aber ich hoffe für dich mehr: Ich wünsche mir, *du* bist derjenige, der dieses Buch nach dem Lesen nicht zuklappt, um zur gewohnten Tagesordnung überzugehen. Ich wünsche mir, daß gerade *du* diese Prinzipien aufnimmst, um dein Leben auf die schönste und glücklichste Weise zu wandeln.

Vielleicht meinst *du*, es soll ein psychologischer Trick sein, wenn ich dich hier auf diese Weise persönlich anrede. Vielleicht denkst *du*, daß dies sinnlos ist, weil wir uns nicht persönlich kennen, weshalb ich auch nichts von *dir* erwarten könnte. Aber ich sehe diese Sache anders.

Ich war ein einfacher und armer Soldat, habe es dann zu einer Karriere als anerkannter Journalist gebracht, um schließlich als reicher Geschäftsmann die Gelegenheit zur Verwirklichung aller meiner Träume zu haben. Geschafft wurde dies durch die Anwendung der in diesem Buch niedergelegten Prinzipien. Alles, was du gelesen hast, ist erprobt und hat in der Vergangenheit zu ungezählten Erfolgen geführt.

Wichtige Experimente und Übungen meines eigenen Lebens habe ich in diesem Buch beschrieben, und ich weiß, daß es genügen müßte, damit *du* es mir gleichtun kannst.

Viele Ereignisse, die wir für Zufälle halten, sind mit Sicherheit alles andere als zufällig. Und so verhält es sich auch damit, daß du ein Buch wie dieses in Händen hältst und gelesen hast. Es gehört eine gewisse Reife dazu, sich überhaupt nur soweit für das Thema der Gestaltung seines eigenen Lebens zu interessieren. Und so ist es nicht Zufall, daß du diese Gedanken jetzt aufgenommen hast, sondern es entsprach genau einem Erfordernis deiner gegenwärtigen Reife.

Vielleicht fühlst du dich selbst nicht reif, dein Leben in der hier beschriebenen Weise selbst in die Hand zu nehmen. Vielleicht glaubst du, du solltest dich damit bescheiden, diese Prinzipien nur zu studieren und ansonsten alles zu lassen, wie es war. Aber die Tatsache, daß du meine Darlegungen interessiert aufgenommen hast, *beweist*, wie du jetzt an einer wichtigen Schwelle stehst. Du kannst dich weiterhin von den Umständen und von anderen Leuten herumstoßen lassen; *oder:* Du kannst dich zum Gestalter deines eigenen Daseins machen.

Weil niemand zufällig zu diesem Buch greift, das ich nicht zufällig geschrieben habe, und weil jeder, der zu ihm greift, damit einen ersten Schritt zum Glück und Erfolg tut, der auch mein Leben bereichert, kann ich *dich* ganz persönlich ansprechen. Sicher, ich kenne *dich* nicht. Aber *du* bist es, der diesen Zeilen einen tiefen und bleibenden Sinn verleihen kann.

*Tu es!*

Vielleicht ist dies nicht dein erstes Buch über geistige Prinzipien. Es wäre auch schade, wenn es dein letztes wäre. Es ist gut, die Geheimnisse und Gesetze des Glücks und Erfolges von verschiedenen Seiten erklärt und erläutert zu finden. Viele Menschen, die im Leben etwas von diesen Dinge erfahren haben, können wertvolle Beiträge zu einem immer tieferen Verständnis leisten.

Aber nimm dich vor einer Gefahr in acht. Es gibt Menschen, die tief in sich den echten Impuls spüren, mehr aus ihrem Leben zu machen. So kaufen sie sich Bücher wie dieses und lesen sie. Das erste Buch bietet einen interessanten Ansatz zur Praxis. Auch das zweite Buch bietet von einer etwas anderen Grundlage einen beachtlichen Ansatz zur Praxis. Und so weiter ... Anstatt nun endlich zu beginnen, etwas ins Leben umzusetzen, sich zu fragen, wo die Mängel und Chancen liegen, liest man dann nur und vergleicht.

Was ursprünglich geschrieben wurde, um zu helfen, dient dann bald zur bloßen Unterhaltung. Wenn du Bücher über geistige Prinzipien liest, und eine Anregung erscheint dir gut und plausibel, dann *tu es!* Es gibt keinen anderen Weg! Die Welt ist voller Menschen, die eigentlich recht gut wissen, was man tun sollte. Aber nur wenige machen es. Gehöre du zu den Mutigen!

Wenn du bisher schon manches Buch über den Weg zu Glück und Erfolg gelesen hast, und du hast es mehr oder weniger beim Lesen belassen, dann setze mit diesem Buch einen Neubeginn! Fange an! Übe Schritt um Schritt die jeweils dargelegten Methoden. Was du aus anderen Quellen weißt, kannst du einbeziehen: *Die einzige Richtschnur ist deine Erfahrung.* Du selbst mußt merken, ob dich eine Übung oder das Befolgen eines Vorschlages glücklicher macht, dir mehr Freude bringt, dir Freunde schafft und dich beliebter macht. Was dich glücklicher macht, ohne anderen oder auf lange Sicht dir selbst zu schaden, ist ein positives Mittel. Wenn auch andere dabei glücklich werden, ist es ein perfektes Mittel!

*Tu es!* Schiebe nichts auf! Das einzige, was du sicher hast, ist dieser Augenblick, in dem du diese Worte liest. Mache ihn zum Moment deiner Entscheidung zum Besseren. Wenn du alleine bist in diesem Augenblick, dann spreche deine Entscheidung laut aus! Darin steckt eine große Kraft für die Verwirklichung. Verstecke deine Entscheidung oder deinen Wunsch zur Entscheidung nicht vor dir selbst! Sage dir, daß du endlich zur Tat schreiten willst.

*Erster Schritt: Erkenne die Kluft in deinem Wesen!*

In meinen Vorträgen mache ich manchmal mit den Zuhörern ein kleines Experiment. Du selbst kannst es mit Freunden wiederholen und wirst sicherlich zu den gleichen Ergebnissen gelangen. Ich fordere die Zuhörer dazu auf, ihre Arme in die Höhe zu strecken, *so weit es nur geht*. Sind überall die Arme in der Luft sage ich: »So. Und nun noch ein Stückchen höher!« Tatsächlich streckt sich dann jeder Arm noch etwas mehr.

Was wie ein kindisches Spielchen aussieht, ist ein Symbol für das menschliche Handeln überhaupt: Niemals holen wir ganz aus uns heraus, was in uns steckt. Stets geht es noch ein Stückchen höher. Aber wir begnügen uns mit einer mittelmäßigen Leistung. Wahrhaft glücklich ist ein Mensch nur dann, wenn er seine ganzen Möglichkeiten ausschöpft, wenn er immer wieder an seine Grenzen stößt, um diese Grenzen schließlich zu überschreiten. Wer aktiv Sport betreibt, weiß, welches Gefühl ich meine.

Viele Menschen sind unglücklich bei ihrer Arbeit, weil sie dort nur auf Sparflamme kochen. Sie sind nicht mit ganzem Herzen dabei. Und obwohl sie keinesfalls alles aus sich herausholen, was sie könnten, fühlen sie sich müde und überfordert, als hätten sie wie in der Antike schwere Sklavenarbeit zu leisten. Würden sie sich jedoch mit ganzem Herzen einsetzen, und wären sie wahrhaft bei der Sache, dann könnten sie erheblich mehr bewerkstelligen und würden sich doch frischer fühlen.

Was geschieht hier? Die Motivation ist falsch, und eine wichtige Erkenntnis fehlt. Ich kenne Angestellte, die glauben, daß sie für Geld und für ihren Chef arbeiten. Sie sehen, daß sich die finanziellen Bezüge gleich bleiben, auch wenn sie eine ruhige Kugel schieben, solange es der Chef nicht merkt. Ich kenne auch Beamte, die sich in der Sicherheit ihres Status sonnen und davon ausgehen, daß sie sich als unkündbare Staatsdiener nicht mehr übermäßig ins Zeug legen müssen. Aber solche Angestellte und Beamte haben die grundlegende Wahrheit nicht verstanden, daß man erst in zweiter Linie für Geld, Chef oder Staat arbeitet. Der wichtigste Beteiligte dieser Sache ist man selbst! In erster Linie arbeitet man für sich. Den Großteil seiner Zeit als gesunder und leistungsfähiger Erwachsener verbringt der arbeitende Mensch am Arbeitsplatz. Welche Möglichkeit positiver Selbstgestaltung vertut derjenige, der diese Zeit als verlorene Notwendigkeit abtut! Er betrügt sich um die halbe Zeit seines Lebens.

Stelle dir einen Liftboy vor, der in einem Hotel einen Aufzug bedient. Er mag denken, daß sein Chef, der Hotelbesitzer, ein geldgieriger Mann ist, der sich nur fürs Verdienen interessiert. Möglicherweise hat er damit recht. Aber welchen Schluß zieht er daraus? Er kann dies nun als Vorwand dafür nehmen, die Arbeitszeit als traurige Pflicht in seinem Aufzug einfach abzustehen. Äußerlich macht er alles völlig korrekt: Er drückt auf die Knöpfe der jeweiligen Stockwerke, ruft die Etagen aus und läßt die Hotelgäste ein und aus. Er bemüht sich auch darum, nicht unfreundlich zu erscheinen, aber eigentlich ist das Ganze nur ein einziges Warten auf die Ablösung. Wenn er nicht darum gebeten wird, kommt er auch nicht auf den Gedanken, einem Gast behilflich zu sein, indem er diesem etwa ein Paket abnimmt. Auch wird er ungefragt keine Auskünfte erteilen und mögliche Unsicherheiten oder Unklarheiten der Liftbenutzer von sich aus keinesfalls bemerken. Warum, so wird er meinen, sollte er sich auch ein Bein für den Chef oder die Leute ausreißen?

Der arme Junge hat nicht bemerkt, daß er in erster Linie sein Leben lebt und für sich selbst hier steht! Er weiß auch nicht, wie sehr alle Elemente seines täglichen Lebens zusammenhängen. Nach dem *Gesetz der Wiederholung* erschafft er sich sein eigenes Wesen durch das, was er ständig tut. Ist er nun acht Stunden am Tag gleichgültig, im Grunde unbeteiligt und gelangweilt, wird sein tägliches Leben auch außerhalb der Arbeit immer mehr unter der Regentschaft von Gleichgültigkeit, Unbeteiligtheit und Langeweile stehen. Da er während seiner Dienstzeit versäumt, auf andere Menschen zu achten, ihre Bedürfnisse vorauszusehen, sie durch zusätzliche Höflichkeiten freundlich zu stimmen, wird er auch in seiner Freizeit diese Eigenschaft kaum aufweisen. Wer acht Stunden des Tages gleichgültig, gelangweilt und mit Warten auf das Ende verbringt, der kann mit Sicherheit auch kein guter Freund oder Ehepartner sein. Seine Fähigkeiten, die hierzu notwendig wären, läßt er freiwillig verkümmern.

Dabei hätte er in seinem Beruf große Entfaltungsmöglichkeiten! Er könnte seine Beobachtungsgabe schärfen, indem er zunächst einfach interessiert auf die Menschen achtet, die da täglich bei ihm ein- und aussteigen. Er könnte versuchen, indem er selbst Fröhlichkeit, Heiterkeit und positiven Optimismus ausstrahlt, seinen Fahrgästen durch einen Gruß oder eine Freundlichkeit einen positiven Impuls für den ganzen Tag zu geben. Und er täte es nicht nur für sie! Jede Freundlichkeit, die wir einem anderen erweisen, wirkt auf uns zurück und macht uns besser und freundlicher. Auf diese Weise könnte er während der Arbeit seine Persönlichkeit entwickeln, lernen, Menschen zu verstehen und auf Menschen einzugehen. Die Reife die er dadurch entfaltet, wäre auch außerhalb der Arbeitszeit Grundlage einer Beliebtheit bei Freunden und Bekannten.

Ob man am Schreibtisch sitzt, auf dem Feld oder im Büro arbeitet, ob man bei seiner Arbeit in direktem Kontakt mit Menschen ist oder eher in der Stille wirkt, überall finden sich unendliche Möglichkeiten des persönlichen Wachstums.

Gleichgültig, was du tust, wenn du es mit Achtsamkeit, Liebe und Interesse an der Sache verrichtest, wird es zu einer Quelle inneren Reichtums und unschätzbarer Erkenntnis. Nicht für andere verbringst du *deine* Zeit! Du verbringst sie immer mit dir und für dich! Vertue sie deshalb nicht! Hole aus dir heraus, was du kannst und wozu du fähig bist! Du lernst daraus und reifst daran.

Wenn du vorwärts kommen möchtest, besteht dein erster Schritt darin, die Kluft zu erkennen, die es in deinem Wesen gibt. Diese Kluft ist der Abstand zwischen dem, was du könntest, und dem, was du tatsächlich tust. Scheue dich nicht, alles zu tun, was du könntest. Es wird dich nicht erschöpfter sondern zufriedener machen.

Was für das Verhalten am Arbeitsplatz gilt, das trifft in erheblich stärkerem Maße für die Arbeit an dir selbst zu. Hier solltest du keinesfalls auf Sparflamme kochen! Erkenne die Kluft zwischen dem Menschen, der du sein könntest, und jenem Menschen, der du augenblicklich bist!

Wie kann dir diese Kluft bewußt werden? Durch die Ergründung deiner Hoffnungen, Wünsche und Träume!

*Was hättest du gerne, und was hast du? Was wärst du gerne, und was bist du? Was hast du dir einmal vom Leben erträumt? Wovon träumst du heute vielleicht ganz heimlich? Verstecke dich diesbezüglich nicht hinter Lügen und Ausreden! Vor dir selbst hast du das am wenigsten nötig! Deine Träume und Wünsche zeigen dir, was du wirklich willst und tatsächlich anstreben könntest! Bekenne dich vor dir selbst zu deinen Phantasien! Sie sind der Motor für dein Vorwärtskommen!*

Deine Wünsche zeigen dir, was du könntest. Glaube an deine Wünsche! Denn was du glaubst, das kannst du auch.

Wenn du festgestellt hast, daß die Kluft zwischen dem, was du möchtest, und der Realität sehr groß ist, dann verzweifle nicht! Freue dich sogar darüber, daß du nun bewußt ent-täuscht bist, daß du also eine Täuschung weniger hast. Viele Menschen reden sich ein, sie wären ganz zufrieden und hätten ohnehin alles, was sie sich wünschen. Ihre eigentlichen Wünsche aber haben sie ins Unbewußte verdrängt. Es ist vorgezeichnet, daß diese Menschen immer unzufriedener und unglücklicher werden müssen.

Du aber hast die Kluft jetzt erkannt. Ein erkannter Feind ist nur noch ein halber Feind, denn nun steht es dir frei, Gegenmaßnahmen einzuleiten. Solltest du überhaupt das als feindselig oder traurig betrachten, was nun zum Motor deiner Veränderung wird? Natürlich nicht. Akzeptiere dich so, wie du bist, *und* so, wie du sein möchtest. Und nun nimm dir vor, die Kluft zu überschreiten!

### *Zweiter Schritt: Erforsche und ordne Wünsche, Träume und Hoffnungen*

In den vorstehenden Kapiteln habe ich dir erklärt, warum es nicht genügt, wenn du nur ungefähr weißt, worauf du hinausmöchtest. Du kannst die Kluft zwischen Wunsch und Wirklichkeit nur dann überschreiten, wenn du ganz deutlich vor dir siehst, wo dein Ziel liegt und wie es aussieht.

Darum kläre für dich deine Ideale und Ziele. Erstelle den für dich idealen Plan deines Lebens! Kopiere dabei nicht andere! Vergiß einmal die Erwartungen und Forderungen, die andere an dich stellen! *Frage dich ganz simpel, was du willst!*

Im 4. Kapitel findest du die Anleitung, einmal alle deine wichtigen Ziele und Wünsche niederzuschreiben und in eine klare Ordnung zu bringen. Wenn du nach dieser Anleitung vorgehst, ordnest du deine Ziele einmal im Hinblick auf ihre Wichtigkeit und sodann im Sinne einer realisierbaren Reihenfolge.

Es ist dabei von größter Wichtigkeit, daß du realistisch bist: Es ist sinnlos, eine Geldsumme anzustreben, die du nicht überblicken kannst. Es ist zwecklos, ein Ziel ins Auge zu fassen, das du nicht vor dir sehen und erspüren kannst. Wenn es dir um Wohlstand geht, dann frage dich konkret: »Wie reich möchte ich werden?« Frage dich nach der genauen Größenordnung des Reichtums, den du anstrebst. Dann versuche, dir so lebendig und bildhaft wie möglich vorzustellen, daß du dieses Ziel erreicht hast. Frage dich: Was tust du damit? Brauchst du es? Kannst du es *wirklich* überblicken? Bist du fähig, diese Größenordnung zu überschauen? Nur dann, wenn die Antworten auf diese Fragen klar ausfallen, ist dein Wunsch realistisch. Du kannst nicht durch die hier angegebenen Methoden das verwirklichen, was du dir nicht vorstellen kannst. Die Realisierbarkeit hängt davon ab, ob du die Sache mit ihren Konsequenzen vor Augen hast.

Wichtig ist die Reihenfolge deiner Wünsche! Ordne die weniger dringlichen Hoffnungen sinnvoll unter ein alle umfassendes Ziel. Vermeide, daß dabei Widersprüche auftreten: Das Ideal eines Bettelmönches verträgt sich im gleichen Leben zu gleicher Zeit schlecht mit jenem des erfolgreichen Geschäftsmannes. Es gibt auch Widersprüche, die weniger offensichtlich sind. Aber das, was in einem Leben nicht zu gleicher Zeit zusammenpaßt, kannst nur du als Betroffener selbst entscheiden. Indem du dir tatsächlich das Ziel mit allen seinen Konsequenzen vorstellst, wirst du bei genügender Selbstaufrichtigkeit auf die möglichen Widersprüche stoßen.

Sobald das Ziel und die einzelnen untergeordneten Etappen zu seiner Erreichung vor dir liegen, ist der zweite wesentliche Schritt getan.

Schon bei der Feststellung deiner Ziele war es ein wichtiger Aspekt, daß du sie auch wirklich klar vor dir sehen konntest. Wenn ich in diesem Zusammenhang von »sehen« spreche, meine ich natürlich nicht unbedingt eine Vision, die die gleiche Qualität hat wie eine Wahrnehmung, die du mit dem Auge hast. Doch solltest du ein einigermaßen deutliches *Empfinden* deines Zieles verwirklichen.

Diese Empfindung wird für verschiedene Menschen unterschiedliche Dimensionen annehmen. Wer wirklich für das innere Sehen begabt ist, der wird seine Ziele tatsächlich vor sich sehen. Er wird dann bildhafte Vorstellungen entwickeln, in denen er sich selbst als bereits im Ziel erlebt. Wer mehr für inneres Fühlen als für das innere Sehen begabt ist, der wird sich so fühlen, als wäre er an das entsprechende Ziel gelangt.

Wichtig ist nicht, ob wir es denken, sehen, fühlen oder hören; wichtig ist vielmehr, daß wir zu einer inneren Wahrnehmung und Sicherheit des Zieles gelangen, die uns den schöpferischen Glauben daran ermöglicht.

Versuche nun immer wieder, die Ziele deiner Pläne und Hoffnungen auf diese Weise zu empfinden. Sage dir, daß diese Gedanken-Bilder zur Erschaffung der äußeren Wirklichkeit beitragen. Vergegenwärtige dir dabei auch das Gesetz der Wiederholung! So oft du deinen Traum innerlich wiederholst, um so mehr verwandelst du dein eigenes Wesen in einen lebendigen Ausdruck deines Ideals. Alles an dir und in deinem Leben harmonisiert sich dadurch mit dem Ziel, das du anstrebst.

Wenn du dein positives Ziel immer wieder in dir bewegst, strebe gleichzeitig danach, negatives Denken mehr und mehr aufzugeben. Alle aufsteigenden Empfindungen von Haß, Neid, Zweifel an den eigenen Möglichkeiten und Sinnlosigkeit sollten durch die jeweils entgegengesetzten positiven Impulse besiegt werden.

*Achtung vor Selbsttäuschung!* Halte nicht schöpferische Selbstkritik für negatives Denken! Wenn dir Gedanken aufsteigen, was du besser machen könntest, die dir Zweifel an deinem gegenwärtigen Tun bescheren, dann schiebe diese nicht als negatives Denken auf die Seite.

Die selbstgefällige Feststellung »Ich mache ohnehin alles richtig« hat *nichts* mit positivem Denken zu tun.

Sei und bleibe ein selbstkritischer Mensch! Aber werde dadurch nicht zum Nörgler an deinem eigenen Wesen. Ob deine Selbstkritik schöpferisch ist, kannst du ganz leicht daran ersehen, daß sie zu Veränderungen im positiven Sinne führt. Lamentieren ist immer sinnlos. Vorwürfe, über Dinge die nicht zu ändern sind, führen dich keinen Schritt weiter. Aber die Idee »Dies könnte ich auf diese und jene Weise besser machen« ist ein Impuls, der dich aufwärts führt.

Wende diese Methode positiver Kritik und positiven Denkens nicht nur auf dich selbst an! Suche bei anderen nicht das Negative! Sieh ihre positiven Seiten und versuche, diese zu fördern. Wenn du Kritik an anderen übst, dann werte sie nicht als Persönlichkeiten ab, sondern sage, was deines Erachtens zum Besseren verändert werden könnte, wobei du selbst auch zum Verstehen der Kritik an dir bereit sein mußt.

Wer über sich und andere hauptsächlich schlimm, ablehnend und traurig denkt, der legt damit den Grundstein dazu, alle diese Zustände auch in der Wirklichkeit zu erschaffen.

Gehe auch bei der Überwindung deiner negativen Denkgewohnheiten planmäßig vor! Beobachte dich ehrlich und gründlich! Welche Denkmuster solltest du überwinden? Welche sind rein negativ? Wenn du viele findest, mache dir wiederum eine Liste. Und nun gehe vor, wie ich dir im 7. Kapitel dargelegt habe: Nimm dir in der Reihenfolge der Wichtigkeit jeweils Woche für Woche ein negatives Denkbild vor. Entschließe dich, immer dann, wenn du das entsprechende negative Denken bemerkst, mit dem heilsamen positiven Gedankenbild zu antworten.

Aber beherzige die Warnung: Lasse dies nicht zu einem inneren Kampf ausarten, der dich nur wertvolle Energien kostet! Es geht ganz zwanglos: Wenn du negatives Denken in dir wahrnimmst, sage innerlich einfach das entsprechende Positive zu dir selbst. Wenn das seelische Tief dich in seinen Strudel zieht, wende deinen Blick auf den entfernten Horizont deiner Ideale. Sage dir, worum es geht! Wenn du wirklich ein für dich erstrebenswertes Ziel gefunden hast, mit dem es dir ernst ist, dann wirst du zunehmend die trüben Wolken negativen

Denkens aus deinem Geist vertreiben können, wenn du dich seiner erinnerst.

Bleibe dir bewußt, daß dein Denken auch weit über dich hinauswirkt. Mache dir deshalb keine Feinde, indem du Gedanken des Grolls gegen andere hegst. Bemühe dich immer, die positiven Seiten deiner Mitmenschen zu sehen und nicht ihre Fehler. Wer hauptsächlich das Gute sucht, wird das Gute finden. Wer nur Streit und Feindschaft erwartet, wird sicher auch die Frucht seiner Erwartungen ernten.

### *Vierter Schritt: Aktiviere dein Unbewußtes!*

Alle bisher in diesem Kapitel zusammengefaßten Maßnahmen waren bewußte Taten, die du nach deinem Entschluß dazu ausführst. Jede dieser Taten hat bereits zu einer klaren Ausrichtung der unendlichen Kraftzentrale deines Unbewußten auf dein Ziel beigetragen.

Der nächste Schritt besteht nun darin, durch gezielte Methoden das Unbewußte zu aktivieren:

1. Beachte, daß das Gesetz der Wiederholung auch für deine täglichen Wahrnehmungen gilt. Das, womit du dich umgibst, was du häufig siehst, prägt dein Leben. Negative und rohe Wahrnehmungen machen dich zu einem negativen und rohen Menschen. Was du täglich siehst, liest, dir im Fernsehen anschaust, prägt dein Wesen mehr, als es auf den ersten Blick erscheinen mag. Analysiere dein Leben in dieser Hinsicht! Entscheide selbst, was du durch die Wahrnehmung in die Schatzkammer deines Bewußtseins aufnimmst! Gestalte deine Umgebung so, daß sie positiven Einfluß auf dein Unbewußtes ausübt! Lies Bücher, die dir eine positive Ausrichtung geben! Sieh dir solche Filme an, die dir mehr Mut, mehr Lebensfreude und mehr Achtung vor positiven Werten geben!
2. Praktiziere die *Karten-Methode*: Schreibe, wie im 5. Kapitel ausführlich dargelegt, die Symbolwerte deiner Wünsche auf kleine Karten, die du an solchen Stellen anbringst, die oft ins Blickfeld deiner Augen kommen. Automatisch wird sich dein Unbewußtes dadurch mehr und mehr auf dein Ziel ausrichten. Spekuliere und

grüble nicht darüber, wie dieses Gesetz funktioniert. Lasse den Dingen ihren spontanen Lauf. Sicher ist, daß dieser ständige Reiz auf das Unbewußte die verschiedenen Zonen dieses mächtigen Kraftzentrums zur Aktivität anregt.

3. *Experimentiere mit dem Spiegel:* Studiere genau die im 6. Kapitel angegebene Spiegel-Methode. Mache aus diesem Vorgang ein regelmäßiges Ritual. *Verfahre mindestens zweimal täglich, am Morgen und am Abend, auf diese Weise. Die Ergebnisse werden dich in Erstaunen versetzen!* Habe keine Scheu vor dieser Übung! *Jeder* Impuls, der von unserem Unbewußten aufgenommen wird, hat eine Rückwirkung auf das tägliche Leben. Zeige dich darum deinem Unbewußten als derjenige, der du sein möchtest!

Bei diesem Schritt der Aktivierung des Unbewußten ist es besonders wichtig, sich an das bewährte Gebot des Schweigens zu halten. Denke daran: Plaudere deine Ziele und die Methoden, nach denen du sie anstrebst, nicht vor Unbeteiligten aus. Die Neider und Besserwisser sollen dich nicht verunsichern. Ihre negativen Gedanken brauchen dich nicht zu stören, wenn du ihnen keine Gelegenheit dazu gibst.

Darüber hinaus konzentrierst du durch dein Schweigen die Kräfte zur Zielerreichung *in dir*! Ein Ziel, das du anderen mitgeteilt hast, hört damit auf, *dein* Ziel zu sein. Du kannst nicht mehr ganz sicher sein, ob du es nun um seinet- und deinetwillen anstrebst, oder ob du nicht auch die Erwartungshaltung deiner Mitmenschen befriedigen möchtest.

Es geht um dich und dein Leben. Setze dich nicht durch andere unter Erfolgszwang. Deine schöpferischen Gedankenbilder bestimmen den Kurs. Dein jeweiliger Reifegrad bestimmt das Tempo. Nur du selbst kannst um diese Dinge wirklich wissen!

Denke daran, daß sich die tiefste Zone deines Unbewußten mit den schöpferischen Kräften der Natur berührt. *Du bist ein Träger uralter Erfahrungen.* Das Wesen deines Unbewußten geht weit über die Speicherung und Verarbeitung der Wahrnehmungen deines gegenwärtigen Lebens hinaus. In dir ruht die gesamte Entwicklung der Menschheit, die gesamte Kraft der Natur. Fürchte dich nicht vor diesen unermeßlichen Tiefen!

In deinem Unbewußten steckt etwas, das sich verwirklichend zum Durchbruch kommen möchte. Es ist die persönliche Ausformung, der individuelle und nur dir entsprechende Schwingungszustand, den die Ganzheit des Seins und Lebens in dir angenommen hat. *Dies allein schon garantiert dir, daß das, was du dir wünschst, erreichbar ist, wenn es nicht den grundlegenden Harmonien unseres Universums entgegensteht. Deine Wünsche, Träume und Hoffnungen sind ein Hinweis aus der Tiefe. Sie zeigen dir deine Bestimmung, den Weg, den du in Freiheit zu Glück und Erfolg gehen kannst.*

Erkenne in diesem Sinne deinen *eigenen* Weg. Ahme niemanden nach! Ahme auch mich nicht nach! Ich bin Geschäftsmann. Mein Weg bestand darin, möglichst reich zu werden, möglichst viel geschäftlichen Erfolg zu haben. Es ist mir gelungen. Dein Weg kann ein ganz anderer sein. Erkenne diesen! Ich habe oft vom Reichwerden gesprochen. Es waren Beispiele. Die Methoden jedoch, die mich zum Geschäftserfolg und Wohlstand führten, können auch dich zu jedem deiner Ziele führen.

### *Fünfter Schritt: Sei offen für die Winke aus dem Unbewußten!*

Ist das Unbewußte erst im Sinne deiner Vorhaben aktiviert, kommt nun alles darauf an, daß du seinen *Intuitionen* auch folgen kannst. Schiebe die schöpferischen Einfälle, die dir plötzlich kommen, nicht auf die Seite! Wenn eine zu verwirklichende Idee im Geiste vor dir auftaucht, dann vertage die Ausführung nicht auf morgen. Es ist kein Zufall, daß diese Idee jetzt und heute da ist. Ziehe die notwendigen Konsequenzen! *Und tu es!*

Ist dein Unbewußtes durch die angegebenen Methoden motiviert, dann entwickelt es zunehmend stärker die Fähigkeit, dich in genau dem richtigen Moment vor tiefgreifende Entscheidungen zu stellen. Diesbezügliche Winke, die ganz banal, zufällig und unwesentlich erscheinen, sind dabei oft von einer unermeßlichen Tragweite. Häufig erkennen Menschen, die in dieser Kunst schon fortgeschritten sind, wie sie im früheren Leben, als sie noch nichts über die geistigen

Prinzipien und Gesetzmäßigkeiten wußten, hunderte wertvollste Chancen vertan haben, weil sie unfähig waren, diese zu erkennen.

Mache es dir darum zur Gewohnheit, die scheinbaren Zufälle und ungewöhnlichen Zusammentreffen in deinem Leben besonders genau zu beachten. Wenn du deine Aufmerksamkeit bewußt auf etwas lenkst, dann schärft sich zunehmend die diesbezügliche Wahrnehmungsfähigkeit. Es erschließen sich dir plötzlich Bereiche des Lebens, von denen du heute noch nicht einmal ahnst, daß es sie geben könnte.

Um die als Zufälligkeiten getarnten Winke und Hinweise aus den Tiefen deines Wesens verstehen zu können, mußt du den Augenblick zu schätzen lernen! Die wichtigste Zeit ist immer der gegenwärtige Augenblick, die wichtigste Tätigkeit jene, die du gerade tust. Der wichtigste Mensch deines Lebens ist immer derjenige, mit dem du gerade zusammen bist.

Zahlreiche Menschen berauben sich selbst der kostbarsten Früchte des Wirkens ihres Unbewußten, indem sie dieses Grundprinzip nicht begreifen. Gleichgültig, was du im Augenblick tust oder mit wem du momentan zusammen bist, immer gibt es Möglichkeiten zu lernen und Erfahrungen zu sammeln. Eigentlich gibt es keine höheren und niederen Tätigkeiten unter denen, die notwendig in dein Leben gehören. Das Aufräumen oder die Zubereitung des Essens können zu überaus wertvollen Erfahrungen werden. Jede kleine Tätigkeit, die du mit Achtsamkeit und Liebe ausführst, kann dir eine Quelle unermeßlicher Inspiration bedeuten.

Jede banal scheinende Beschäftigung wird dir im rechten Augenblick wichtige Erkenntnisse über dich und dein Leben vermitteln. Diese Erkenntnisse sind nicht immer mit Worten wiederzugeben. Aber sobald du die ersten Schritte dieses Weges gegangen bist und gelernt hast, den Augenblick zu lieben, wirst du wissen, was ich meine.

Ebenso verhält es sich mit den Menschen. Natürlich solltest du, wenn du den Weg des Positiven und Heilsamen gehen möchtest, auf deinen Umgang achten. Auch die Menschen, mit denen du dich einläßt, prägen dein Wesen auf vielfältige Weise. Es wäre daher klug, wenn du die Gesellschaft solcher Menschen suchst, die gleichfalls positive Absichten haben oder auf dem Weg ihrer Verwirklichung schon ein Stück vorangekommen sind. Doch grundsätzlich ist jener, mit dem du gerade zusammensein darfst oder auch mußt, derjenige, von dem du im Augenblick etwas lernen kannst. Die Lehre kann auch negativer Art sein. Wichtig ist, daß du eine positive Konsequenz daraus ziehst.

### *Sechster Schritt: Arbeite an deinem Glauben!*

Es ist der *Glaube*, der die Dinge geschehen läßt. Und jedem wird nach seinem Glauben gegeben. Im 1. Kapitel habe ich dir die phantastische Geschichte von Joseph Smith erzählt und im 8. Kapitel vom märchenhaften Fall der Opal Whiteley berichtet. Ich erwähnte auf den Seiten dieses Buches wunderbare Heilungen durch den Glauben und Beispiele dafür, daß ein fester Glaube selbst dann Wirklichkeit wird, wenn sein Inhalt der Vernunft und den gegebenen Tatsachen widerstreitet.

Grundsätzlich glaubt jeder Mensch an vielerlei Dinge. Die Tragik daran ist vielfach, daß er es nicht weiß. *Woran glaubst du?* Vielleicht bist du davon überzeugt, daß du an nichts glaubst. Aber selbst das ist ein Glaube und nicht einmal ein positiver!

Bewußt oder unbewußt glaubst du auch dann, wenn du die bisherigen Schritte gewissenhaft vollzogen hast, immer noch an viele negative Dinge und Gegebenheiten: Du glaubst möglicherweise daran, daß du dich mit dem bisher Erreichten zufriedengeben sollst. Du glaubst, daß deine Fähigkeiten und Möglichkeiten beschränkt sind. Du glaubst, daß du vielleicht doch mit dem Umsetzen der in diesem Buch gelehrten Prinzipien noch warten solltest, bis du sie besser verstehst. Und du glaubst viele weitere Dinge, die dich an deinem gegenwärtigen Entwicklungsstand festbinden oder sogar zu Verlusten führen.

*Arbeite unausgesetzt an deinem Glauben*, wenn du dich einmal entschlossen hast, dein ganzes Vertrauen in deine positiven Ziele zu setzen. Wage es! Was können dir Zweifelsucht und Wankelmut nützen, wenn du dabei auf der Stelle trittst? Was nützt jedes

»Wenn« und »Aber«, wenn dadurch ein Fortschreiten nachweisbar verhindert wird.

Jene, die an die Verwirklichung ihrer Ideale glauben, haben den Gipfel des Erfolges längst erreicht, wenn die wankelmütigen Zauderer immer noch miteinander darüber diskutieren, ob die ganze Sache überhaupt einen Sinn oder Zweck hat.

Arbeite an deinem positiven Glauben, indem du dich bemühst, alles wahrzunehmen und zu würdigen, was ihn bestätigt und dich zu weiterer mutiger Tat anspornt. Arbeite an deinem negativen Glauben, indem du seine unheilsamen Folgen und traurigen Auswirkungen erkennst und völlig durchschaust, bis er aufgelöst ist.

Glaube, wie er hier verstanden wird, ist nicht ein göttliches Geschenk, das du entweder erhalten hast oder das dir vorenthalten wurde. Glaube ist vielmehr für jedermann zugänglich, der sich zur bewußten *Arbeit am Glauben* entschließt. Verschiedene Menschentypen werden dabei zu unterschiedlichen Glaubensauffassungen und Idealen gelangen. Aber das ist positiv, denn aus der Vielzahl des Unterschiedlichen gestaltet sich die kosmische Harmonie. Das von deinem Glauben abweichende Ideal eines anderen Menschen kann dich nicht verunsichern, wenn dein Ideal wirklich aus der inneren Sicherheit deines Wesen und deiner eigenen Erkenntnis geboren wurde. Wirst du aber durch die von deiner Bahn abweichenden Wege anderer im Glauben an dein Ideal erschüttert, dann hast du dein wahres Ziel noch nicht erforscht. Widme dich dann zunächst noch diesem Schritt!

Arbeit an deinem positiven Glauben kann niemals zu Streit mit anderen Menschen über deren Ideale führen. Wenn du gefunden hast, worauf es *dir* ankommt, dann solltest du andere *ihres* Weges ziehen lassen. Wer andere um jeden Preis überzeugen möchte, ist sich meist seiner eigenen Sache nicht sicher und versucht, dies auf jene Weise vor sich selbst zu überspielen.

Wenn du mit anderen über Ideale streiten möchtest, erinnere dich rasch an das Gleichnis vom Berg:

*Alle Menschen streben im Grunde danach, jenen Gipfel zu erreichen, von dem aus sie den wahren Sinn ihres Daseins erschauen. Doch der Berg, den sie dazu erklimmen müssen, ist von jeder Seite anders: Im*

*Osten führt der Aufstieg durch einen Wald, im Westen über karge Felsen, im Süden über Geröll, und im Norden gibt es vielleicht Almen und Wiesen. Wenn nun der eine Mensch dem anderen sagt, er wäre auf dem falschen Weg, weil er Felsen und nicht Wiesen sieht, und beide geraten daraufhin in Streit, verschwenden sie ihre Energie und vergessen den Aufstieg. Von oben jedoch könnten sie alle Seiten des Berges überblicken. Sie würden dann sehen, daß jeder Weg entsprechend den verschiedenen Ausgangspunkten seine Berechtigung hatte und auch seine ihm eigenen Schönheiten aufwies.*

Sei ein Gipfelstürmer auf dem Weg zu deinem Ideal. Doch streite nicht mit anderen, und lasse dich nicht durch sie verunsichern. Als Reinhold Messner das erste Mal einen Achttausender ohne Sauerstoffgerät erklimmen wollte, sagte man ihm von überall: »Unmöglich!« Als er das erste Mal ganz alleine ging, prophezeite man ihm das Schlimmste. Doch Reinhold Messner ist immer *seinen* Weg gegangen. Er hatte seinen Traum, er sah seine Gipfel vor Augen, er stellte an sich Anforderungen, die für andere unglaublich waren, und er schaffte auf seinem Gebiet mehr als jeder andere vor ihm.

Die Berge, die nun vor *dir* liegen, sind wahrscheinlich nicht so hoch, wie jene, die Reinhold Messner bestieg. Sicherlich hast *du* dir auch keine Ziele gewählt, bei denen du dein Leben aufs Spiel setzt. Um so leichter müßte es dir darum fallen, endlich mit dem Aufstieg zu beginnen. Arbeite an deinem positiven Glauben, bis dir der Gipfel deutlich vor Augen steht!

## *Geduld bei allen Schritten*

Vorstehend habe ich dir den Weg, auf den es ankommt, nochmals in sechs übersichtliche Schritte zusammengefaßt. Wenn du die Kapitel dieses Buches sorgfältig studiert hast, weißt du, daß jeder dieser Schritte aus mehreren kleinen Phasen besteht, von der jede ihre Wichtigkeit hat.

Beschäftige dich ausführlich und sorgsam mit jeder dieser Einzelphasen! Das Lesen alleine genügt nicht, obwohl es auch zum Aktivieren deines Unbewußten beiträgt. Jeder Schritt, jede Phase muß gewissenhaft und nach dem von dir erstellten individuellen Plan ausgeführt werden.

Wichtig ist dabei, daß du einen dir entsprechenden mittleren Weg zwischen übermäßiger Eile und zaghaftem Zögern findest. Wenn du es allzu eilig hast, dein Ziel zu erreichen, die einzelnen Schritte nicht sorgfältig und bedacht nimmst, dann stolperst du irgendwann auf dem Weg zum Gipfel über deine eigenen Füße. Es ist sinnlos, ohne Rücksicht auf den Augenblick dem großen Ziel seiner Träume und Hoffnungen entgegenzuhetzen.

Der Weg, der dich zur Einheit mit deinem Ideal führt, hat *nicht nur* ein großes Ziel. Er besteht aus zahlreichen kleinen Etappenzielen, die du zunächst anstreben und würdigen mußt. Das Erreichen jedes Teilzieles ist ein großes Fest deines Lebens. Wenn du es nicht schätzen kannst und ungeduldig sofort alles haben möchtest, bist du für das große Ziel noch nicht reif. Aber selbst das wesentliche Hauptziel, das du dir in deinem gegenwärtigen Plan gesetzt hast, ist eigentlich kein Endpunkt.

Alles, was du tust, ist Ausdruck der Entwicklung deines Bewußtseins. In diesem Entwicklungsprozeß ist aber jedes Ziel immer nur eine Stufe in einem unendlichen und wunderbaren Wachstumsprozeß. Wer die kleinen Stationen nicht schätzen kann, bleibt ebenso irgendwo stehen oder fällt zurück, wie derjenige, der sich auf ein Ziel versteift und nach dessen Erreichung seine Entwicklung zur Ruhe kommen läßt.

Ich habe dir in diesem Buch die Geschichte von Gusty Sepunsky erzählt. In jungen Jahren hatte er das Ziel, als erfolgreicher Geschäftsmann Reichtum und Anerkennung zu finden. Er erreichte dieses Ziel. Doch dann vergaß er, daß Leben, wenn es glücklich sein soll, immer Entwicklung und Wachstum beinhalten muß. Darum beließ er es nach Erlangen seines Zieles dabei, verhärtete sich und maß alle anderen Menschen mit dem Maßstab seines Ideals. Erst als er sah, daß er über das einmal Erreichte hinaus immer weitere Ideale anstreben und verwirklichen kann, kehrte wieder Glück und Liebe in sein Leben ein.

Vermeide also die beiden Extreme, wenn du deinen Weg gehst:

Bleibe nicht bei einem Ziel stehen! Gehe aber auch nicht so eilig voran, daß du das jeweils Erreichte nicht würdigen und für dich als Sieg feiern kannst. Bleibe geduldig und doch zielorientiert!

### *Und jetzt ans Werk!*

Mein gesamtes Erfolgsgeheimnis habe ich dir nun verraten. Nichts habe ich dabei für mich behalten. Natürlich gibt es viele Dinge auf dem Gebiet der geistigen Gesetze und Prinzipien, die sich mit Worten nicht umschreiben lassen. Es sind dies jene Aspekte, die nur durch persönliche Erfahrung erfaßt werden können. Doch die wichtigen Methoden und die vielen kleinen Hinweise, die ich in diesem Buch beschrieben habe, reichen aus, um zu diesen Erfahrungen vorzustoßen.

Wenn du wirklich beginnst, dein Leben selbst in die Hand zu nehmen, wird sich auch manches in diesem Buch, was dir jetzt noch rein theoretisch oder unglaublich erschien, in vielfach wunderbarer Weise klären. Alles hängt davon ab, daß du jetzt ans Werk gehst!

Schritt für Schritt, Zug um Zug, gehst du nun einem glücklicheren, gesünderen, innerlich und äußerlich reicheren Dasein entgegen. Es mag Rückschläge geben. Es mögen Zeiten kommen, in denen es dir scheint, daß nichts vorwärts geht. Aber du weißt dann, daß die Samen unserer Ideale im Unbewußten vielfach verborgen keimen. Du wirst auch in der Zeit einer Durststrecke weitermachen, an deinem Glauben arbeiten, denn du kennst das Gesetz: Wer wiederholt sein Unbewußtes mit klaren Idealen und Zielen nährt, der wird erleben, wie die entsprechenden Früchte im inneren und äußeren Leben zu Wirklichkeiten werden.

Es ist der *Glaube*, der die Dinge geschehen läßt. Er heilt, wo Ärzte aufgegeben hatten; schenkt Liebe, wo die Dunkelheit der Einsamkeit herrschte, zeigt großartige Perspektiven und helle Ziele, wo man schon aufgeben wollte.

Den hier dargelegten Weg mußt du selbst gehen. Niemand kann dir dein Leben abnehmen. Die einzelnen Schritte sind klar. Du kennst die Methoden. Also ans Werk!

PE MINI-BÜCHER

# Worte, die Kraft geben

# Das ideale Geschenk zu allen Gelegenheiten

Der PETER ERD Verlag bietet eine ausgezeichnete Auswahl an besonderen Büchern, Broschüren und Tonkassetten zu den Themen „Positives Denken“, „Gesundheit“, „Esoterik“ und „Neues Management“.

Erhältlich in Ihrer Buchhandlung.

Bitte fordern Sie das kostenlose **PETER ERD Journal** direkt beim Verlag an:

PE PETER ERD

Postfach 75 09 80 · 8000 München 75 · Telefon 0 89 / 7 25 30 04